中等职业教育课程改革国家规划新教材配套教材

Gonglu Shigong Jidian Jichu
公路施工机电基础

王世良 主编 郭远辉 主审

人民交通出版社
China Communications Press

内 容 提 要

本书是中等职业教育课程改革国家规划新教材配套教材。较全面地阐述了公路与桥梁工程机械化施工中常用典型工程机械的类型、结构特点、作业方式、生产率和选用方法，以及施工工地常见电机控制电路、机械化施工技术与安全管理的一般知识。

本书可作为中等职业学校、技工学校公路与桥梁专业和工程机械专业教学用书，也可作为公路机械化施工人员的培训用书。

图书在版编目（CIP）数据

公路施工机电基础 / 王世良主编．—
北京：人民交通出版社，2011.6
 ISBN 978-7-114-08957-2

Ⅰ.①公… Ⅱ.①王… Ⅲ.①道路工程－工程施工－机电设备 Ⅳ.① U415.5

中国版本图书馆 CIP 数据核字（2011）第 050107 号

中等职业教育课程改革国家规划新教材配套教材
书　　名：公路施工机电基础
著 作 者：王世良
责任编辑：郝瑞苹
出版发行：人民交通出版社
地　　址：（100011）北京市朝阳区安定门外外馆斜街3号
网　　址：http://www.ccpress.com.cn
销售电话：（010）59757969，59757973
总 经 销：人民交通出版社发行部
经　　销：各地新华书店
印　　刷：北京交通印务实业公司
开　　本：787×1092　1/16
印　　张：16.75
字　　数：395千
版　　次：2011年 6 月 第 1 版
印　　次：2011年 6 月 第 1 次印刷
书　　号：ISBN 978-7-114-08957-2
印　　数：0001-3000 册
定　　价：36.00元

（如有印刷、装订质量问题的图书由本社负责调换）

出 版 说 明

为贯彻《国务院关于大力发展职业教育的决定》(国发〔2005〕35号)文件精神,落实《教育部关于进一步深化中等职业教育教学改革的若干意见》(教职成〔2008〕8号)文关于"加强中等职业教育教材建设,保证教学资源基本质量"的要求,人民交通出版社约请全国部分交通职业院校、交通技工学校资深一线教师,对2003年出版的公路与桥梁专业中等职业教育国家规划教材配套教材进行了修订,新教材共9种:

《土木工程力学基础学习指导》
《土木工程识图(道路桥梁类)》
《土木工程识图习题集(道路桥梁类)》
《公路施工组织与概预算》
《公路工程现场检测技术》
《公路勘测设计》
《公路施工机电基础》
《公路工程CAD》
《工程测量实训指导书》

新教材紧紧围绕中等职业教育的培养目标,遵循职业教育教学规律,从满足经济社会发展对高素质劳动者和技能型人才的需要出发,在课程结构、教学内容、教学方法等方面进行了新的探索与改革创新。新教材编写充分考虑了职业院校学生的认知特点,文字简洁明了,通俗易懂,版式生动活泼,图文并茂。此外,每单元后附有复习题,部分章节附有实例。

人民交通出版社
2011年3月

前 言

本书主要面对路桥专业学生，而路桥专业学生对机械制造、机械原理、材料性能与加工、机械制图与识图等知识相对缺乏。因此，在编写过程中，以机械设备的施工技术、施工组织和选用为主，以设备结构为辅。在编写机械设备结构与原理时，尽量选用目前施工中新型、主流机型，并配以设备外观图和简单平面图，提高学生的能力和兴趣。

在教学过程中，重要的是与本地区公路与桥梁工程机械化施工的实际情况结合起来，注重工作过程教学和实践性教学。各校可根据本地区教学的实际情况，对教材中的内容进行适当取舍。

本书从公路工程机械化施工的实际出发，基于施工过程考虑，全书共分为九个单元：工程机电基础，主要叙述常用机械零件和机构、工程用电常识、工程机械部件系统等最基本的知识；土方工程机械施工；石方工程机械施工；压实机械施工；桥梁工程机械施工；路面机械施工；养护机械施工；施工工地常见电机控制电路；机械化施工管理。每单元设有单元小结和自我检测，引导学生有重点地对所学内容进行检查，以巩固和提高所学内容。

参加本教材编写工作的有：四川交通职业技术学院王世良（编写单元2、3、4、5）、蒋晓琴（编写单元1、6、7）、韩飒（编写单元1、8、9）。全书由副教授、高级工程师王世良担任主编并负责全书的统稿工作，郭远辉教授担任主审。

由于编写人员水平有限，教材涉及面较宽，内容难以覆盖各地的实际情况，书中谬误及疏漏之处在所难免，敬请使用本教材的师生和其他读者给予批评指正，及时提出修改意见和建议，以便我们不断改进和提高。

编者

2011 年 2 月

目 录

单元1　工程机电基础 ··· 1
　1.1　认识工程机械 ··· 2
　1.2　常用机械零件和机构 ·· 8
　1.3　工程机械动力装置 ·· 15
　1.4　工程机械底盘 ·· 21
　1.5　工程机械液压与液力传动 ·· 27
　1.6　工程用电认识 ·· 34
　　单元小结 ·· 47
　　自我检测 ·· 47

单元2　土方工程机械施工 ··· 51
　2.1　推土机施工 ·· 53
　2.2　铲运机施工 ·· 60
　2.3　平地机施工 ·· 67
　2.4　挖掘机施工 ·· 74
　2.5　装载机施工 ·· 80
　　单元小结 ·· 86
　　自我检测 ·· 86

单元3　石方工程机械施工 ··· 89
　3.1　空气压缩机施工 ·· 91
　3.2　破碎机械施工 ·· 96
　3.3　隧道掘进机械施工 ·· 102
　　单元小结 ·· 111
　　自我检测 ·· 111

单元4　压实机械施工 ··· 113
　4.1　压路机的认识 ·· 114
　4.2　压路机的作业方式 ·· 120
　4.3　压路机的生产率 ·· 123
　4.4　压路机的选用 ·· 124
　　单元小结 ·· 127
　　自我检测 ·· 128

单元 5　桥梁工程机械施工 …………………………………………………… 130
　5.1　桩工机械 ……………………………………………………………… 132
　5.2　水泥混凝土机械 ………………………………………………………… 138
　5.3　起重机械与架桥设备 …………………………………………………… 144
　单元小结 …………………………………………………………………… 154
　自我检测 …………………………………………………………………… 154
单元 6　路面机械施工 ………………………………………………………… 156
　6.1　稳定土路面机械 ………………………………………………………… 159
　6.2　黑色路面机械 …………………………………………………………… 163
　6.3　水泥混凝土路面机械 …………………………………………………… 174
　单元小结 …………………………………………………………………… 180
　自我检测 …………………………………………………………………… 180
单元 7　养护机械施工 ………………………………………………………… 183
　7.1　日常养护机械 …………………………………………………………… 186
　7.2　路面修理机械 …………………………………………………………… 192
　单元小结 …………………………………………………………………… 197
　自我检测 …………………………………………………………………… 197
单元 8　施工工地常见电机控制电路 ………………………………………… 199
　8.1　水泵控制电路 …………………………………………………………… 200
　8.2　塔式起重机电气控制系统 ……………………………………………… 216
　8.3　工程机械电气系统 ……………………………………………………… 231
　单元小结 …………………………………………………………………… 243
　自我检测 …………………………………………………………………… 244
单元 9　机械化施工管理 ……………………………………………………… 246
　9.1　工程机械设备使用管理 ………………………………………………… 247
　9.2　工程机械技术保养管理 ………………………………………………… 250
　9.3　机械化施工安全管理 …………………………………………………… 251
　单元小结 …………………………………………………………………… 258
　自我检测 …………………………………………………………………… 258
参考文献 ………………………………………………………………………… 260

单元 1

工程机电基础

 学习目标

1. 认识工程机械的类型、工程施工与作业对工程机械的基本要求。
2. 掌握工程机电基础知识。

 学习指南

本单元将重点讲述工程机械基础的主要内容和特点。学习流程如下:

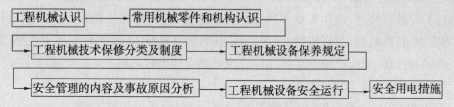

 教学建议

本单元的学习重点是机械化施工管理的内容与要求。其中,工程机械使用管理和施工安全管理应结合工程实际进行学习和理解。

1.1 认识工程机械

一、工程机械的类型

我国已成为名副其实的世界工程机械生产大国和主要工程机械市场之一,工程机械销售规模仅次于美国和日本,位居世界第三,目前主要产品年产量位居世界第二。

我国的工程机械是各使用部门施工和作业所用机械的总称,包括建筑机械、铁路与公路工程机械、矿山机械、水电工程机械、林业机械、港口机械、起重运输机械等。概括地说,凡土方工程、石方工程、流动式起重装卸工程(即非固定作业地点起重装卸工程)和各种建筑工程,综合机械化施工以及同上述工程相关的工业生产过程的机械化作业所必需的机械设备,称为工程机械。

目前工程机械已形成18大类,4 500多种规格型号。这18大类产品是:挖掘机械、铲土运输机械、工程起重机械、机动工业车辆、压实机械、路面机械、桩工机械、混凝土机械、钢筋和预应力机械、装修机械、凿岩机械、气动工具、铁路线路机械、市政工程与环卫机械、军用工程机械、电梯和扶梯、工程机械专用零部件以及其他专用工程机械。

18大类工程机械涵盖的产品如下:

(1)挖掘机械(单斗挖掘机、挖掘装载机、斗轮挖掘机、掘进机械等);

(2)铲土运输机械(推土机、装载机、铲运机、平地机、自卸车等);

(3)工程起重机械(塔式起重机、轮式起重机、履带式起重机、卷扬机、施工升降机、高空作业机械等);

(4)机动工业车辆(叉车、堆垛机、牵引车等);

(5)压实机械(压路机、夯实机械等);

(6)路面机械(摊铺机、拌和设备、路面养护机械等);

(7)桩工机械(打桩锤、压桩机、钻孔机、旋挖钻机等);

(8)混凝土机械【混凝土搅拌车、搅拌站(楼)、振动器、混凝土泵、混凝土泵车、混凝土制品机械等】;

(9)钢筋和预应力机械(钢筋加工机械、预应力机械、钢筋焊机等);

(10)装修机械(涂料喷刷机械、地面修整机械、擦窗机等);

(11)凿岩机械[凿岩机、破碎机、钻机(车)等];

(12)气动工具(回转式及冲击式气动工具、气动马达等);

(13)铁道线路机械(道床作业机械、轨排轨枕机械等);

(14)市政工程与环卫机械(市政机械、环卫机械、垃圾处理设备、园林机械等);

(15)军用工程机械(路桥机械、军用工程车辆、挖壕机等);

(16)电梯和扶梯(电梯、扶梯、自动人行道等);

(17)工程机械专用零部件(液压件、传动件、驾驶室等);

(18)其他专用工程机械(电站、水利专用工程机械等)。

二、衡量工程机械化施工水平的指标

基础建设工程的机械化施工,指组织工程施工时应用现代科学管理手段,充分利用成套机械设备进行施工作业的全过程。评价机械化施工水平是一个很复杂的问题,因为它与施工条件、施工方法、机械性能、容量、可靠性以及机械的管理、使用、维护、保养等许多因素有着密切的关系。以某项基本建设工程为对象,采用以下四项指标来衡量。

(1)机械化程度

机械化程度指采用机械完成的工作量占总工程量的比率,计算时可以核算为价值。机械化程度只能反映使用机械代替人力或减轻劳动强度的程度。

(2)技术装备率

技术装备率一般以每千(或每个)施工人员所占有机械的台数、功率、质量或投资额来计算。技术装备率反映一个施工单位或对某项基本建设工程项目的装备水平。但对机械设备的配套性无法表示。

(3)设备完好率

设备完好率指机械设备完好台数与总台数的比率。设备完好率仅表示机械本身的可靠性、寿命与机械的管理、运用水平。

(4)设备利用率

设备利用率指机械设备实际运用的台班数与全年应出勤的总台班数的比率。设备利用率与施工任务饱满程度、管理水平高低及设备完好率有密切关系。

只有综合上述四项指标,对规模相当的同类工程,在施工条件相近的情况下,劳动生产率的高低才标志着其机械化施工水平的高低。

三、工程机械产品型号的编制方法

工程机械产品的型号一般由类、组、型、特性代号与主参数代号两部分组成。如需增添改型、更新代号时,其改型、更新代号置于原产品型号的尾部,如图1-1所示。

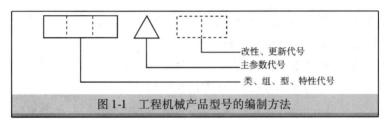

图 1-1 工程机械产品型号的编制方法

产品型号是工程机械产品名称、结构形式与主参数的代号,它供设计、制造、使用和管理等有关部门应用。

产品型号编制要求如下。

(1)类、组、型代号与特性代号均用大写印刷体汉语拼音字母表示,该字母应是类、组、型与特性名称中有代表性汉语拼音字头。如与同类中其他型号有重复时,也可用其他字母表示。

(2)主参数用阿拉伯数字表示。

(3)当产品结构有重大改革,需重新试制和鉴定时,其改型或更新代号用大写汉语拼音字母 A、B、C、……表示,置于原产品型号的尾部,以区别于原型号。

注意区别的是,代表改进型号的产品并未按字母的顺序排列。例如,国产装载机型号"ZL50G","G"只代表该产品与其他产品的区别,并非此产品已进行了从 A 到 G 过程的多次改进。

(4)当产品的主参数、动力性能等有重大改变时,则应改变产品的型号。

产品型号应用示例如下:

(1)WY100 型挖掘机,表示整机工作质量为 100t 的履带式液压单斗挖掘机;

(2)GX7 型铲运机,表示铲斗几何容量为 $7m^3$ 的自行轮胎式铲运机;

(3)3Y12/15 型压路机,表示结构质量为 12t、加载后质量为 15t 的三轮压路机;

(4)TPL3000 型摊铺机,表示摊铺宽度为 3 000mm 的轮胎式沥青混凝土摊铺机。

四 工程机械的基本组成

任何一台完整的工程机械,都是由基础车和工作装置两大部分组成。工程机械的基础车又包括动力装置和底盘两部分。

工程机械同一般机械一样,是把某种形式的能(如势能、电能等)转换为机械能做功,从而完成某些生产任务的装置。如图 1-2 所示的卷扬机,它是建筑工地上最常用的一种提升机械。这种机械把电能经过电动机 1 转换为机械能,即电动机的转子转动输出;经 V 带 2、轴 3、齿轮 4,5 减速后再带动卷筒 6 旋转;卷筒卷绕钢丝绳 7 并通过滑轮组 8、9,使起重机吊钩 10 提升或落下载荷 W,把机械能转变为机械功,完成载荷的垂直运输装卸工作。

如图 1-3 所示为一台液压操纵式自卸汽车。它是利用液压油缸 1 推动车厢 2 绕铰销 3 转动,车厢后倾则物料靠自重卸出。这种液压操纵式自卸汽车,首先通过发动机带动液压泵,将机械能转化为液体的压力能;再经操纵阀 5 的控制,使液压缸 1 的活塞杆伸出。此时,又将液压能转变为机械能并且做功,完成车厢绕铰销的倾翻,即物料的卸载工作。

工程机械的主要部件及系统包括动力装置、底盘部分、工作装置及工作装置液压系统、电气控制系统。

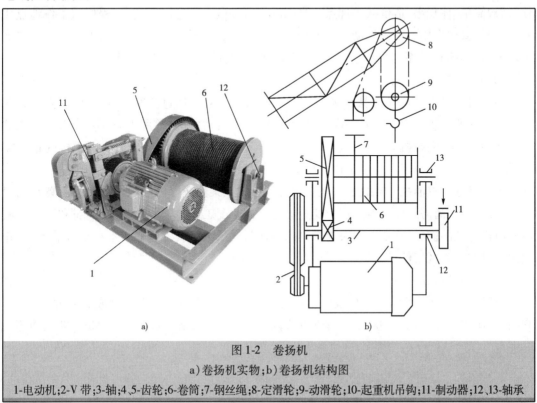

图1-2 卷扬机
a)卷扬机实物;b)卷扬机结构图
1-电动机;2-V带;3-轴;4、5-齿轮;6-卷筒;7-钢丝绳;8-定滑轮;9-动滑轮;10-起重机吊钩;11-制动器;12、13-轴承

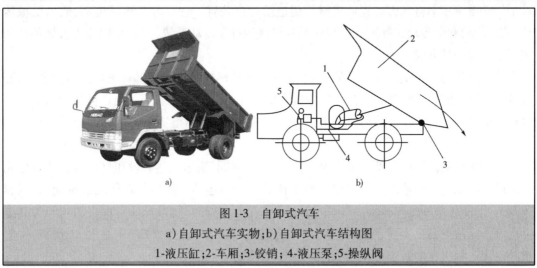

图1-3 自卸式汽车
a)自卸式汽车实物;b)自卸式汽车结构图
1-液压缸;2-车厢;3-铰销;4-液压泵;5-操纵阀

1 动力装置

为工程机械提供动力的原动机称为动力装置。目前在工程机械上采用的动力装置有电

动机、内燃机、空压机等。常用的为电动机和内燃机。

（1）电动机

电动机是将电能转变为机械功的原动机，它在工程机械中应用极广，具有起动与停机方便、结构简单、体积小、造价低等优点。当电动机所需电力能稳定供应、工程机械工作地点比较固定时，普遍选用电动机作动力。电动机有直流和交流两大类，建筑机械上广泛采用交流电动机，常用的有 Y 系列（鼠笼式）和 YZR 系列（绕线式）三相异步电动机。

（2）内燃机

内燃机是燃料和空气的混合物在气缸内燃烧放出热能，通过活塞往复运动，使热能转变为机械功的原动机。它工作效率高、体积小、质量轻、发动较快，常用于大、中、小型工程机械上作动力装置。内燃机只要有足够的燃油，就不受其他动力能源的限制。内燃机的这一突出优点使它广泛应用于需要经常作大范围、长距离移动的机械或无电源供应地区。

内燃机分为汽油机、柴油机等，在工程机械上常用柴油机。内燃机作为动力装置在工程机械上使用时，尚需与变速器或液力变矩器等部件匹配工作，从而使内燃机本身和工程机械具有防止过载的能力，有效地解决内燃机的特性与机械工作装置的要求不相适应的矛盾，并使内燃机在高效区工作。

（3）空气压缩机

空气压缩机是一种以内燃机或电动机为动力，将空气压缩成高压气流的二次动力装置。它结构简单可靠、工作速度快、操作管理方便，常作为中小型工程机械的动力，如风动磨光机等。

❷ 底盘部分

（1）行走传动系统

传动系统用来将动力装置的机械能传递给行走装置。它一般有机械传动、液力机械传动、液压传动和电传动四种形式。现代工程机械的行走传动系统，主要采用液力机械传动和液压传动这两种方式。

①机械传动。机械传动依靠带、链条、齿轮、蜗轮蜗杆等机械零部件来传递动力和运动。机械传动结构简单、加工制造容易、制造成本低。在行走传动系统上采用机械传动的缺点是体积笨重、操纵费力、技术落后。一般只在传统工程机械、小型工程机械和低配置工程机械上应用。

②液压传动。液压传动系统主要由液压泵、控制阀、液压马达和液压辅助装置等液压元件组成。液压传动以液压油为工作介质来传递动力和运动。液压传动能无级调速，且调速范围宽广，能吸收冲击与振动。传动平稳、操纵省力、布置方便以及易实现自动化等为其主要优点。其缺点是成本高、维修复杂。但由于它的优点突出，挖掘机、压路机、摊铺机、铣刨机等现代工程机械的行走传动系统，多采用液压传动。

液压行走传动系统又分高速方案和低速方案两种，采用低速大转矩马达直接驱动轮胎或履带行走的系统称为低速方案，而采用在液压马达之后连接减速器或驱动桥等机械减速装置的系统称为高速方案。

③液力机械传动。在自行式工程机械的传动系统中,采用液力变矩器取代主离合器的行走传动系统,称为液力机械传动系统。采用液力机械传动系统,能使机械对外载荷具有自动适应性,可无级调速,能吸收冲击和振动,提高机械使用寿命,操纵轻便、生产率高。其缺点是结构复杂、成本高、油耗大。但由于它的优点突出,装载机、推土机、平地机等现代工程机械的行走传动系统,多采用液力机械传动。

④电传动。电传动可在较宽的范围内实现无级调速,功率可充分利用,具有牵引性好、速度快、维修简单、工作可靠、动力传动平滑、起动和制动平稳等优点。但目前除了仓库等一些特殊场地使用的叉车等少量工程机械外,电传动在工程机械上一般不采用。

(2)转向系统

①轮胎式工程机械转向系统分为偏转车轮转向和铰接式转向。偏转车轮有机械式和液压助力式。对于铰接式车架的工程机械,其转向采用全液压转向系统,主要由转向液压泵、全液压转向器、转向油缸和液压辅助装置等液压元件组成。

②履带式工程机械的转向系统,对于机械式传动的工程机械,一般采用离合器的方式实现转向。对于液压传动的工程机械,则通过行走液压马达的停转或反转来实现转向。

(3)制动系统

①轮胎式工程机械制动系统分为机械式、气压式、液压式和气液综合式。

现代工程机械技术先进的制动系统主要采用湿式制动的全液压制动系统,主要由液压泵(与其他液压系统共用)、充液阀、脚制动阀、蓄能器、液压辅助装置等组成。

②对于挖掘机等采用液压传动的履带式工程机械,则通过行走液压马达的停转来实现制动。

3 工作装置及工作装置液压系统

(1)工作装置

工作装置指工程机械中直接完成作业要求的部件,通过金属构件组成机构,如卷扬机的卷筒、起重机的吊臂和吊钩、装载机的动臂和铲斗等。工作装置是根据各种工程机械具体工作要求而设计的。例如推土机的推土装置是沿着地面来推送土壤,所以它是带刀片的推土板;挖掘机的挖掘装置是由铲斗、斗杆及动臂组成的机构,由该机构经驱动力施于铲斗来实现挖掘、装卸土壤;自落式混凝土搅拌机是靠滚筒旋转来搅拌混凝土拌和料;强制式混凝土搅拌机是靠旋转的叶片来搅拌。

(2)工作装置液压系统

工作装置液压系统是实现工作装置机构动作的液压控制系统。液压系统主要由液压泵、控制阀、液压油缸或液压马达、液压辅助装置等液压元件组成。

4 电气控制系统

电气控制系统用于实现发动机装置、传动系统、工作装置液压系统等总成或系统操作控制的电气系统。此外,还有车身车架、机罩、驾驶室等由金属构件组成的部件。

1.2 常用机械零件和机构

工程机械是典型的机电产品,由成千上万个机械零部件按一定的规律和要求组装在一起,其中包括连接件、传动件、轴及轴类零件等,如图1-4所示。

图1-4　由各种零件和机构组成的工程机械

一 机械零件和机构的认识

(1)机器、机构的组成

机械是机器和机构的总称。一台完整的机械除动力装置、传动装置和工作装置三个主要部分外,还包括控制系统和辅助系统,如图1-5所示。其中动力装置(原动机)是机械的动力来源,常用的有内燃机、电动机等;传动装置是把动力装置的动力和运动传递给工作装置的中间环节,常用的有机械传动、液压传动或电力传动;工作装置是直接完成生产任务的部分,一台机械的名称即由工作装置所担负的任务而

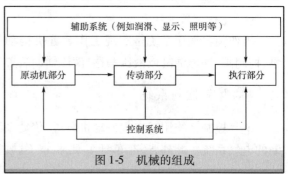

图1-5　机械的组成

定,如起重机、搅拌机、推土机等。

机器是由各种机构所组成的,如内燃机、推土机、起重机等工程机械都是由连杆机构、凸轮机构、齿轮机构等各种机构所组成的。而机构又是由各种构件和零件所组成的,如齿轮、轴、轴承等。一套为完成同一使命组合在一起协同工作的零件总称为部件或总成件,如传动器、减速器等。零件可分为通用零件(如齿轮、轴承、螺钉等)和专用零件(如起重机的滑轮、钢丝绳、吊钩等)。

(2)机械的摩擦与润滑

在机械工作过程中,一些零件相对于另一些零件运动时,在接触表面上产生切向阻力,即摩擦力。摩擦引起零件表面磨损,为了尽量减少摩擦损失,提高机械效率,除采用滚动摩擦代替滑动摩擦和采用耐磨材料外,通常在摩擦表面使用润滑剂。润滑剂不但可以减少摩擦和磨损,还可以降低表面工作温度、带走摩擦所产生的热量、防锈、传递动力、减振和密封。在工程机械中使用的润滑剂主要是各种润滑油和润滑脂(俗称黄油)。

二 连接件的认识

机械是由许多零部件,根据工作要求,用各种不同的连接方法组合而成。零件的连接分为可拆连接和不可拆连接。

下面介绍可拆的螺纹连接、键连接和销连接。

(1)螺纹连接

螺纹连接的基本类型有螺栓连接、双头螺柱连接、螺钉连接、紧定螺钉连接,如图1-6所示。

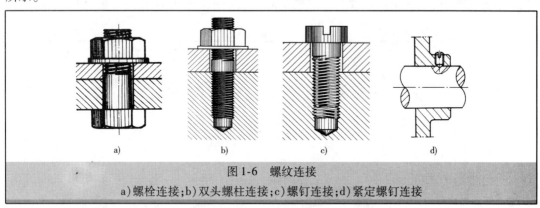

图1-6 螺纹连接
a)螺栓连接;b)双头螺柱连接;c)螺钉连接;d)紧定螺钉连接

(2)键连接与花键连接

键连接与花键连接均为可拆连接。主要用于轴和带轮毂的零件(如齿轮、涡轮等),实现周向固定以传递转矩。

①键连接

键连接通常用来实现轴与轮毂之间的周向固定以传递转矩,有的还能实现轴上零件的轴向固定或轴向滑动的导向。键连接的主要类型有:平键和半圆键连接(图1-7)、导向键连接(图1-8)、滑键连接(图1-9)、楔键连接(图1-10)和切向键连接。

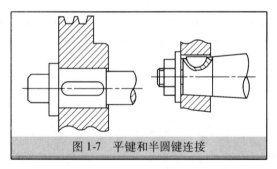

图1-7 平键和半圆键连接

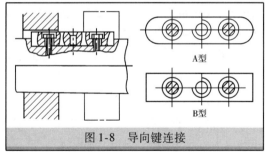

图1-8 导向键连接

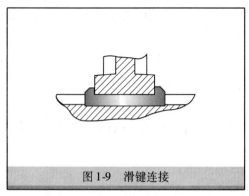

图1-9 滑键连接

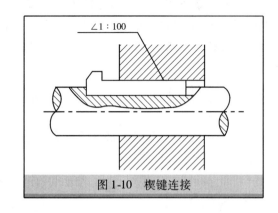

图1-10 楔键连接

② 花键连接

花键是由外花键和内花键组成,可用于静连接或动连接,主要适用于定心精度要求高、载荷大或经常滑移的连接。花键按其齿形不同分为矩形花键和渐开线花键两类,如图1-11所示。

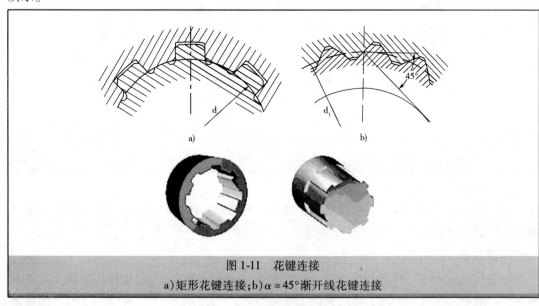

图1-11 花键连接
a) 矩形花键连接;b) $\alpha=45°$渐开线花键连接

③销连接

主要用来固定零件之间相对位置的销,称为定位销,它是组合加工和装配时的重要辅助零件;用于连接,可传递不大的载荷的销,称为连接销;可作为安全装置中的过载元件的销,称为安全销,如图1-12所示。

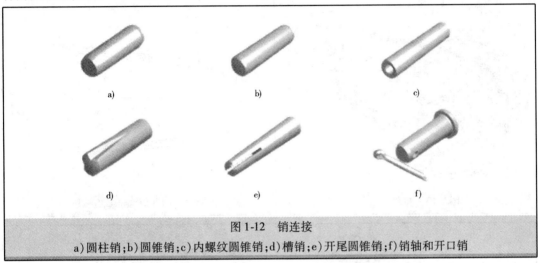

图1-12　销连接

a)圆柱销;b)圆锥销;c)内螺纹圆锥销;d)槽销;e)开尾圆锥销;f)销轴和开口销

三 传动零件及装置的认识

机器的工作机构、行走部分和其他部件的运动借助传动系统实现。传动系统可传递动力,有时还可改变运动速度。传动有机械传动(狭义)、电传动、液力传动、气力传动等形式。

机械传动分为带传动、链传动、齿轮传动、蜗杆传动四类。在每种传动中,传出功率的构件称为主动件,而接受传来功率的构件则称为从动件。

(1)皮带传动

带传动是由固联于主动轴上的主动轮、固联于从动轴上的从动轮和紧套在两轮上的传动带组成,如图1-13所示。当原动机驱动主动轮转动时,由于带和带轮间的摩擦(或啮合),便拖动从动轮一起转动,并传递一定动力。常用的有平带传动、V带传动、多楔带传动和同步带传动等。

(2)链传动

链传动是应用较广的一种机械传动。它由链条和主、从动链轮所组成,如图1-14所示。链轮上制有特殊齿形的齿,依靠链轮轮齿与链节的啮合来传递运动和动力。适用于要求工作可靠,且两轴相距较远,以及其他不宜采用齿轮传动的场合。

(3)蜗杆传动

蜗杆传动是在空间交错的两轴间传递运动和动力的一种传动机构,如图1-15所示,两轴线交错的夹角可为任意值,常用的为90°。该传动由于结构紧凑,通常用于减速装置。

(4)齿轮传动

齿轮传动是机械传动中应用最广泛的一种传动方式。它由一对或多对齿轮组成,齿轮轴线布置的距离应使一个齿轮的轮齿进入另一个齿轮的齿槽中。在一齿轮转动时,齿轮轮齿的侧表面被另一齿轮轮齿的侧表面顶住,因而第二个齿轮就被推向相反的方向转动。齿轮传动的基本类型如图 1-16 所示。

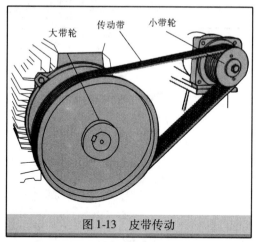

图 1-13　皮带传动

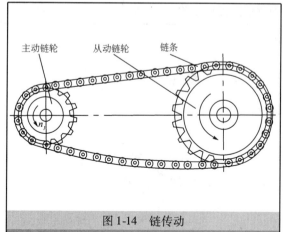

图 1-14　链传动

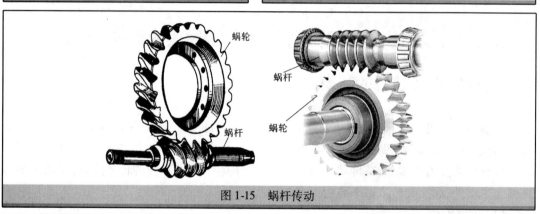

图 1-15　蜗杆传动

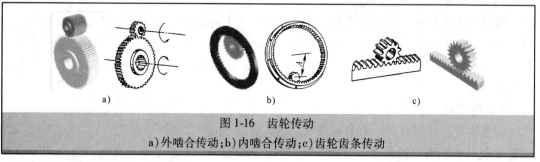

图 1-16　齿轮传动

a)外啮合传动;b)内啮合传动;c)齿轮齿条传动

(5)轮系及减速器

①轮系的定义及类型

轮系的作用是得到大传动比传动和换向传动。轮系通常分为定轴轮系和周转轮系两种。如果轮系中所有齿轮轴线均固定,这种轮系称为定轴轮系,如图 1-17a)所示。如果轮系中有某些齿轮(最少应有一个齿轮)的轴线并不固定而绕其他的固定轴线回转,则称这种轮系为周转轮系,如图 1-17b)所示。

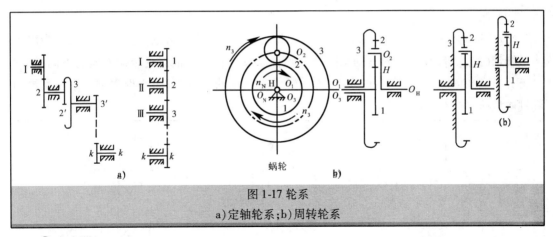

图 1-17 轮系
a)定轴轮系;b)周转轮系

②减速器

减速器如图 1-18 所示,用于降低转速和增大转矩,在某些场合,也可用作增速的装置,并称为增速器。传动比为 1~10,采用单级减速器;传动比为 15~30,采用两级减速器,如需更大的传动比,则采用三级减速器。

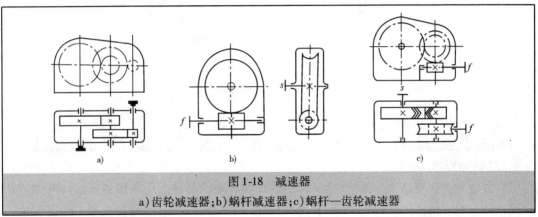

图 1-18 减速器
a)齿轮减速器;b)蜗杆减速器;c)蜗杆—齿轮减速器

四 轴及轴上零件的认识

(1)轴

轴是组成机器的一个重要部件。轴的主要功能是支承回转零件传递运动和动力。按承受载荷的不同,轴可分为转轴、心轴和传动轴三类。图 1-19 所示为曲轴和钢丝挠性轴。

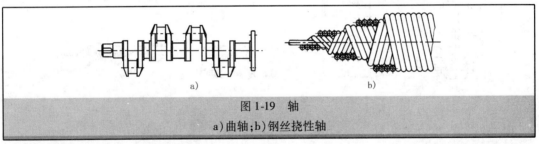

图 1-19 轴
a)曲轴;b)钢丝挠性轴

(2) 轴承

轴承是用来支持转轴或心轴的部件。根据轴承中摩擦性质的不同,可把轴承分为滑动摩擦轴承(简称滑动轴承)和滚动摩擦轴承(简称滚动轴承)。根据受载荷方向的不同,轴承又可分为:向心轴承——受径向载荷;推力轴承——受轴向载荷;向心推力轴承——受径向和轴向载荷,如图1-20所示。

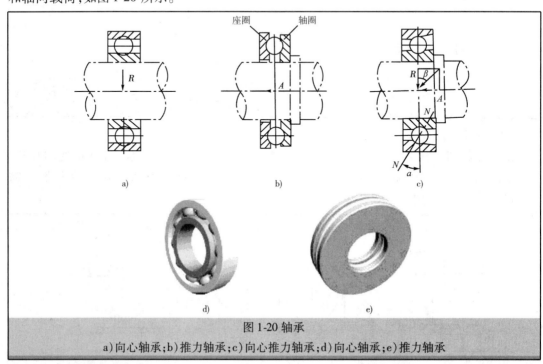

图 1-20 轴承
a)向心轴承;b)推力轴承;c)向心推力轴承;d)向心轴承;e)推力轴承

(3) 联轴器和离合器

联轴器和离合器是用来连接两轴、传递运动和转矩的部件。用联轴器连接的两轴或两传动轴件只有在机器停车时,才能把它们分开;而用离合器连接,则可在机器工作时就能方便地将它们分开或接合。

① 联轴器

按轴的连接形式,联轴器可分为刚性联轴器和补偿联轴器,如图1-21所示。其中刚性联轴器可分为套筒联轴器和凸缘联轴器两类;补偿联轴器可以补偿两轴因制造安装或工作变形而产生的偏斜和位移,它有四种形式:弹性柱销联轴器、链式联轴器、十字滑块联轴器和

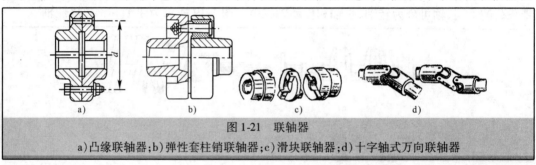

图 1-21 联轴器
a)凸缘联轴器;b)弹性套柱销联轴器;c)滑块联轴器;d)十字轴式万向联轴器

万向联轴器。其中万向联轴器主要用于两轴有较大偏斜角(最大可达35°~45°)或较大角位移的地方,它在汽车、工程机械传动中得到广泛应用。

②离合器

离合器按其工作原理分为摩擦式离合器、液力式离合器和电力式离合器三种。同时又可分为牙嵌式(齿轮式)离合器和摩擦式离合器两类。

a. 牙嵌式离合器[图1-22a)]

牙嵌式离合器由两个半离合器组成,当半离合器中的一个有轴向移动时,离合器就接合或分离。

b. 摩擦式离合器(图1-22b)

摩擦式离合器可以实现平稳的接合,一般由摩擦元件、压紧元件、分离机构和操纵机构四部分组成。摩擦式离合器按其压紧机构的构造,分为弹簧加压常压式离合器和杠杆加压非常压式离合器两种。前者一般用于轮式工程机械;后者常用于各种履带式工程机械。按摩擦表面的干湿分为干式离合器和湿式离合器。

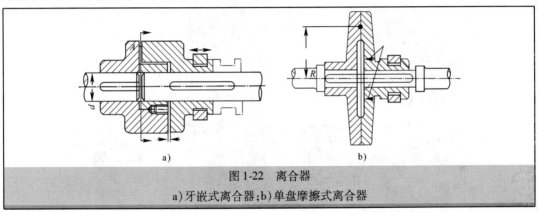

图1-22 离合器
a)牙嵌式离合器;b)单盘摩擦式离合器

1.3 工程机械动力装置

工程机械上采用的动力装置有电动机、内燃机、空压机等,如图1-23所示。工程机械常用的动力装置为内燃机。内燃机分汽油机和柴油机,如图1-24所示。除一些固定工作或工作中很少移动的机械、设备采用电动机外,多数采用柴油内燃机(简称柴油机)。

图1-23 带动力装置的工程机械

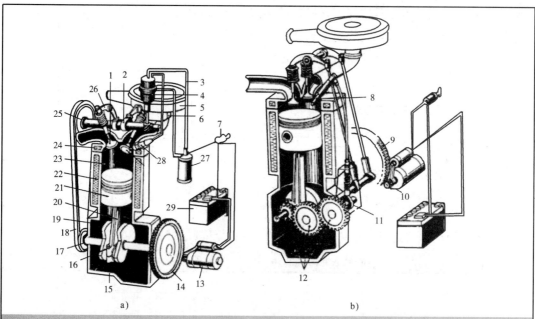

图1-24 内燃机
a)单缸四冲程汽油机结构示意图；b)单缸四冲程柴油机结构示意图
1-排气门；2-凸轮轴；3-高压导线；4-分电器；5-空气滤清器；6-化油器；7-点火开关；8-喷油器；9、14-飞轮；10、13-起动机；11-喷油泵；12-正时齿轮；15-油底壳；16-曲轴；17-曲轴正时齿轮；18-正时齿轮；19-曲轴箱；20-连杆；21-活塞；22-冷却水套；23-气缸；24-气缸盖；25-凸轮轴正时齿轮；26-摇臂；27-点火线圈；28-火花塞进气门；29-蓄电池

一 柴油机

1 柴油机的用途与分类

柴油机是用柴油做燃料的内燃机。柴油机属于压燃式发动机，通过喷油泵、喷油器将柴

油以高压喷入发动机气缸内,与早已被吸入气缸并经压缩的空气混合,在高温、高压条件下自燃而发生能量转化,所以柴油机又称压燃式发动机。

柴油机按转速,分为高速、中速和低速柴油机;按燃烧室的形式,分为直接喷射式、涡流室式和顶燃室式柴油机等;按气缸进气方式,分为增压式和非增压式柴油机;按气体压力作用方式,分为单作用式、双作用式和对置活塞式柴油机等。

❷ 单缸四冲程柴油机的工作原理

进气行程[图1-25a)]:在进气行程开始时,活塞位于上止点,此时进气门开始打开,排气门关闭。当活塞从上止点向下止点移动时,活塞顶上方的气缸容积增大,气缸内的压力降低至小于大气压力。这时新鲜空气在内外压力差的作用下,被吸入气缸内,直至活塞到达下止点,完成进气行程。

压缩行程[图1-25b)]:进气行程终了时,随着曲轴的继续转动,活塞到达下止点后转向上止点移动,此时将进排气门都关闭,气体在缸内受压缩,其温度和压力迅速升高,这为柴油喷入气缸自行着火燃烧创造了有利条件。

做功行程[图1-25c)]:在压缩行程接近终了,活塞到达上止点前,喷油器将柴油喷入气缸。细小的油雾在高温条件下很快蒸发,与空气混合形成可燃混合气,当温度达到自燃点,便自行着火燃烧。由于进、排气门都关闭,高温高压的气体膨胀而推动活塞从上止点向下止点移动,从而推动曲轴旋转。这样,气体的热能便转化成活塞、曲轴的机械运动而向外做功。

排气行程[图1-25d)]:曲轴继续旋转,推动活塞由下止点向上止点移动。这时,排气门开启,进气门仍关闭,燃烧后的废气经排气门排入大气。活塞到达上止点时,排气行程结束,排气门关闭。

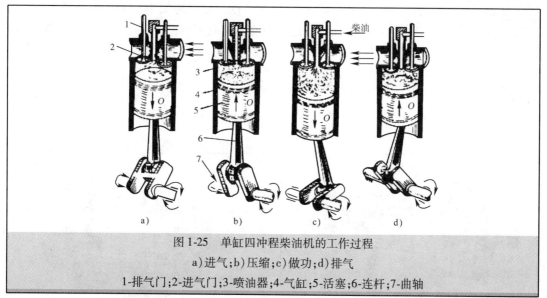

图1-25 单缸四冲程柴油机的工作过程
a)进气;b)压缩;c)做功;d)排气
1-排气门;2-进气门;3-喷油器;4-气缸;5-活塞;6-连杆;7-曲轴

四冲程柴油机从进气、压缩、做功和排气,活塞运行四个行程,曲轴转了两圈,完成了一个工作循环。当活塞再次从上止点向下止点移动,又开始新的工作循环,如此周而复始,柴油机就能持续运转了。

③ 柴油机的组成

柴油机是压燃式内燃机,它由两大机构和四个系统组成。两大机构是曲柄连杆机构、配气机构,四大系统是供油系、润滑系、冷却系、起动系。

二 三相异步电动机

交流电动机主要有异步电动机和同步电动机两种,如图 1-26 所示,其中三相异步电动机具有结构简单、运行可靠、使用维护方便、起动容易以及价格低廉的优点。但其电网的功率因数较低,调速比较困难,所以三相异步电动机广泛用于对调速要求不高,电网的功率因数有办法补偿的场合。

图 1-26　电动机

① 三相异步电动机的分类

三相异步电动机可分为鼠笼式和绕线式两种。鼠笼式三相异步电动机结构简单、运行可靠、质量小、价格便宜,得到了广泛的应用,其主要缺点是调速困难。绕线式三相异步电动机通过滑环、电刷与外部变阻器连接。通过调节变阻器电阻可以改善电动机的起动性能,调节电动机的转速。

② 异步电动机的结构及工作原理

异步电动机是由定子和转子两大部分组成,其构造及定子绕组的连接方法如图 1-27 和图 1-28 所示。

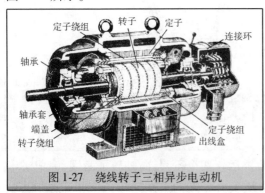

图 1-27　绕线转子三相异步电动机

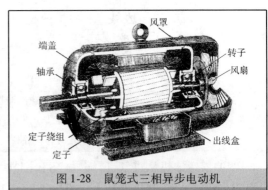

图 1-28　鼠笼式三相异步电动机

定子为电动机静止不动的部分,主要用以产生旋转磁场,包括机座、铁芯、绕组和端盖等。铁芯的内表面上分布着与轴平行的槽,槽内嵌放三相绕组,绕组与铁芯之间绝缘良好。定子的三相绕组对称分布在定子铁芯上,各相绕组彼此独立,按互差120°的空间角度布置,它们的起始端分别用 U_1、V_1、W_1 表示,对应的末端分别用 U_2、V_2、W_2 表示,绕组可有 Y 形和 △ 形的连接方式。为了便于改变接线,三相绕组的 6 个线头都接在电动机外表上的接线盒上,如图1-29所示。

转子是电动机的转动部分,其作用是产生机械转矩并拖动负载。主要由转轴、转子铁芯和转子绕组三部分组成。转轴支撑转子铁芯和绕组,并传递电动机输出的机械转矩。转子绕组是转子的电路部分,在转子铁芯的导线槽内,根据绕组形式分为绕线式和鼠笼式。

绕线式转子与定子绕组一样,都是由嵌入转子槽内的线圈按一定规律连接成三相对称绕组,它的极数和定子绕组相同,一般均接成星形,如图1-30所示。

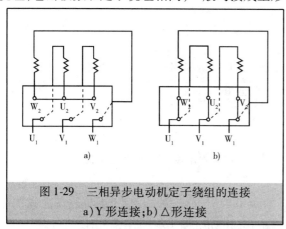

图1-29 三相异步电动机定子绕组的连接
a) Y 形连接；b) △ 形连接

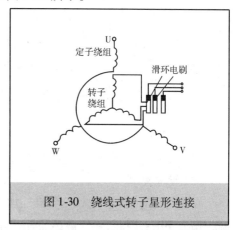

图1-30 绕线式转子星形连接

电动机利用通电导线在磁场中受电磁力的作用而工作。对给定的三相绕组即定子加上三相交流电压,绕组中的三相电流便产生了旋转磁场,则转子相对于磁场相反方向旋转。故转子绕组切割磁力线,闭合的绕组内产生了感生电流。感生电流和旋转磁场相互作用,使转子产生转矩而转动。

把异步电动机三根电源线的两根任意对换之后,旋转磁场的方向改变,从而转子的旋转方向也随之改变。

3 三相异步电动机的型号及铭牌数据

每台异步电动机的外壳上都有一个铭牌,上面标有电动机在额定运行时的主要技术数据和主要性能,以便能正确地使用和维修。施工工地流动性大,工作环境差,特别要注意保护好铭牌,防止损坏与丢失,给使用或维修造成困难。三相异步电动机的铭牌示例如图1-31所示。

(1) 型号

异步电动机型号采用首字汉语拼音大写字母及阿拉伯数字组成。包括产品代号、规格代号、特殊环境代号和补充代号。示例如下:

三相异步电动机				
型号	Y160M-4	功率	11kW	频率	50Hz
电压	380V	电流	22.6A	接法	△
转速	1460r/min	温升	75℃	绝缘等级	B
防护等级	IP44	质量	120kg	工作方式	S1
××电机厂				

图 1-31 异步电动机铭牌

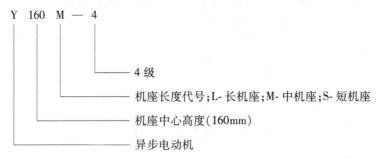

(2) 额定功率

在额定运行情况下,电动机轴上输出的机械功率为额定功率,单位是千瓦(kW)。

(3) 额定频率

在额定运行情况下,定子绕组外加电压的频率为额定频率,用赫兹(Hz)表示。我国电网频率为50Hz,因此,除外销产品外,国内用的异步电动机额定频率都为50Hz。

(4) 额定电压

电动机在额定运行情况下,定子绕组端应加的线电压为额定电压,用伏(V)表示。有时在铭牌上标有两种电压值,如220/380V,此时往往相对应的接法为△/Y。这表明电动机定子绕组采用三角形连接时需加220V线电压,采用星形连接时则加380V线电压。以上示例铭牌只有一种三角形接法,则只用一种电压——380V。

(5) 额定电流

在额定频率、额定电压下电动机轴上输出额定功率时,定子绕组的线电流值为额定电流,用安(A)表示。

(6) 接法

接法指电动机在额定电压下定子三相绕组的连接方法。若铭牌标△,额定电压标380V,表明电动机电源电压为380V时应接成△形。

(7) 额定转速

在额定频率、额定电压下,电动机轴上输出额定功率时的电动机转子的转速,单位为转/分(r/min)。

(8) 绝缘等级

绝缘等级指电动机定子绕组所用绝缘材料在使用时采用容许的极限温度来分级。所谓极限温度指电动机绝缘结构中最热点的最高容许温度。

(9) 额定功率因数

在额定频率、额定电压及电动机轴上输出额定功率时,定子相电流与相电压之间相位差的余弦为额定功率因数。用于衡量在异步电动机输入的视在功率中,能转换为机械功率的有功功率所占比重的大小。三相异步电动机的功率因数较低,在额定负载时为 0.7~0.9,而在轻载和空载时更低,空载时只有 0.2~0.3。选择电动机时应注意其容量,防止"大马拉小车",并力求缩短空载时间。

(10) 定额

定额也称为工作方式或运行方式,按运行持续时间的长短,分为连续、短时和断续三种基本工作制,是选择电动机的重要依据。分别用 S1、S2、S3 表示。

1.4 工程机械底盘

任何一台完整的工程机械,都是由基础车和工作装置两大部分组成,如图 1-32 所示。工程机械的基础车又包括动力装置和底盘两部分。

图 1-32 带底盘的工程机械

底盘是全机的基础,动力装置、工作装置和电气设备均装在它上面。工程机械种类繁多,底盘结构形式各异,但底盘均由传动系、行驶系、转向系和制动系(转向系和制动系有时统称为操纵系)等组成。

一 工程机械传动系的认识

(1)传动系的功用、组成与布置

工程机械传动系的基本功用是将发动机动力传给驱动轮,使机械能根据需要实现平稳起步、停车、改变行驶速度(牵引力)和行驶方向;还可将发动机动力传给工作装置,使其完成各种工作动作。如图 1-33 所示,工程机械传动系的组成与布置形式,主要取决于传动系本身的结构形式、行驶系的类型,以及机械的总体结构形式。

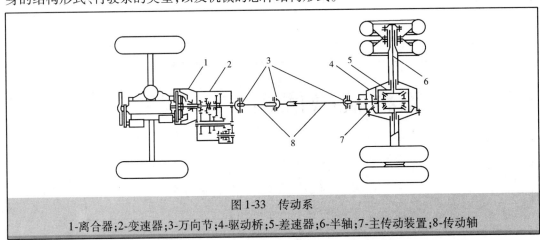

图 1-33 传动系
1-离合器;2-变速器;3-万向节;4-驱动桥;5-差速器;6-半轴;7-主传动装置;8-传动轴

发动机纵向安装在前部,并且后轮是驱动轮。发动机的动力依次经过离合器 1、变速器 2、由万向节 3 和传动轴 8 组成的万向传动装置,以及安装在驱动桥 4 中的主传动装置 7、差速器 5 和半轴 6 传到两侧的驱动轮。

(2)离合器

离合器用于接合或切断发动机与传动系之间的动力联系,可使工程机械平稳起步、停驶或变换挡位。

(3)变速器

变速器的作用如下:

①通过变换挡位以改变传动系的传动比,使在不改变发动机转矩和转速的情况下(发动机转速和转矩的变化范围不大),来改变工程机械的牵引力和运行速度;

②实现空挡,以利于发动机起动和在发动机不熄火的情况下长时间停车;

③实现倒挡,以改变机械运行方向。

(4)万向传动装置

万向传动装置用于两根轴线不重合且其轴线间距离和夹角经常发生变化的轴之间的动力传递。万向传动装置不仅用于连接变速器、分动器,以及前后驱动桥,而且用于转向驱动桥的两段半轴之间。万向传动装置一般由万向节和传动轴组成。

（5）驱动桥

驱动桥是指变速器或传动轴之后，驱动轮之前的传动机构的总称，它的主要作用是增大由变速器传来的转矩，并传给左右驱动轮；转向时使左右驱动轮以不同的速度转动；支承机械重量并将驱动轮推动力及反作用力传给机架。

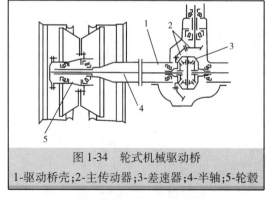

图1-34 轮式机械驱动桥
1-驱动桥壳；2-主传动器；3-差速器；4-半轴；5-轮毂

如图1-34所示，轮式机械驱动桥主要由主传动器、差速器、轮边减速器（有的驱动桥没有）、半轴和桥壳等组成。自变速器输入的动力经主传动器降速增矩，并将旋转轴线改变为横向方向后，传至差速器，经左右半轴，再经过轮边减速器降速增矩传给驱动轮。

履带式机械的驱动桥以履带推土机驱动桥为例，如图1-35所示，它由主传动器、转向机构（转向离合器、差速器、双差速器或行星式等）和轮边减速器（或称最终传动）等主要部件组成。从变速器传来的动力，经主传动器降速增矩，并将旋转轴线改变为横向之后，再经轮边减速器降速增矩后，传至驱动轮带动推土机行驶。

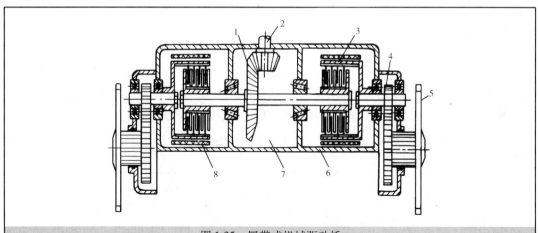

图1-35 履带式机械驱动桥
1-主传动器；2-变速器第二轴；3-转向离合器；4-最终传动；5-驱动轮；6-后桥箱；7-锥形齿轮室；8-制动器

主传动器如图1-36所示，位于驱动桥之首，一般是锥形齿轮副。其作用是降速增矩，把旋转轴线改变为横向。

差速器（图1-37）的功用：一是将主传动器传来的动力经过左右半轴分配给驱动轮，并使左右驱动轮既能以同样的转速又能以不同的转速转动。在机械转弯时，以不同的转速转动。当机械沿平路直线行驶时，以同样的转速转动。同时配有差速器锁，根据需要可以使差速器失去差速作用。

轮边减速器的功用是将主传动器传来的动力再一次降速，增大转矩后传给驱动轮，因此可以减小主传动器的传动比，缩小后桥壳的体积，提高机械的离地间隙，从而改善了通过性。

常见的轮边减速器有单级或双级圆柱齿轮式和行星齿轮式三种。

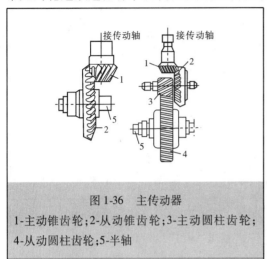

图1-36 主传动器
1-主动锥齿轮;2-从动锥齿轮;3-主动圆柱齿轮;4-从动圆柱齿轮;5-半轴

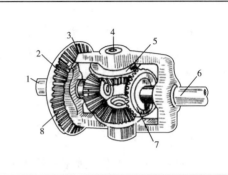

图1-37 行星齿轮式差速器
1-左半轴;2-差速器壳;3-主传动器从动锥形齿轮;4-行星齿轮;6、7-右半轴、右半轴齿轮;8-左轴齿轮

二 工程机械行驶系的认识

工程机械行驶系的功用是支持整个机械并将传给驱动轮上的转矩转变成机械的行驶和使其进行各种作业。

（1）轮式行驶系

轮式行驶系如图1-38所示，通常由车架、车桥、悬架和车轮等组成。车架通过悬架与前、后车桥相连，车桥两端则安装车轮。当驱动桥中的半轴将驱动转矩 M_k 传到驱动轮上时，通过车轮与地面的附着作用，即产生地面作用于驱动轮边缘上的向前的纵向反力——牵引力。该牵引力通过悬架传给车架，再由悬架传到从动桥，使从动车轮向前滚动。于是整个机械便向前运动。

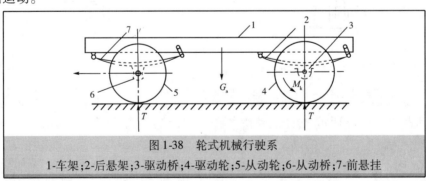

图1-38 轮式机械行驶系
1-车架;2-后悬架;3-驱动桥;4-驱动轮;5-从动轮;6-从动桥;7-前悬挂

（2）履带式行驶系

履带式行驶系一般由机架、行走装置和悬架组成，如图1-39、图1-40所示。机架用来安装发动机、传动系和行驶系，使机械成为一个整体。机架有全梁架式、半梁架式和无梁架式，其中半梁架式应用较多。行走装置的功用是支承机体，张紧并引导履带的运动方向，以及实现机械行驶。它由"四轮一带"（驱动轮、支重轮、托轮、引导轮、履带）和履带张紧装置等组

成。驱动轮、引导轮、支重轮和托轮分别安装在台车架上,由几十块履带板铰接成封闭的链轨式的履带,缠绕在这些轮子上。当行驶时,履带由驱动轮卷起向前推送,被引导轮铺在地面上,支重轮在履带的滚道上滚动,这样不断循环即可形成一条无限长的轨道。

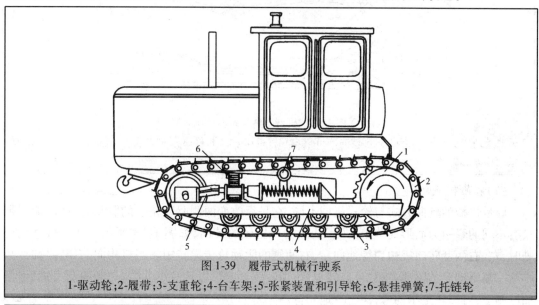

图1-39　履带式机械行驶系

1-驱动轮;2-履带;3-支重轮;4-台车架;5-张紧装置和引导轮;6-悬挂弹簧;7-托链轮

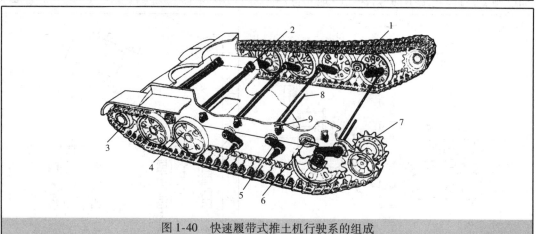

图1-40　快速履带式推土机行驶系的组成

1-履带;2-平衡肘支架;3-引导轮;4-负重轮;5-平衡肘;6-液压减振器;7-主动轮;8-扭力轴;9-限制器

三　工程机械转向系的认识

(1) 轮式机械转向系

轮式机械转向是通过转向车轮左(右)偏转一定角度来实现的。

偏转车轮机械式转向系的组成如图1-41、图1-42所示。转向系由转向器和转向传动机构组成。转向时,转动转向盘,通过传动轴传给转向器,转向器将操纵力放大传给转向摇臂,转向纵拉杆使左转向轮偏转,再通过转向横拉杆使右转向轮也偏转,实现转向。

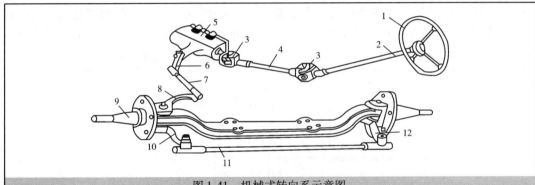

图 1-41　机械式转向系示意图

1-转向盘；2、4-传动轴；3-万向节；5-转向器；6-转向摇臂；7-转向纵拉杆；8-转向节臂；9-转向节形臂；10、12-梯形臂；11-转向横拉杆

（2）履带机械转向系

履带机械的转向方式与轮式机械不同，它是靠改变两侧驱动轮上的驱动力，使两侧履带具有不同的牵引力而形成转向力矩，从而实现机械的转向，如图 1-43 所示。当机械直线行驶时，左、右两套转向机构均等地向左、右两侧的驱动轮传递转矩。当机构向一侧转弯时，减小这一侧驱动轮的驱动力矩，可以转大弯；切断驱动力可以转较小的弯；切断驱动力矩后，再加以制动，可以转更小的弯，甚至原地转弯。

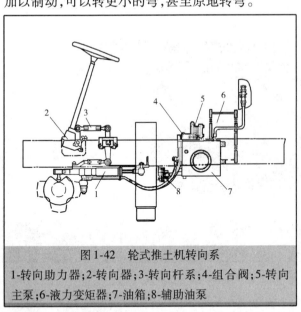

图 1-42　轮式推土机转向系

1-转向助力器；2-转向器；3-转向杆系；4-组合阀；5-转向主泵；6-液力变矩器；7-油箱；8-辅助油泵

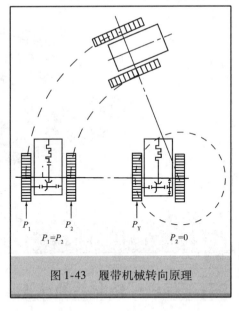

图 1-43　履带机械转向原理

四　工程机械制动系的认识

制动系用于轮式机械行驶时降速或停车。

机械的整个制动系统分为三个：脚制动系、手制动系和辅助制动系。脚制动系，其制动器装于车轮内，供机械在行驶中控制车速和停车用，故而称行车制动系，如图 1-44 所示。手

制动系,其制动器一般装在变速器或分动器输出轴上,或与车轮制动器共用一个制动器总成,如图 1-45 所示,用于机械停放、上坡起步和紧急制动,又称停车制动或驻车制动系。辅助制动用来协助制动器工作,多数采用关闭发动机排气管道的排气制动。在轮式机械上至少应具备脚制动系和手制动系。

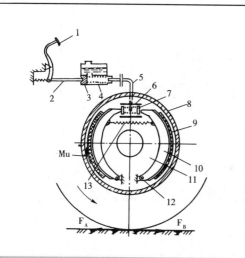

图 1-44 制动装置工作原理示意图
1-制动踏板;2-推杆;3-主缸活塞;4-制动主缸;5-油管;6-制动轮缸;7-轮缸活塞;8-制动鼓;9-摩擦片;10-制动蹄;11-制动底板;12-支承销;13-制动蹄回位弹簧

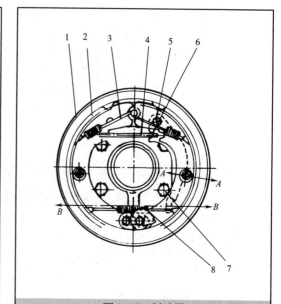

图 1-45 制动器
1-制动底板;2-驻车制动蹄;3-拉簧;4-推板;5-销轴;6-驻车制动臂;7-螺栓;8-拉簧

1.5 工程机械液压与液力传动

以液体为工作介质进行能量传递的传动,称为液体传动。液体传动按工作原理的不同,分为液压传动和液力传动。

流体力学分为两门科学,即流体动力学、流体静力学。

流体动力学:动态液体学,研究液体流动产生能量的科学,如图 1-46a)所示。液力变矩器、水车、叶轮机、水泵等就是利用流体动力学原理设计的。

流体静力学:压力下的液体学,研究被密闭的液体受到压力时所传递的能量的科学,如图 1-46b)所示。油压泵、油缸等就是利用流体静力学原理设计的。

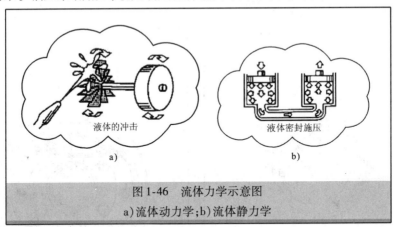

图 1-46　流体力学示意图
a)流体动力学;b)流体静力学

一　工程机械液压传动

1　液压传动的定义

液压传动,指以液体(液压油)作为工作介质,利用流动着液体的压力能进行能量传递,实现运动及动力传递和控制的传动方式。

液压传动的原理即帕斯卡原理,即:在密封的液体中所产生的压力,向所有的方向传递时压力都不下降,并且在所有地方都以同样的大小作用,所受压力处处相等。

液压传动以液体作为传递运动和动力的工作介质,而且传动中必须经过两次能量转换。它先通过动力装置将机械能转换为液体的压力能,后又将压力能转换为机械能做功。

油液必须在密闭容器(系统)内传递,而且必须有密闭容积的变化。液压借助于密封容积的变化,利用流体的压力能与机械能之间的能量来传递能量。

2　液压系统的组成及作用

工程机械液压系统的主要液压元件如图 1-47 所示,装载机工作装置液压系统实物连接图如图 1-48 所示。

(1)动力元件——液压泵,将原动机输入的机械能转换为液体的压力能,作为系统供油能源装置。

工程机械使用的液压泵,主要有齿轮泵、叶片泵和柱塞泵等结构形式。

(2)执行元件——液压缸(或液压马达),将油液的压力能转换为机械能,而对负载做功。

液压油缸主要用在需要实现直线往复运动的工作部位。

液压马达主要用在需要实现旋转运动的工作部位。工程机械使用的液压马达,主要有齿轮马达和柱塞马达等结构形式。

(3)控制元件——各种控制阀,用以控制流体的方向、压力和流量等,以保证执行元件完成预期的工作任务。

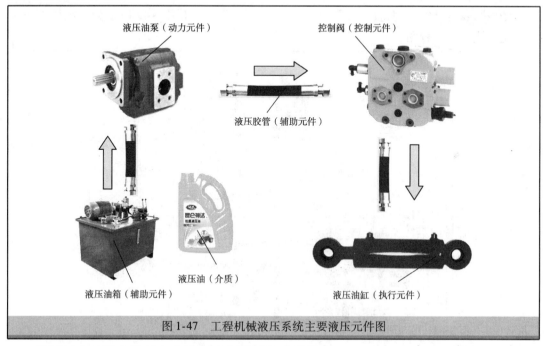

图1-47 工程机械液压系统主要液压元件图

控制阀主要用来进行方向控制、压力控制、流量控制。

(4)辅助元件——油箱、油管、滤油器、压力表、冷却器、管件、管接头和各种信号转换器等,创造必要条件,保证系统正常工作。

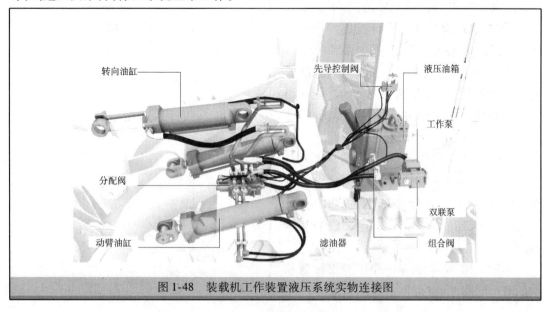

图1-48 装载机工作装置液压系统实物连接图

(5)工作介质——液压油。

3 液压传动系统的表示方法

(1)结构图

结构图表示结构原理,直观性强,易理解,但结构复杂。如图1-49所示为装载机工作装置液压系统结构示意图。

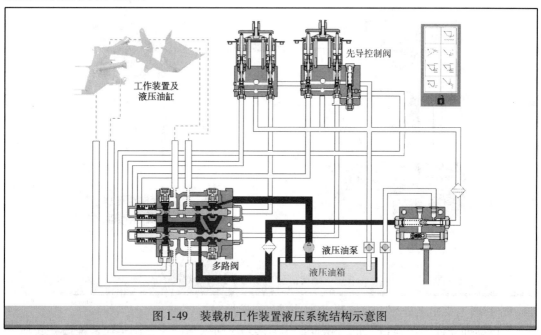

图1-49 装载机工作装置液压系统结构示意图

(2)职能符号图

职能符号图只表示元件功能,不表示元件结构和参数,简单明了,易于绘制。

要想理解液压回路图,首先必须了解回路图中各液压符号的含义。液压符号用简单的几何图形表示液压管路和元件的功能和相互连接,它仅表示其功能,而不表示任何元件的实际尺寸、形状或结构,见表1-1。

现代工程机械的液压系统虽然越来越复杂,但是一个复杂的液压系统往往是由一些基本回路组成的。液压基本回路是由有关液压元件组成、能够完成某一特定功能的基本油路。

如图1-50所示,表示一个工程机械最基本的液压回路图,该液压回路图所表示的工

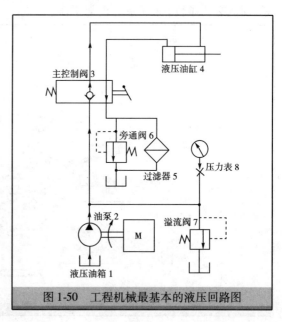

图1-50 工程机械最基本的液压回路图

作过程如下：

工作油箱 1 中的液压油被发动机带动的油泵 2 吸入油泵内部，经油泵出来的液压油便具有较高的压力。

高压油由油泵 2 送往主控阀 3（阀内的单向阀使液压油只能单方向流动）。

液压油继续送往液压油缸 4，液压油的压力作用在活塞杆面上产生推力，推动活塞杆作缩回运动。

油缸另一侧的液压油被挤出，经主控阀 3 和过滤器 5 回液压油箱 1。

如果过滤器 5 被堵塞，则旁通阀 6 打开，液压油不经过滤器，直接回液压油箱。

如果整个液压系统压力太高，则溢流阀 7 打开，以保护整个液压回路不受损坏。

液压元件职能符号表示方法　　　　　　　　　　　　　　　表 1-1

液压元件名称	液压元件实物外形	液压职能符号表示图
液压胶管		
液压油箱		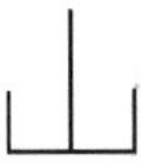
液压齿轮泵		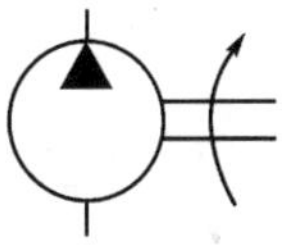
换向阀		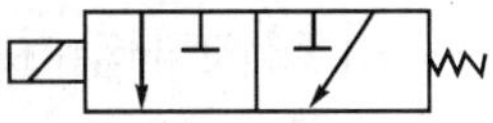
溢流阀		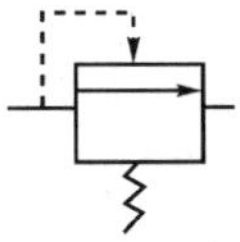
液压油缸		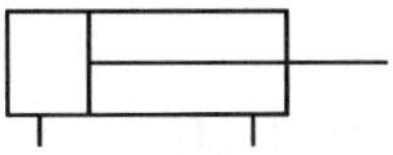

❹ 液压传动的特点

液压传动用具有一定压力的液体来传动，传动中必须经过两次能量转换，传动必须在密封容器内进行,而且容积要进行变化。

(1)液压传动的优点

①功率质量比大。在同等体积的情况下,液压装置能产生更大的动力。这是液压传动最突出的优点,质量小、体积小、运动惯性小、反应速度快。

②很容易实现直线运动。

③可自动实现过载保护。

④操纵控制方便,可实现大范围的无级调速。

⑤采用液体为工作介质,可自行润滑、吸振,使用寿命长。

⑥液压传动的各种元件,可根据需要,方便、灵活地布置。

⑦容易实现机器的自动化,当采用电液联合控制后,不仅可实现更高程度的自动控制过程,而且可以实现遥控。

⑧液压元件实现了标准化、系列化、通用化,便于设计、制造和推广。

(2)液压传动的缺点

①由于运动间隙的存在,使泄漏不可避免地发生。易造成环境污染,这是最突出的缺点。

②由于压力损失大,所以不宜远距离传递。

③由于油液具有压缩性,所以不能保证严格的传动比。

④对温度变化敏感。

⑤液压故障的检查需要专业人士进行。

❺ 液压传动在工程机械中的应用

(1)工作装置的往复直线运动(执行元件为液压油缸),或者旋转运动(执行元件为液压马达)。

(2)应用于行走驱动(执行元件为液压马达),液压传动分低速方案和高速方案两种。

(3)应用于全液压转向和助力。

(4)应用于液压支承。

(5)应用于工作装置无级调速。

现代液压技术正向高压、高速、高效率、大流量、大功率、微型化、低噪声、低能耗、经久耐用、高度集成化方向发展,向用计算机控制的机电一体化方向发展。同时,新型液压元件和液压系统的计算机辅助设计(CAD)、计算机辅助测试(CAT)、计算机直接控制(CDC)、机电一体化技术、可靠性技术等方面,也是当前液压传动及控制技术发展和研究的方向。

二 液力传动

液力传动是利用液体的动能变化来实现动力传递的,即将液体的动能转变为机械能。液力传动常用的有液力耦合器和液力变矩器。液力耦合器的组成只有泵轮和涡轮,没有导轮,因而不能增大发动机输出的转矩。液力变矩器具有泵轮、涡轮和导轮,因而能通过导轮来增大发动机输出的转矩。工程机械的行走传动系统,主要采用液力变矩器,如图1-51 所示。

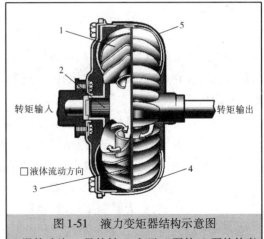

图 1-51　液力变矩器结构示意图
1-涡轮叶片;2-导轮轴;3-内环;4-泵轮;5-泵轮外壳

1 液力传动的组成及作用

液力变矩器是由泵轮、涡轮和导轮三种带叶片的工作轮组成,完成机械能转换为液动能,再还原为机械能并可变矩的液力传动装置,如图 1-52 所示。泵轮连接柴油机,涡轮连接变速器,导轮改变油液冲击方向。

工作时,泵轮由发动机带动转动,泵轮高速旋转时带动工作油液一起做圆周运动,工作液体获得动能和压力能,由泵轮输出的高速液体进入涡轮冲击涡轮叶片,使涡轮旋转,克服阻力做功。此时,工作液体并不是立即从涡轮叶片出口直接回泵轮叶片入口,而是流经导轮后才重新进入泵轮。在液力变矩器工作过程中,液体自泵轮冲向涡轮,使涡轮产生一个转矩,同时液体冲向导轮也使导轮产生一个转矩,由于导轮是固定不转动的,于是导轮便以一个大小相等、方向相反的反作用力矩作用在涡轮上。于是,液力变矩器就起到了增大转矩的作用。

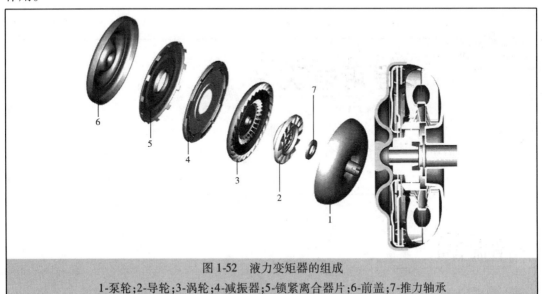

图 1-52　液力变矩器的组成
1-泵轮;2-导轮;3-涡轮;4-减振器;5-锁紧离合器片;6-前盖;7-推力轴承

液力变矩器的主要参数包括变矩系数、传动比、效率。

变矩系数,指涡轮输出转矩与泵轮输入转矩的比值。

液力变矩器高效区,指传动效率高于等于 75% 的工作区间。

液力变矩器传动比,指涡轮转速与泵轮转速的比值。

② 液力传动的使用特点

液力变矩器通过泵轮将机械能转换为驱动涡轮的液动能，再通过涡轮还原为机械能，并通过导轮的反作用，改变涡轮输出转矩，进行动力传递，可通过载荷变化无级变速变矩。能提高发动机工作平稳性，减少传动系统冲击，并且有随外力增加而自动减速、相应增大输出转矩的自动适应能力，从而提高整机动力性能。

由于液力变矩器可在一定范围内自动调速调矩，可扩大柴油机的动力范围；提高了施工机械的载荷自适应性，故作业效率高，同时可稳定发动机的负荷，发动机不易熄火。

由液力变矩器和动力换挡变速器联合传动的传动形式，称为液力机械式传动。由于采用动力换挡变速器，扩大了变矩范围，也扩大了变矩器的高效区，提高了变矩器的传动效率，同时可减少动力换挡变速器的挡位，简化变速器结构，操纵轻便，且传动平稳无冲击，有效地延长了变速器等机械部件的使用寿命。

采用液力机械式传动，因变矩器容易发热，故传动效率较机械式传动效率低。

当工程机械采用双涡轮液力变矩器时，可随载荷变化自动变换变矩工况（即Ⅰ级涡轮变矩或Ⅰ、Ⅱ级涡轮同时变矩），即可实现重载和轻载时自动变换低挡或高挡，因而载荷适应性强。

由于液力传动具有机械式传动所无法具有的优点，因此被普遍应用到装载机、推土机、平地机、重型载货汽车等现代轮式工程机械的传动系统之中。

1.6 工程用电认识

一、直流电路

① 电路

在工地施工中使用挖掘机进行土方作业，当按下起动按钮后，挖掘机就可以实现前进后退、左右旋转等操作，这就是施工工地常见的一个电路。还有很多类似电路的例子，这些电路类型多种多样，结构形式也各不相同。但从大的方面来看，电路一般都是由电源、负载、开关等部分按照一定方式连接起来的电流路径。如图1-53所示为挖掘机的电路简图。

② 直流电基本概念和术语

（1）电流

导体中的电荷做定向移动就形成了电流。一般规定，正电荷的移动方向为电流的方向，负电荷的移动方向为电流的反方向。

电流的大小称为电流强度(简称电流，符号为I)，指单位时间内通过导线某一截面的电荷量。在国际单位制中，电流强度(I)的计量单位为安培(A)。计量

图1-53 挖掘机电路简图
1-蓄电池；2-点火开关；3-前大灯

微小的电流时，以毫安(mA)或微安(μA)为单位。它们之间的关系为：$1A = 10^3 mA$，$1A = 10^6 \mu A$。

（2）电源、电动势和电压

电源是能够向外界提供电能的装置，例如蓄电池、干电池、电网以及发电机都可作为电源。在工程机械上一般有两个电源，一是蓄电池(辅助电源)，二是发电机(主电源)。

电源的两端分别聚集有正、负电荷，它能向外提供电能。这时电源具有电动势(E)，它是表明电源供电能力的主要物理量之一。规定电流流出的一端为E的正极，反之为负极。E的方向规定为在电源的内部从负极指向正极。

在国际单位制中，电动势(E)和电压(U)的常用计量单位有千伏(kV)、伏特(V)和毫伏(mV)，它们之间的关系为：$1kV = 10^3 V = 10^6 mV$。

应该注意的是，E是电源两端的开路电压，U是电流通过时负载两端的电压降。关于开路和闭路电路，将在本节后面的知识中介绍。

一些常用的电压值：一节干电池的电压为1.5V，一节蓄电池的电压为2V，家庭电路的电压为220V，对人体安全的电压不高于36V。

（3）电阻

电流在导体中流动时受到的阻碍作用称为电阻(R)。在国际单位制中，计量电阻的常用单位有欧姆(Ω)、千欧($k\Omega$)和兆欧($M\Omega$)，他们之间的关系为：$1M\Omega = 10^3 k\Omega = 10^6 \Omega$。

电阻与导体材料阻碍电流的性质有关，这种阻碍特性用电阻率来表示，不同材料的导体有着不同的电阻率。对于线电阻，电阻与导线的长度和电阻率的乘积成正比，与导体的横截面积成反比，即不同材料导线的电阻率不同。在20℃时，银的电阻率为$1.6 \times 10^{-8} \Omega \cdot m$，铜的电阻率为$1.7 \times 10^{-8} \Omega \cdot m$，铝的电阻率为$2.9 \times 10^{-8} \Omega \cdot m$。同一材料的导体，其长度短，电阻就小；同一材料的导体，粗的比细的电阻小。

③ 电能与功率

当电流通过负载时会对负载做功，将电能传输给负载。例如，工地中使用的照明用灯具和电动机等，都是电能转换成热能和机械能的实例。负载会消耗电能，消耗的电能计算公

式为：

$$A = UIt \tag{1-1}$$

式中：A——电能，单位为焦耳(J)；

t——负载通电时间，单位为秒(s)。

另外，焦耳定律可以计算电流流过电阻时将电能转化为热能的量，具体计算公式为：

$$A = I^2Rt \tag{1-2}$$

在国际单位制中，A、U、I、t 的单位分别是焦耳(J)、伏特(V)、安培(A)、秒(s)。在实际应用中，电能的另一个常用单位是千瓦小时(kW·h)。1 kW·h 就是常说的一度电。1 度 = 1kW·h = 3.6×10^6 J。

电源单位时间内对负载所做的功称为电功率(P)。功率的计算公式为：

$$P = UI \tag{1-3}$$

式中：P——功率，单位为瓦特(W)。

功率的倍数单位有千瓦(kW)、毫瓦(mW)等。

日常生活中常看到在灯泡上标有"220V40W"，电动机铭牌上注的"380V10kW"等指标。这些用电器上的电压是用电器在正常工作时所使用的电压，称为额定电压。用电器使用时的电压若超过额定电压，电器将会损坏，所以在使用时必须注意。

用电器上标着的功率是用电器在额定电压下工作的电功率，称为额定功率。如果用电器两端的电压低于额定电压，则它的实际功率就低于额定功率。如额定电压为220V、额定功率为100W的白炽灯，只有接在220V的电源上，它的功率才是100W，若电源电压低于220V，则它的实际功率就小于100W，此时白炽灯亮度将减弱。

❹ 欧姆定律与串并联电路的特点

(1) 欧姆定律

经过大量的试验证明：通常情况下，电阻两端的电流与电阻两端的电压成正比，这就是欧姆定律。它是电路的基本定律之一，欧姆定律可用式(1-4)表示。

$$\frac{U}{I} = R \tag{1-4}$$

式中：R——电路的电阻，单位为欧姆(Ω)。

(2) 串并联电路及其特点

在电路中，若干个电阻首尾相连，剩余一个首端和尾端分别与电源连接的接法称为串联，如图1-54所示。

运用欧姆定律，对照简单的串联电路(图1-54)可以得出以下结论：

①总电阻(负载)是所有电阻之和，即：$R = R_1 + R_2$；

②电路中通过每个电阻(负载)的电流相同，即：$I = I_1 = I_2$；

③每个电阻(负载)两端的电压降与其电阻值成正比，即：$U_1 = I \times R_1$，$U_2 = I \times R_2$；

④每个电阻(负载)的电压降之和等于电源电压,即:$U = U_1 + U_2$;
⑤电阻消耗的功率等于各个电阻消耗的功率之和,即:$P = P_1 + P_2$。

几个电阻一起连接在相同的节点之间的连接方式称为并联,如图 1-55 所示。对照简单的并联电路(图 1-55)可以得出以下结论:

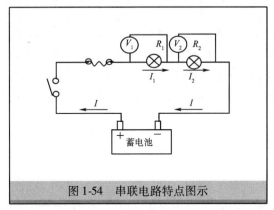
图 1-54 串联电路特点图示

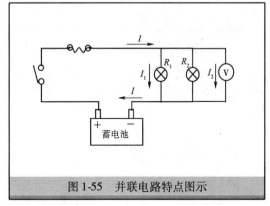
图 1-55 并联电路特点图示

①加至每一并联支路的电压相同,即:$U = U_1 = U_2$;

②总电阻的倒数为各电阻倒数之和,即:$\dfrac{1}{R} = \dfrac{1}{R_1} + \dfrac{1}{R_2}$;

③流经每条支路的电流与电阻值成反比,即:$I_1 = \dfrac{U_1}{R_1} = \dfrac{U}{R_1}$、$I_2 = \dfrac{U_2}{R_2} = \dfrac{U}{R_2}$;

④每条支路的电流之和等于电路的总电流,即:$I = I_1 + I_2$。

对于混联电路(即电路中既有串联连接,又有并联连接),首先应算出并联支路的等效电阻,其次算出串联电阻,最后两者相加。电流是由总电阻和电源、电压决定的。

5 电路工作状态

电工电路的工作状态一般分为有载工作状态、开路状态和短路状态。

(1)有载工作状态

将图 1-56 中的开关合上,接通电源与负载,这就是电路的有载工作状态。其中电路图中 E、U 分别为电源的电动势、端电压,R 为负载电阻,开关和连接导线等为中间环节。

(2)开路状态

在图 1-57 所示的电路中,当开关断开时,电路则处于开路(空载)状态。这时电源的端电压等于电源电动势 E,电路电流为 0,负载两端的电压 $U_{cd} = 0$,电源不输出电能。

(3)短路状态

在图 1-57 所示的电路中,当电源的两端 a 和 b 由于某种原因未通过任何负载而直接连在一起时,电源则发生短路,如图 1-58 所示。

电源短路时,外电路的电阻可视为零,电流有捷径可通,不再流过负载,所以这时的电流很大。短路电流可能使电源遭受破坏,此时电源的端电压为零,短路电流无穷大。

短路发生在不正确连接的电路中,也可发生在负载端或线路的任何处。短路通常是一种严重的事故,因此,在工程中应当尽力预防。

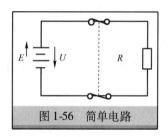
图1-56 简单电路

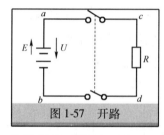
图1-57 开路

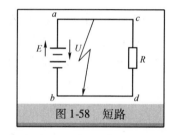
图1-58 短路

产生短路的原因往往是由于绝缘损坏或接线不慎。因此，经常检查电气设备和线路的绝缘情况是一项很重要的安全措施。此外，为了防止短路事故所引起的后果，通常在电路中接入熔断器或自动空气断路器（在交流电中讲述），以便发生短路时，能迅速将故障电路自动切断。

6 电磁的基本知识

(1) 电流的磁效应

1820年，丹麦科学家奥斯特发现，在电流周围也存在磁场。在通电导线周围磁针发生偏转，其偏转方向与导线中电流的流向有关，这种现象称为电流的磁效应。

电流产生磁场。电流产生的磁场方向可用安培定则（即右手螺旋定则）来判断。

直线电流产生的磁场方向，如图1-59a）所示。右手握住导线，使大拇指指向电流方向，则四指弯曲的指向即为磁场方向。

通电线圈产生的磁场方向，如图1-59b）所示，右手握住线圈，使四指弯曲方向指向电流方向，则大拇指的指向即为磁场方向。

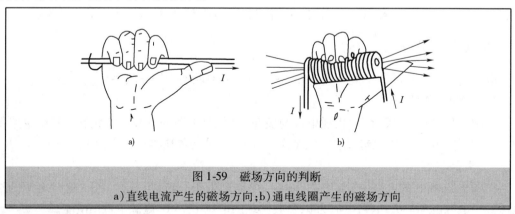
图1-59 磁场方向的判断
a）直线电流产生的磁场方向；b）通电线圈产生的磁场方向

(2) 电磁感应

从电流的磁效应中了解到，电流可以产生磁场，很自然会想到磁能否转化为电能。1831年，英国物理学家法拉第发现了导体在磁场中相对运动时可以产生电流，即当处于磁场中的导体相对磁场做切割磁力线的运动时，或穿过线圈的磁通发生变化时，在导体或线圈中都会产生电动势；如果导体或线圈是闭合电路的一部分，那么导体或线圈中将产生电流，把这种现象称为电磁感应，把电磁感应产生的电动势称为感应电动势。由感应电动势在闭合电路中产生的电流称为感应电流。

二 交流电路

1 交流电

直流电路中,电压、电流、电动势的大小和方向不随时间变化。交流电路中,电压、电流、电动势的大小和方向都随时间不断变化。所谓交流电,指大小和方向都随时间作周期性变化的电动势(或电压、电流),即交流电是交变电动势、交变电压和交变电流的总称。交流电可分为正弦交流电和非正弦交流电两大类。正弦交流电指按照正弦规律变化的交流电,而不按正弦规律变化的交流电称为非正弦交流电,分别如图 1-60b)、c) 所示。图 1-60a)为稳恒直流电。通常所说交流电特指正弦交流电。

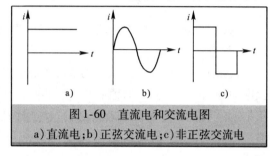

图 1-60 直流电和交流电图
a)直流电;b)正弦交流电;c)非正弦交流电

1)正弦交流电的基本特征和三要素

在正弦交流电路中,电压和电流是按正弦规律变化的,其波形如图 1-61 所示。由于正弦电压和电流的方向是周期性变化的,在电路图上所标的方向指它们的正方向,即代表正半周时的方向。在负半周时,由于所标的正方向与实际方向相反,则其值为负。图中的虚线箭标代表电流的实际方向;"+"、"-"代表电压的实际方向。

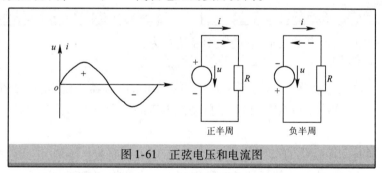

图 1-61 正弦电压和电流图

正弦电压和电流等物理量,常统称为正弦量。正弦量的特征表现在变化的快慢、大小及初始值三个方面,而它们分别由频率(或周期)、幅值(或有效值)和初相位来确定,所以,频率、幅值和初相位就成为确定正弦量的三要素。

(1)周期与频率

正弦量变化一次所需的时间称为周期 T,它的单位是秒(s)。每秒内变化的次数称为频率 f,它的单位是赫兹(Hz)。

频率与周期之间具有倒数关系,即:

$$f = \frac{1}{T} \quad 或者 \quad T = \frac{1}{f} \tag{1-5}$$

在我国和其他大多数国家,都采用 50Hz 作为电力标准频率,这种频率在工业上应用广泛,习惯上也称为工频,其周期为 0.02s。筑路工地交流电机和照明负载都是这种频率。

正弦量变化的快慢除了用周期和频率表示外,还可以用角频率 ω 来表示。因为一周期内经历了 2π 弧度,如图 1-62 所示,所以角频率为:

$$\omega = \frac{2\pi}{T} = 2\pi f \tag{1-6}$$

ω 的单位为弧度/秒(rad/s)。

式(1-6)表示三者之间的关系,只要知道其中之一,其余参数均可求出。

(2)幅值

正弦量在任一瞬时的值称为瞬时值,用小写字母表示,如 i、u 及 e 分别表示电流、电压及电动势的瞬时值。瞬时值有正、负,也可能为零。瞬时值中最大的称为幅值,也称为峰值,用带下标 m 的大写字母来表示,如 I_m、U_m 及 E_m 分别表示电流、电压及电动势的幅值。最大值虽然有正有负,但幅值总是取绝对值,即正值。图 1-63 中的 E_m 就是正弦电动势的振幅值。

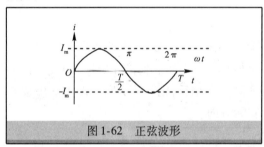

图 1-62 正弦波形

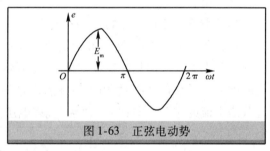

图 1-63 正弦电动势

图 1-62 是正弦交流电的波形,它的数学表达式为:

$$i = I_m \sin\omega t \tag{1-7}$$

交流电路中使用电容器、二极管或交流电器设备时,电容器的耐压、二极管的反向击穿电压、电器设备的绝缘耐压等级等,都要根据交流电压的最大值来考虑。

(3)初相位

正弦量是随时间而变化的,对于一个正弦量,所取的计时起点不同,正弦量的初始值(当 $t=0$ 时)不同,到达幅值或某一特征值的时间也就不同。例如,有两个正弦量:

$$i_1 = I_m \sin(\overline{\omega} t + \varphi_1) \tag{1-8}$$

$$i_2 = I_m \sin(\overline{\omega} t + \varphi_2) \tag{1-9}$$

式(1-8)和式(1-9)的角度 $\overline{\omega}t + \varphi_1$ 和 $\overline{\omega}t + \varphi_2$ 称为正弦量的相位角或相位,它反映正弦量变化的进程。当相位角随时间连续变化时,正弦量的瞬时值随之连续变化。

当 $t=0$ 时的相位角称为初相位角或初相位。式(1-8)中,因为 $\overline{\omega}t = 0$,所以,初相位为 φ_1;同理,式(1-9)中,初相位为 φ_2。因此,所取计时起点不同,正弦量的初相位不同,其初始值也就不同。在图 1-64 中,正弦电动势的初相位角就等于 φ。

2)正弦交流电的相位差

两个同频率的正弦量相位角之差称为相位角差或相位差,用 φ 表示。在式(1-8)与式(1-9)中,i_1 和 i_2 的相位差为:

$$\varphi = (\omega t + \varphi_1) - (\omega t + \varphi_2) = \varphi_1 - \varphi_2 \tag{1-10}$$

当 φ_1 大于(或小于) φ_2 时,i_1 的变化超前(或滞后)于 i_2;

当 $\varphi_1 - \varphi_2 = 0$ 时,即 $\varphi = 0°$时,i_1 和 i_2 具有相同的初相位;

当 $\varphi_1 - \varphi_2 = 180°$,即 $\varphi = 180°$时,i_1 和 i_2 的相位相反,即反相。

如图1-65所示,i_1 和 i_2 具有相同的初相位,相位差为 0°;i_1、i_2 与 i_3 反相,相位差为180°。

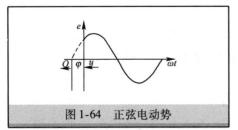

图1-64 正弦电动势

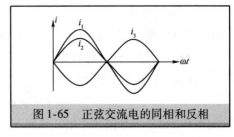

图1-65 正弦交流电的同相和反相

3)正弦交流电的有效值

正弦电流、电压及电动势的大小往往不是用它们的幅值,而是常用有效值(均方根值)来计量的。因为在电工技术中,电流常表现出其热效应,故有效值是从电流的热效应来规定的。就是说,某一周期电流 i 通过电阻 R(如电阻炉)在一个周期内产生的热量,和另一个直流 I 通过同样大小的电阻,在相等的时间内产生的热量相等,那么这个周期性变化电流 i 的有效值在数值上就等于这个直流 I,图1-66为交直流电热效应比较图。

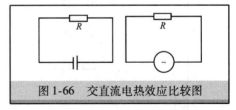

图1-66 交直流电热效应比较图

经过严格推导,正弦交流电的有效值在数值上等于幅值的 $\dfrac{1}{\sqrt{2}}$,即:

$$I = \frac{I_m}{\sqrt{2}} \quad U = \frac{U_m}{\sqrt{2}} \quad E = \frac{E_m}{\sqrt{2}} \tag{1-11}$$

式中:I、U、E——分别表示正弦交流电的有效电流、电压和电动势。

交流电的有效值都用大写字母表示,和表示直流的字母一样。

特别指出的是,若无特殊说明,交流电的大小总是指有效值。用的测量交流电流和交流电压的各种交流仪表,所指示的数字均为有效值,交流电机和交流电器铭牌上标的电压或电流也都是有效值。平常说电灯电压为220V,交流电机的电压为380V等,即指正弦电压的有效值。知道了有效值,只要乘以 $\sqrt{2}$ 倍,就可得到它的幅值。如 $U = 220\text{V}$,$U_m = \sqrt{2}U = \sqrt{2} \times 220 = 311\text{V}$。

4)正弦电路的表示方法

正弦交流电一般有四种表示方法:解析法、波形图法、相量图法和符号法。

❷ 正弦交流电路

1）纯电阻元件的正弦交流电路

分析各种正弦交流电路，目的就是要确定电路中电压与电流之间的关系（包括大小和相位），并讨论电路中能量转换和功率的问题。

分析各种交流电路时，首先从最简单的单一参数（电阻、电感、电容）元件的电路入手，分析其电压与电流之间的关系，因为其他电路都是由一些单一参数元件组合而成。这里以纯电阻元件的正弦交流电路为例进行分析，筑路施工中的白炽灯照明电路就是这种电路的典型代表。图1-67a）是一个线性电阻元件的交流电路。

（1）电压和电流的关系

电压和电流的正方向如图1-67所示，两者关系由欧姆定律确定，即$u = iR$。

为了分析问题的方便，选择电流经过零值并将向正值增加的瞬间作为计时起点（$t = 0$），即设$i = I_m \sin\omega t$为参考正弦量，则：

$$u = iR = I_m R \sin\omega t = U_m \sin\omega t \tag{1-12}$$

式（1-12）也是一个同频率的正弦量。可看出，在电阻元件的交流电路中，电流和电压是同相的（相位差$\varphi = 0°$），表示二者的正弦波形如图1-67b）所示。

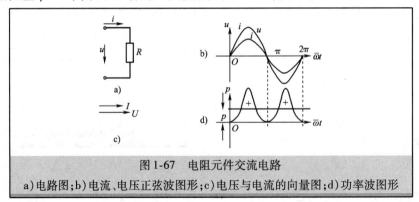

图1-67　电阻元件交流电路
a）电路图；b）电流、电压正弦波图形；c）电压与电流的向量图；d）功率波图形

在式（1-12）中：

$$U_m = I_m R \text{ 或 } \frac{U_m}{I_m} = \frac{U}{I} = R \tag{1-13}$$

由此可知，在电阻元件电路中，电压的幅值（或有效值）与电流的幅值（或有效值）之比值就是电阻R。

（2）瞬时功率

知道了电压和电流的变化规律和相互关系后，便可找出电路中的功率。在任意瞬间，电压瞬时值u与电流瞬时值i的乘积称为瞬时功率，用小写字母p表示，即：

$$p = p_R = ui \tag{1-14}$$

由于在电阻元件的交流电路中u与i同相，它们同时为正，同时为负，所以瞬时功率总是正值，即$p \geq 0$。瞬时功率为正，表明外电路从电源取用能量。

(3)平均功率(或有功功率)

电阻元件从电源取用能量后转换成了热能,这是一种不可逆的能量转换过程。通常这样计算电能:$W = Pt$,P 是一个周期内电路消耗电能的平均功率,即瞬时功率的平均值,称为平均功率。在电阻元件电路中,平均功率为:

$$P = \frac{U^2}{R} \qquad (1-15)$$

功率的单位与直流电路一样,也为瓦(W),工程上常用千瓦(kW)作计算单位,$1\text{kW} = 10^3 \text{W}$。

平均功率反映了元件实际消耗电能的情况,所以又称有功功率。习惯上常把"平均"或"有功"二字省略,简称功率。例如,灯泡的功率为60W,电炉的功率为1 000W,电阻的功率为2W等,都是指平均功率;又如,5.5kW 的电动机就是把5.5kW 的电能转换为机械能,带动水泵抽水或脱粒机脱粒;各种照明设备将电能转换为光能,供人们生活和工作照明之用。

2)提高电能利用率

只有在纯电阻负载(例如白炽灯、电阻炉等)的情况下,电能才完全用于保持用电设备正常运行,全部转换为其他形式的能量(机械能、光能、热能)。

对其他负载来说,如变压器、交流电动机等感性负载或电容性负载,没有磁场或电场就不能工作,而建立磁场或电场所需要的能量是由电源给出的,也就是说,电源必须向具有电感或电容的设备"提供"一定数量的功率,并在它们之间进行能量的交换,因此,电能不能充分利用,其中有一部分能量需在电极与负载之间进行能量互换,增加了线路的功率损耗。所以,对筑路工程中用电设备来说,减低电路中用于互换部分的能量,一方面可以使电源设备的容量得到充分利用,同时也能大量节约电能,减少设备的投入和线路的损耗。

电能利用不高,根本原因就是由于电感性负载的存在。要提高其利用率,具体的方法,一是使电动机、变压器接近满载运行;二是在感性负载的两端并联电容。例如筑路施工中常用的异步电动机,在额定负载时电能利用率比在轻载时高。

从技术经济的观点出发,合理地连接电容可解决这个矛盾,以达到提高功率因数的实际意义。常用的方法就是与电感性负载并联电容器(设置在用户或变电所中),其电路图如图1-68所示。

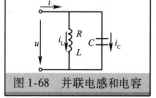

图1-68 并联电感和电容

在电感性负载并联电容器以后,减少了电源与负载之间的能量互换。这时电感性负载所需的互换电能,大部分或全部都是由电容器供给,即能量互换现在主要或完全发生在电感性负载与电容器之间,因而使发电机容量能得到充分利用。

3 三相交流电路

1)三相交流电的基本知识

在上一节中研究的正弦交流电路,每个电源都只有两个输出端口,输出一个电流或电压,习惯上称这种电路为单相交流电路。但在工农业生产中常会遇到"多相制"的交流电路,多相制电路是由多相电源供电的电路。多相电源的特点是输出端多于两个,在各输出端之间具有频率相同而相位互异的电压,即一个电源能够同时输出几个频率相同但相位不同的电压(组成多相电路的各个单相部分称为相)。

多相电路以相的数目来分,可分为两相、三相、六相等,其中应用最为广泛的是对称三相制。所谓三相制,就是由三个频率相同、最大值相等、相位互差120°的三相电源组成的供电体系,用输电导线把三相电源和负载联在一起所构成的电路,称为三相交流电路或称为"三相制"。

之所以广泛应用三相制,主要是因为它与单相交流电相比较具有下面的优点:

(1)远距离输送电能较为经济。电能损失小,节约导线的使用量。在输送功率、电压、距离和线损相同的情况下,三相输电用铝量仅是单相的三分之二左右。

(2)三相电器(发电机、用电器等)在结构和制造上比较简单,工作性能优良,使用可靠。

在工程施工生产上,发电机和输配电一般都采用三相制。因此,有必要介绍一些三相电路的基本知识,本节着重介绍三相电源和负载在三相电路中的连接使用问题。

2)三相电压

三相发电机的每一相绕组都是独立的电源,可以单独接上负载,成为不相连的三相电路,它需要六根导线来输送电能,如图1-69a)所示,这样使用的导线根数太多,所以这种电路实际上是不应用的。

作为三相制的电力系统,发电机的三个绕组不是各自独立供电的,它们按一定方式连接起来,形成一个整体。三相绕组一般都按两种方式联起来供电,一种称为星形(又叫Y形)接法,另一种称为三角形(又叫△形)接法。对于三相发电机来说,通常采用星形接法。

通常用到的发电机三相绕组的星形接法如图1-69b)所示,即将三个末端连在一起,这一连接点称为中点或零点,用 N 表示。从中点引出的导线称为中线,从始端 A、B、C 引出的三根导线 L_1、L_2、L_3 称为相线或端线,俗称火线。

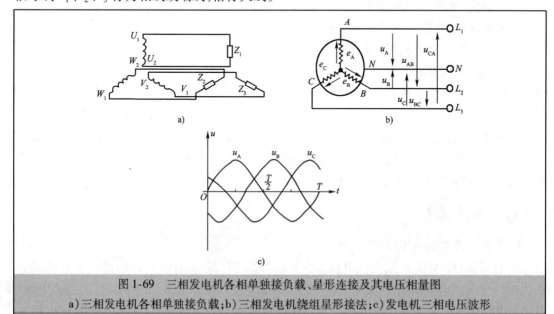

图1-69 三相发电机各相单独接负载、星形连接及其电压相量图
a)三相发电机各相单独接负载;b)三相发电机绕组星形接法;c)发电机三相电压波形

由星形连接的三相电源可以得到两组电压,如图 1-69b)所示,每相始端与末端间的电压,亦即火线与中线间的电压,称为相电压,其有效值用 U_A、U_B、U_C 或一般用 U_P 表示。其波形图如图 1-69c)所示。而任意两始端间的电压,亦即两火线间的电压,称为线电压,其有效值用 U_{AB}、U_{BC}、U_{CA} 或一般用 U_l 表示。

由于发电机绕组上的内阻抗电压降低与相电压比较是很小的,可以忽略不计。这样相电压和对应的电动势基本上相等,因此可以认为相电压同电动势一样,也是对称的。故由相电压而得出的线电压也是对称的,即各线电压之间的相位差也是 120°。至于线电压和相电压在大小上的关系,为 $U_l = \sqrt{3} U_P$。

发电机的绕组在连成星形时,可引出四根导线(三相四线制),这样就有可能给予负载两种电压。通常在低压配电系统中,相电压为 220V,线电压为 380V。另外,发电机的绕组在连成星形时,不一定都引出中线。

3) 三相负载的连接

施工工地使用的各种电器,根据其特点可分为单相负载和三相负载两大类。照明灯、电扇、电烙铁和单相电动机等都属于单相负载。三相交流电动机、三相电炉等三相用电器属于三相负载。另外分别接在各相电路上的三组单相用电器也可以组成三相负载。三相负载的阻抗相同(数值相等,性质一样)则称为三相对称负载,反之称为不对称负载。三相负载有 Y 形和 △ 形两种连接方法,各有其特点,适用于不同的场合,应注意不要发生错误,否则会酿成事故。

(1) 三相负载的星形连接

当用电设备的额定电压为 380V 时,负载电路应按 △ 形连接。△ 连接的电路如图 1-70 所示。

该电路的特点如下:

① △ 形连接没有零线,只能配接三相三线制电源,无论负载平衡与否,各相负载承受的电压均为线电压 380V。

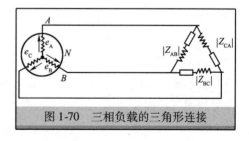

图 1-70 三相负载的三角形连接

② 各相负载与电源之间独自构成回路,互不干扰。

③ 在 △ 形连接的各端点上均有三条支路,所以线电流不等于相电流,当三相负载对称时,三个相电流和三个线电流都对称,两者之间的关系为:线电流等于相电流的 $\sqrt{3}$ 倍。

④ 如果负载对称,则电路取用的总功率为三倍的单相电路的有用功率;当负载不对称时为三相之和。

(2) 三相对称负载的 Y 形连接

该电路的基本连接方法如图 1-71 左图所示,三相交流电源(变压器输出或交流发电机输出)有三根火线接头 A、B、C,一根中性线接头 N。火线与中性线之间的相电压为 220V。对于三相对称负载,只需接三根火线,中性线悬空,如图 1-71 右图所示。

该电路具有如下特点:

① 由于三相负载对称,在三相对称电压的作用下,负载中的三相电流也是对称的,而三

相对称电流的和为零,所以不需接中线,三相电流依靠端线和负载互成回路。

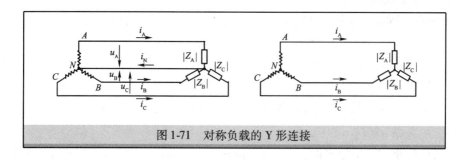

图1-71 对称负载的Y形连接

②各相负载承受的电压为电源的相电压,大小为220V。
③各相负载的线电流I_1与相电流I_p相等。
④各相支路中电压与电流的相位差相等。
⑤各相负载取用的功率相等,电路的总功率为三相总有用功率值的和,即三倍单相线路的功率。

（3）三相不对称负载的Y形连接

工程实际使用中遇到的问题是将许多单相负载分成容量大致相等的三相,分别接到三相电源上,这样构成的三相负载通常是不对称的。对于这种电路,需要使用三相四线制,如图1-72所示。

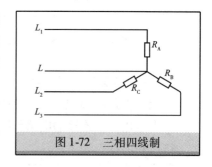

图1-72 三相四线制

该电路具有如下特点:

由于三相负载不对称,三相电流也不对称,其三相电流的和不为零,必须引一根中线供电流不对称部分流过,即必须用三相四线制。

由于中性线的作用,电路构成了相互独立的回路。不论负载有无变动,各相负载承受的电源相电压不变,从而保证了各相负载的正常工作。

如果没有中线,或者中线断开了,虽然电源的线电压不变,但各相负载承受的电压不再对称。有的相电压增高了,有的相电压降低了。这样不但使负载不能正常工作,有时还会造成事故。

一般情况下,中线电流小于端线电流,通常取中线的横截面积小于端线的横截面积。

三相不对称负载的各相支路的计算需要分别进行。

我国工业用电的线电压绝大多数为380V,当三相电动机各相的额定电压为380V时,就应作△形连接;当电动机各相的额定电压为220V时,就应作Y形连接。若误将作Y形连接的负载接成△形,就会造成过压而烧坏负载。反之,若误将作△形连接的负载接成Y形,又会因电压不足而使负载不能正常工作。例如,误把应作△形连接的三相电动机接成Y形,就会因工作电压不足,在额定负载时因起动转矩较小而不能起动,发生堵转现象,也会烧坏电动机(降压起动例外)。

单元小结

1. 工程机械的类型、工程施工与作业对工程机械的基本要求。
2. 衡量工程机械化施工水平的指标、工程机械产品型号的编制方法。
3. 工程机械的基本组成、工程机械的技术参数。
4. 机器、机构的组成、机械的摩擦与润滑。
5. 螺纹连接、键连接与花键连接、销连接的组成和作用。
6. 皮带传动、链传动、蜗杆传动、齿轮传动的组成和作用。
7. 轮系及减速器的组成和作用。
8. 轴、轴承、联轴器和离合器的组成和作用。
9. 柴油机的用途、分类、工作原理、组成。
10. 电动机的分类、结构、原理、参数。
11. 传动系的功用、组成与布置。
12. 轮式行驶系、履带式行驶系的组成和作用。
13. 轮式机械转向系、履带机械转向系的组成和作用。
14. 工程机械制动系的组成和作用。
15. 工程机械液压系统的组成和作用。
16. 工程机械电气控制系统的组成和作用。
17. 直流电的基本概念和术语，电能和功率的计算方法，欧姆定律与串、并联电路的特点，电路工作状态及电磁的磁效应，电磁感应的定义。
18. 正弦交流电的基本特征，三要素，相位差，有效值的表示方法。
19. 纯电阻元件的正弦交流电路中电压和电流的关系，瞬时功率、平均功率的定义，提高电能利用率的方法。
20. 三相交流电路的定义与特点，三相负载连接电路的特点。

自我检测

一、填空题

1. 在工程机械中使用的润滑剂主要是各种润滑油和_____。
2. 零件的连接分为可拆连接和不可拆连接。可拆连接有螺纹连接、键连接和_____。
3. 传动有机械传动（狭义）、电传动、液力传动、气力传动等形式。机械传动分为_____和链传动、齿轮传动、蜗杆传动四类。
4. 链传动由链条和_____所组成。
5. 蜗杆传动是在_____两轴间传递运动和动力的一种传动机构。
6. 通常在低压配电系统中，相电压为_____V，线电压为_____V。

7. 按_____结构的不同,三相异步电机可分为鼠笼式和绕线式两种。
8. 三相异步电动机具有_____、_____、_____、_____以及_____的优点。
9. 底盘均由传动系、行驶系、_____和制动系组成。
10. 液压传动,指以液体(液压油)作为工作介质,利用_____能进行能量传递,实现运动及动力传递和控制的传动方式。
11. 在工程机械上一般有两个电源,一是_____,二是_____。
12. 电源单位时间内对负载所做的功称为_____。
13. 电工电路的工作状态一般分为_____、_____和_____。
14. 产生短路的原因往往是由于_____或_____。
15. 正弦交流电的三要素分别是_____、_____和_____。
16. 在纯阻元件电路中,电压的幅值(或有效值)与电流的幅值(或有效值)之比值就是_____。
17. 由_____、_____、_____的三相电源组成的供电体系,用输电导线把三相电源和负载联在一起所构成的电路,称为三相交流电路。
18. 三相绕组一般都按两种方式联起来供电,一种称为_____,另一种称为_____。对于三相发电机来说,通常采用_____。
19. 通常在低压配电系统中,相电压为_____,线电压为_____。

二、选择题

1. 工程施工与作业对工程机械的基本要求为_____。
   A.适应性　　　B.可靠性　　　C.经济性　　　D.安全性
2. 转子是电动机的旋转部分,包括转轴、转子铁芯和转子绕组。转子的作用是产生_____。
   A.旋转磁场　　B.电磁转矩
3. 鼠笼式三相异步电机由定子、转子构成。其中,定子是电动机静止部分,包括机座、定子_____和定子_____。
   A.铁芯　　　　B.绕组
4. 我国工业用电的线电压绝大多数为380V,当三相电动机各相的额定电压为380V时,就应作_____。
   A.△形连接　　B.Y形连接　　C.星形连接　　D.×形连接
5. 柴油机是压燃式内燃机,它由曲柄连杆机构、_____机构两大机构和供油系、润滑系、冷却系、_____系四个系统组成。
   A.起动　　　　B.配气
6. 轮式行驶系通常由车架、车桥_____和车轮等组成。
   A.悬架　　　　B.轴　　　　C.轴承　　　　D.驱动桥
7. 履带式行驶系一般由机架、行走装置和悬架组成。行走装置的功用是支承机体,张紧并引导履带的运动方向,以及实现机械行驶。它由_____、支重轮、托轮、引导轮、履带和履带张紧装置等组成。

　　A.驱动轮　　　　B.带轮

8.履带机械的转向方式与轮式机械不同,它是靠改变_____,使两侧履带具有不同的牵引力而造成转向力矩,从而实现机械的转向。

　　A.轮胎的旋转角度　　B.两侧驱动轮上的驱动力

9.制动系用于轮式机械行驶时降速或停车。机械的整个制动系统分为三个:_____系、脚制动系和辅助制动系。

　　A.手制动　　　　B.刹车制动

10.液力变矩器由_____组成。

　　A.泵轮　　　　B.涡轮　　　　C.导轮

11.工程机械柴油机电源系统电压为_____。

　　A.12V　　　　B.24V　　　　C.220V

12.下面不是串联电路特征的是_____。

　　A.总电阻(负载)是所有电阻之和

　　B.电路中通过每个电阻(负载)的电流相同

　　C.每条支路的电流之和等于电路的总电流

　　D.每个电阻(负载)的电压降之和等于电源电压

13.当电源的端电压等于电源电动势、电路电流为0、负载两端的电压为0、电源不输出电能时,称这种电路工作状态为_____。

　　A.有载工作状态　　B.开路状态　　C.短路状态

14.正弦电流、电压及电动势的大小往往是用其_____来计量的。

　　A.幅值　　　　B.有效值　　　　C.初相位　　　　D.周期

15.正弦量变化一次所需的时间称为_____。

　　A.频率　　　　B.幅度　　　　C.相位　　　　D.周期

16.交流电机和交流电器铭牌上标的电压或电流都是_____。

　　A.平均值　　　　B.最大值　　　　C.幅值　　　　D.有效值

17.在平面直角坐标中描出曲线的方法称为_____。

　　A.解析法　　　　B.波形图法　　　　C.相量图法　　　　D.符号法

三、判断题

1.机械化程度指采用机械完成的工作量占总工程量的比率,计算时可以核算为价值。　　(　　)

2.技术装备率一般以每千(或每个)施工人员所占有机械的台数、功率、质量或投资额来计算。　　(　　)

3.润滑剂不但可以减少摩擦和磨损,还可以降低表面工作温度、带走摩擦所产生的热量、防锈、传递动力、减振和密封。　　(　　)

4.键连接与花键连接均为可拆连接。　　(　　)

5. 定子铁芯为圆柱状,用硅钢片叠成,表面冲有管槽,槽内铸铝(或放置铜条),铁芯的两端用导电端环将槽内导体连接在一起,形成回路。( )
6. 履带式机械的驱动桥主要由主传动器、差速器、轮边减速器、半轴和桥壳等组成。
( )
7. 轴承是用来支持转轴或心轴的部件。 ( )
8. 机械传动式传动系一般由离合器、变速器和驱动桥组成。 ( )
9. 液压泵将原动机输入的机械能转换为液体的压力能。 ( )
10. 工程机械电气设备一般采用直流电源系统,这主要是考虑由于发电机要向蓄电池充电。 ( )
11. 工地中使用的照明用灯具是电能转换成机械能的实例。 ( )
12. 并联电路每条支路的电流之和等于电路的总电流。 ( )
13. 并联电路加至每一并联支路的电压相同。 ( )
14. 正交流电指按照正弦规律变化的交流电。 ( )
15. 无功功率是没有用的功率。 ( )
16. 功率因数可以大于1。 ( )
17. 瞬时值有正、负,也可能为零。 ( )
18. 为了简单、清晰、明了地表达电路原理,常采用实体连接图。 ( )

四、问答题

1. 衡量工程机械化施工水平的指标有哪些?
2. 工程机械底盘的组成和主要作用是什么?
3. 工程机械液压系统的组成和主要作用是什么?
4. 什么是功率因数?提高功率因数的方法是什么?
5. 三相交流电与单相交流电相比较具有哪些优点?

单元 2

土方工程机械施工

 学习目标

1. 认识推土机、铲运机、平地机、挖掘机和装载机的类型,了解其组成和结构特点;简述其基本工作原理及选用与使用。
2. 了解土方机械施工作业方法和生产率计算。
3. 能根据使用技术和选用原则组织此类机械进行机械化施工。

 学习指南

本单元将重点讲述土方工程机械施工的主要内容和方法。学习流程如下:

| 土方机械的认识 | → | 土方机械的施工作业方式 | → | 土方机械生产率计算方法 | → | 土方机械的选用方法 |

 教学建议

本单元的学习重点是土方工程机械施工作业方法、生产率计算方法和选用方法,对土方工程机械设备的组成和原理只作基本认识。其中,施工作业方法、生产率计算和选用方法应结合土方工程施工实际,在了解土方机械特点的基础上,能合理地组织土方工程的机械化施工。

土方工程机械施工是减轻劳动强度、提高工效、加快建设速度、保证工程质量、节约资金和降低成本的重要手段。对于土方工程，使用机械组织施工的方法主要有：推土机施工法、铲运机施工法和挖掘机加装载机施工法等。根据土方工程通常的作业程序，土方工程施工机械的合理选择与配套组合见表2-1。

土方工程机械施工方法　　　　　　　　　　　　表2-1

作业名称		挖掘	装载	搬运	路面修整	撒布
作业程序		1	2	3	4	5
机械的配套与组合	推土机施工法	推土机				推土机 平地机 压路机
	铲运机施工法	自行式铲运机 拖式铲运机+推土机			平地机	
	挖掘机加装载机施工法	挖掘机	装载机 翻斗车 自卸汽车			

某高速公路是省际公路通道的重要组成部分，项目起点桩号为K12+030，终点桩号为K123+065，全路段长约110km。某市政工程公司获得其中一段的施工任务，该标段起讫桩号为K52+160~K55+200，路线长3.04km，土石方工程的工程量为：挖方约571 400m³，填方393 500m³，弃土场设在K55+400左500m处。

该工程承建公司在工程施工中主要使用的土方工程机械见表2-2。

土方工程施工机械　　　　　　　　　　　　表2-2

序号	机械设备名称	型号规格	单位	数量
1	挖掘机	20~22t	台	5
2	推土机	180HP	台	2
3	装载机	ZL50	台	2
4	压路机	YZ18	台	2
5	平地机	PY180	台	1
6	运输车辆	12t	辆	20
7	发电机		台	2
8	小型夯实机		台	2
9	强制式拌和机		台	1
10	配料机		台	1

在深路堑地段路基挖方和一般土方路基挖方施工时，土方开挖采用挖掘机挖装土料、自卸汽车运至填方段或弃土场。开挖方法采用分层纵挖法，先于公路中线附近纵向挖掘一条通道，然后由通道两侧挖土，自上而下开挖。

路基填土施工时，路基填方采用推土机摊铺、平地机整平、振动压路机碾压。路基整形采用机械切土或补土，配合机械碾压整修成型，路基表面采用推土机刮平。边坡整修时，用挖掘机配合人工自上而下去除超填部分，进行边坡整修夯实。

土方工程机械施工现场如图 2-1 所示。

图 2-1　土方工程机械施工现场
a) 土方开挖；b) 土方摊铺

2.1 推土机施工

一 推土机的认识

推土机是土方工程的主要机械之一。推土机主要用于推运土方和石渣、开挖基坑、平整场地、清理树根、填沟压实、堆积石料等作业，适宜用于 100m 内运距、Ⅰ～Ⅲ级土的挖运。它既能单独用于铲土和短距离运土，也可以顶铲运途中行驶的铲运机，还能牵引其他无动力的土方工程机械作业。推土机可以独立地完成铲土、运土及卸土三种作业，如图 2-2 所示。它具有操纵灵活、运转方便、所需工作面较小、行驶速度较快、易于转移、效率高等特点，应用十分广泛。

1 推土机的类型

按行走装置形式的不同，推土机分为履带式和轮胎式两类。前者附着性好，牵引力大，有良好的越野性，较后者应用广泛。

按传动形式不同，履带式推土机分机械式、液力机械式和液压式三种。

小功率推土机一般采用机械传动，大功率推土机主要采用液力机械传动式或液压式

图 2-2 推土机整机实物图

传动。

2 推土机的型号表示与主要性能指标

我国推土机产品型号标识中,字母"T"是推土机汉语拼音的第一个字母,代表推土机;"Y"代表液压传动;"L"代表轮式推土机。字母之后的数字表示主参数发动机功率的大小,单位为马力。

例如:TY32 推土机。其中,T 表示推土机,Y 表示采用液压传动方式,32 表示发动机功率为 320 马力(320 马力 = 235kW)。此外,推土机的主要性能参数还有发动机功率/转速、整机使用质量、铲刀容量等。

值得注意的是,随着国内不同生产厂家推土机生产的个性化、差异化,目前国内不少推土机生产厂家对推土机型号的表示方法已有所改变,不再采用以前统一的"TY××"型号表示方式,如山推集团 220 马力推土机的型号表示为 SD22。

3 推土机的结构特点

(1)推土机的总体结构

推土机的外观如图 2-3 所示,推土机由发动机、传动系统、行走装置、工作装置、液压系统和电气控制系统等主要部分组成。

推土机的发动机多为柴油机,常布置在其前端,通过减振装置固定在机架上。底盘部分包括液力变矩器(机械传动则为离合器)、变速器、后桥、行走装置和机架等。底盘的作用是支承整机重量并将动力传给行走机构和液压操纵机构。液力变矩器装在柴油机和变速器之间,可提高推土机的自动适应性能。变速器和后桥用来改变推土机的行走速度、方向和牵引力。行走装置是支承机体并使推土机行走的机构。机架用来安装发动机、底盘和工作装置,使全机成为一个整体。电气系统包括发动机的电起动部分和全机的照明系统、控制系统和发电机等。除此之外,推土机还有燃油箱、液压油箱和驾驶室等外部设备。

对于推土机等履带式工程机械,其行走装置中的驱动轮、引导轮、支重轮、托轮和履带称为"四轮一带"。

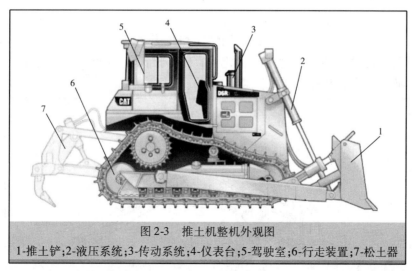

图 2-3　推土机整机外观图
1-推土铲;2-液压系统;3-传动系统;4-仪表台;5-驾驶室;6-行走装置;7-松土器

推土机工作时,先起动柴油机,通过液力变矩器把动力传给变速器(机械传动则通过主离合器把动力传给变速器),然后,再通过中央传动系统和左、右转向离合器,传到左、右最终传动装置,驱动行走机构的左、右驱动轮,从而使履带前进或后退。

与此同时,通过操纵系统,放下或提起推土铲或松土器,随着推土机整机的前进或后退,即可完成推移土等作业。

现代推土机柴油机带有废气涡轮增压器,在海拔 3 600m 的高原作业时,不需作任何调整,仍能保持正常工作。整机采用先进的液力传动、液压操纵技术,结构先进合理,操纵轻便灵活。

(2)推土机的工作装置

推土机工作装置主要包括推土及松土两种装置,即悬挂于整机前部的推土铲和后部的松土器,分别用来推土和松土,如图 2-4、图 2-5 所示。

图 2-4　推土机推土板

图 2-5　推土机松土器

推土铲主要由顶推架、推土板、刀片(推土铲刀,简称推刀、铲刀或刀片)、升降油缸、撑杆及球铰等构成。

推土装置又分为回转式和固定式两种。

在现代推土机中,为提高推土机的使用性能和经济性,常将推土铲刀做成固定式,如图2-6所示。固定式其推土板与车架轴线固定为直角,因而也称为直铲式推土机。小型及经常重载作业的推土机多采用固定式。

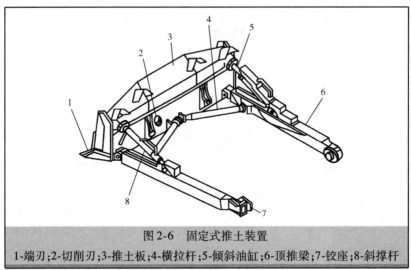

图 2-6　固定式推土装置
1-端刃;2-切削刃;3-推土板;4-横拉杆;5-倾斜油缸;6-顶推梁;7-铰座;8-斜撑杆

回转式指推土板能在水平面内回转一定角度(在水平面内,推土机与车架纵向轴线水平方向夹角称为回转角)的推土机,也称为角铲式推土机,如图2-7所示。它的作业范围广,可以直线行驶在一侧排土,在平地和横坡上都能作业。

此外,现代推土机为了实现一机多用,往往可与多种推土装置相匹配。

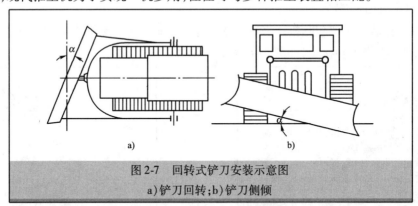

图 2-7　回转式铲刀安装示意图
a)铲刀回转;b)铲刀侧倾

推土机松土器主要由升降油缸、连杆、松土齿构成,通常有三连杆式、固定平行四边形式和可调平行四边形式三种形式。其中固定平行四边形式松土器松土时,在任何插入深度下其切削角度都保持不变,适宜于修整沥青路面或在不十分坚实的土的条件下作业。可调平行四边形式可在不同土质条件下随时改变切削角度,提高作业效率,因此,现代大型松土器多采用这种方式。三齿松土器如图2-8所示。

推土机工作装置液压系统由四大部分组成:液压动力元件(油泵)、控制元件(各种类型阀)、执行元件(油缸)以及液压辅助装置(油箱、油管、滤油器等)。

二 推土机的作业方式

推土机的作业由铲土、运土、卸土和返回四个工作过程组成一个作业循环。固定式推土机为循环作业式,依次完成铲土、运土和卸土三道工序,然后倒车返回取土地点或掉头驶回取土地点,开始下一个作业循环。回转式推土机是连续作业式,它的铲土、运土和卸土三道工序是同时完成的,通过倒车返回取土地点或掉头驶回取土地点,开始下一个作业循环。

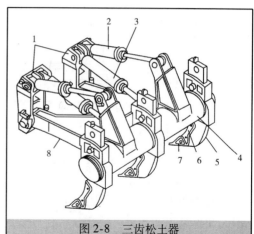

图 2-8　三齿松土器
1-安装架;2-倾斜油缸;3-提升油缸;4-横梁;
5-齿杆;6-护套板;7-齿尖;8-松土器臂

推土机铲土作业主要有以下几种作业方法。

(1)波浪式推土法

推土机开始铲土时,铲刀尽可能地切入土中。当发动机出现超载现象时,将铲刀缓缓提起(但铲刀不露出地面),直至发动机恢复正常运转后再次将铲刀落下,如此反复进行,直至铲满土,如图2-9所示。这种铲土方法的优点是,可以使发动机功率得到充分发挥,并缩短铲土时间和距离,作业效率高,一般适用于工程量大的土方作业。其缺点是驾驶员的劳动量大,回程时因地面不平使推土机颠簸。

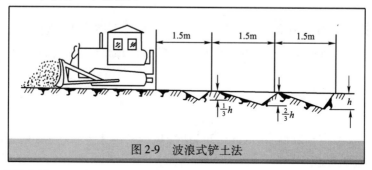

图 2-9　波浪式铲土法

(2)接力式推土法

在取土场地较长且土较硬的情况下作业时,推土机可由近及远地分段将土推送成堆,然后再由远而近地将各段土堆一次推送到卸土处。这种作业方式不但可以提高铲土效率,而且还能减少运土时间。它适用于硬土取土和远距离取土作业。

(3)槽式推土法

推土机在运送土时,为了尽可能地减少运土损失,可在一固定作业线上多次推运,使之形成一条土槽,或者利用铲刀两端外漏的土形成土埂进行运土,土槽深度一般不大于铲刀高度。

这种作业方式适用于大面积、较长距离及松软土的推土作业,如图2-10所示。

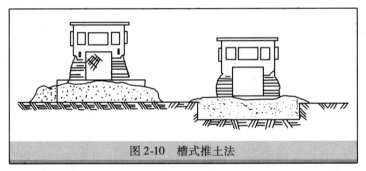

图2-10 槽式推土法

(4)并列式推土法

在上述条件下,也可采用两台或两台以上同类型的推土机同步前进推土,同样可减少运土损失和提高作业效率。采用该方法作业时,两台推土机的铲刀间隔不宜过小或过大,一般保持在15~20cm。要求驾驶员操作技术熟练,保证两台推土机同步运行,如图2-11所示。

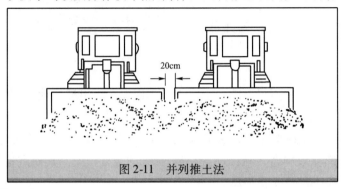

图2-11 并列推土法

(5)下坡式推土法

在通常情况下,推土机在作业中应尽量利用地形形成下坡推土,这样可充分利用机重的下坡分力助铲,并增大运土量、提高作业效率。但坡度不宜超过20%,否则推土机回程困难。

三、推土机的生产率

推土机生产率指推土机每小时(或台班)所挖填的实际土方量(没有施工前的原始土方量)或所平整的场地面积值。

推土作业的生产率 Q 为:

$$Q = \frac{3\,600VK_2K_3K_4K_5}{TK_1} \tag{2-1}$$

式中:K_1——土的松散系数,$K_1 = 1.1 \sim 1.4$;

K_2——推土铲刀的充盈系数,$K_2 = 0.5 \sim 1.2$;

K_3——时间利用系数,一般 $K_3 = 0.85 \sim 0.90$;

K_4——土壤漏损系数,可取 $K_4 = 0.75 \sim 0.95$;

K_5——坡度作业影响系数,按表2-3选取;

T——一个循环作业的时间(s)。

坡 度 影 响 系 数　　　　　　　　　　表 2-3

坡度(%)	上坡			下坡			
	0~5	5~10	10~15	0~5	5~10	10~15	15~20
K_5	1.0~0.67	0.67~0.5	0.5~0.4	1.0~1.33	1.33~1.94	1.94~2.25	2.25~2.68

影响推土机生产率的主要因素有:铲刀的结构与几何尺寸,作业长度与地形,作业水平与作业方式等。根据工程施工进度的需要,除选择合适机型的推土机外,采用合理的作业方式,控制作业速度及保持推土机良好的技术状况是提高其生产率的关键。

从实践中可知,要提高推土机生产率,应以最短的时间铲满土,应尽量减少运土时的运土损失,卸土时视施工要求采取恰当的方法,回程速度要快,尽可能地缩短作业的循环时间。此外,当推土机以开挖路堑、堆筑路堤和回填土方为主要作业时,合理的作业距离一般为20~50m。直铲推土时其铲土角和铲土深度由土性质决定,如,在Ⅰ、Ⅱ级土上作业时,以铲土深度20cm、铲土角60°~70°为宜;在Ⅲ级土上作业时,以铲土深度10~15cm、铲土角50°~60°为最佳;在Ⅳ级土上作业时,以铲土深度15cm以下、铲土角45°左右为佳。当推土机平整场地作业时,运土距离一般不超过100m。为减少铲刀的切削阻力、提高推土机的生产率,铲刀的铲土角应为45°左右。当推土机平整场地或回填向一侧推移土时,其铲刀倾斜角为60°~75°。对于不同的施工作业内容,选取各自适宜的作业办法也是提高推土机生产率的一个关键因素。

四 推土机的选用

(1)根据工作对象选用推土机的类型

如果工作场地土方和石方都有,则选用履带式推土机;如果工作场地是纯土,且土质较松,平板拖车不便进出,则选择轮式推土机;如果工作场地是沼泽地,则选用履带式推土机;如果工作场地属高原地区,则选用带增压发动机的推土机;如果工作场地土、石夹杂,且土质坚硬,则选用带松土器的推土机;如果工作场地需要横坡推土,选用回转式推土机,而不选用固定式,否则就会影响生产率,甚至无法开展工作。

(2)根据工程量的大小选用推土机型号

如果推土方量少,工期不受严格限制,则选用小型推土机较经济。如果工期紧,推土方量大,则选用大型推土机;如果推土机只用于开路、助铲、回填、压实,则选用中、小型推土机即可满足要求。在进行推土机选型时,不但要查阅工程机械有关手册,而且还要根据工程情况向生产厂家进行咨询,只有搞清楚所购型号推土机各厂商产品的特点,才能真正选中满意的产品。

(3)根据配套工程机械情况和土方量确定推土机数量

在较大规模工程施工中,推土机的首要任务往往是开路,因为在诸多工程机械中,只有推土机对路面的要求最低。因此,在考虑推土机数量时,首要考虑的就是开路和修整工作场地的需要,其次才是完成推土方工作量和与其他机种配合作业的需要。只有综合考虑了这三方面因素,才有可能选用最适宜的推土机型号和数量。

2.2 铲运机施工

一 铲运机的认识

铲运机是大面积填挖土方中循环作业式的高效率铲土运输机械。轮式铲运机的外形如图 2-12 所示。

图 2-12 自行式铲运机外形图

铲运机主要用于大规模土方工程中,如铁路、农田水利、机场、港口等工程。在公路工程施工中,是大规模路基施工时的一种理想的生产效率高、经济效益好的土方施工运输机械,可以依次连续完成铲土、装土、运土、铺卸和整平五个工序,并能控制填土铺卸厚度,进行清理、铲挖和填埋以及精细平地土方作业和局部碾压等作业。铲运机的经济作业距离一般为 100~2 500m,最大运距可以达到几公里。自行式铲运机的工作速度可以达到 40km/h 以上,充分显示铲运机在中长距离作业中具有很高的生产效率和良好的经济效益的优越性。铲运机可以用来直接完成 Ⅱ 级以下软土体的铲挖,对 Ⅲ 级以上较硬的土应对其进行预先疏松。铲运机还可以对土进行铺卸平整作业,将土逐层填铺到填方的地点,并对土进行一定的平整与压实。必须注意,铲运机不适于土中夹有大石块和树根以及沼泽地区的作业。

由于铲运机集铲、运、卸、铺、平整于一体,因而在土方工程的施工中比推土机、装载机、挖掘机、自卸汽车联合作业具有更高的效率与经济性。在合理的运距内,一个台班完成的土方量,相当于一台斗容量为 $1m^3$ 的挖掘机配以四辆载重 10t 的自卸车共 5 名驾驶员完成的土方量,其技术经济指标高于 5~8 倍。

1 铲运机的类型

按行走方式,铲运机分为拖式和自行式。自行式按发动机数量,分为单发动机和双发动机。单发动机由一台发动机驱动,双发动机由两台发动机分别前后驱动。双发动机铲运机作用在驱动轮上的附着重量等于整机重量,改善了牵引性、通过性和爬坡性。

按操作方式,铲运机分为液压操纵式和机械操纵式。

按装土方式,铲运机分为开斗装载式和链板装载式。链板装载式是在切削刃下方装有链板运土机构,由它将切削刃切削下来的土输送到铲斗内,以加速装土过程及减小装土阻力。

按卸土方式,铲运机分为强制式、半强制式和自由式,如图 2-13 所示。强制式卸土的铲斗后壁为一块可沿导轨移动的推板,卸土时推板自后向前将斗内的土强制推出。

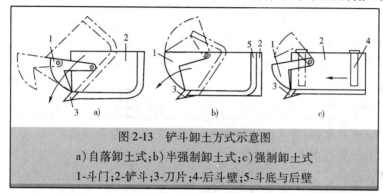

图 2-13 铲斗卸土方式示意图
a)自落卸土式;b)半强制卸土式;c)强制卸土式
1-斗门;2-铲斗;3-刀片;4-后斗壁;5-斗底与后壁

目前铲运机正朝着大容量自行式、多发动机自行助铲、链板铲装和双斗串联的方向发展。

2 铲运机的型号表示与主要性能指标

我国铲运机型号的表示,是以铲运机汉语拼音的第一个字母"C"代表铲运机,以轮胎汉语拼音的第一个字母"L"代表轮胎式,"T"表示拖式,"Y"代表液压传动。字母之后的数字表示主参数斗容量的大小(m^3)。

例如,CL7 推土机,其中 C 表示铲运机,L 表示轮胎式,7 表示斗容量为 $7m^3$。此外,铲运机的主要性能参数还有斗容量、牵引功率、切土深度、卸土厚度、运距等。

3 铲运机的结构特点

(1)自行式铲运机的总体结构

自行式铲运机由单轴牵引车和铲斗两部分组成。由于转向部分利用全液压车体转向,辕架两端为铰接结构,可以实现索引车和铲斗之间两个自由度的运动,即牵引车可以相对铲斗在垂直面内上、下各摆动 20°,在水平面内左右各转 90°。与拖式相比,自行式铲运机具有较大的附着重量和较高的通过性能,运行速度高,运距较长,生产效率高。

自行式铲运机的结构简图如图 2-14 所示。

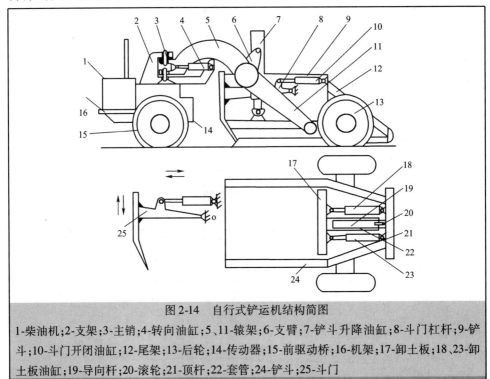

图 2-14　自行式铲运机结构简图
1-柴油机;2-支架;3-主销;4-转向油缸;5、11-辕架;6-支臂;7-铲斗升降油缸;8-斗门杠杆;9-铲斗;10-斗门开闭油缸;12-尾架;13-后轮;14-传动器;15-前驱动桥;16-机架;17-卸土板;18、23-卸土板油缸;19-导向杆;20-滚轮;21-顶杆;22-套管;24-铲斗;25-斗门

柴油机 1 和传动箱 14 安装在机架 16 上,柴油机的动力经由传动器(变速器)传给中央传动室后再经差速器和半轴传给轮边减速器和驱动轮,当驱动轮转动时,地面施加给驱动轮的力使牵引车产生运动,从而为牵引其后的铲斗提供动力。与此同时,传动器还带动液压油泵工作,为铲运机各油缸按操作者意图提供压力油,机架与驱动桥壳连在一起,并与支架 2 铰接,因而驱动桥可在横向平面内摆动,以适应不平路面;铲斗 9 的后部利用尾架 12 与后轮 13 的轴壳相连,使铲斗可以绕后轮轴线转动。铲斗前部通过两侧的两个升降油缸 7 悬挂在辕架的支臂 6 上。辕架 5 与机架 2 用两根垂直布置的主销 3 铰接,用两个转向油缸来控制单轴牵引车的偏移以实现铲运机的转向。

斗门 25 通过两侧的斗门杠杆 8 铰接在铲斗上,斗门杠杆的短臂和斗门开闭油缸 10 的活塞杆铰接,油缸则铰接在铲斗上,这样,只要使压力油进入油缸,随着活塞杆的伸缩,即可开启或关闭斗门。

卸土板门与两个油缸 18、23 的活塞杆相铰接,油缸则铰接在顶杆 21 上。当压力油进入油缸使活塞伸长时,卸土板即沿着斗底前移而进行卸土;若使压力油进入油缸的另一腔,则活塞杆的收缩使卸土板复位。为了引导卸土板做轴向移动,在尾架上固定有矩形导向杆 19,卸土板上固定有与导向杆相配合的套管 22,套管上装有滚轮 20,当卸土板作轴向移动时,套管便带着滚轮 20 沿着导向杆 19 滚动。

(2)铲运机的工作装置

开斗铲装式工作装置由辕架、斗门及其操纵装置、斗体、尾架、行走机构等组成。工作时,铲斗前端的刀刃在牵引力的作用下切入土中,铲斗装满后,提斗并关闭斗门,运送到卸土地点时打开斗门,在卸土板的强制作用下将土卸出。其结构如图 2-15 所示。

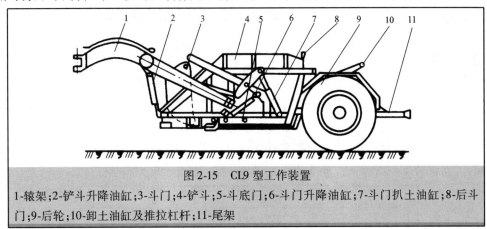

图 2-15　CL9 型工作装置

1-辕架;2-铲斗升降油缸;3-斗门;4-铲斗;5-斗底板;6-斗门升降油缸;7-斗门扒土油缸;8-后斗门;9-后轮;10-卸土油缸及推拉杠杆;11-尾架

二 铲运机的作业方式

铲运机是一种利用装在前后轮轴之间的铲运斗,在行进中依次进行铲装、运载和铺卸等作业的工程机械。可用来进行铲挖和装载等多功能作业,在土方工程中可直接铲挖Ⅰ、Ⅱ级较软的土,对Ⅲ、Ⅳ级较硬的土,需把土耙松才能铲挖。

铲运机具有高速、长距离、大容量运土能力,其车速比自卸汽车稍低,它可以把大量的土运送到数千米外的弃土场。

铲运机主要用于大规模的土方工程中。它的经济运距为 100～1 500m,最大运距可达几公里。拖式铲运机的最佳运距为 200～400m;自行式铲运机的合理运距为 500～5 000m。当运距小于 100m 时,采用推土机施工较有利;运距大于 5 000m 时,采用挖掘机或装载机与自卸汽车相配合的施工方法较经济。

铲运机的作业过程,分铲土、运土、卸土、回程四个过程,如图 2-16 所示。

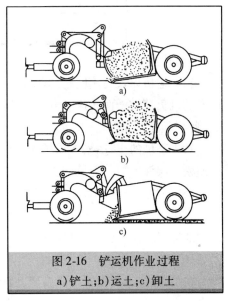

图 2-16　铲运机作业过程
a)铲土;b)运土;c)卸土

1 铲装作业方法

铲运机为循环作业式机械,铲装作业效率的高低对其工作效率有相当大的影响。铲装方法除了一次铲装法即铲刀一次切入土壤中并完成铲土行程直至装满铲斗外,还有以下铲装方法。

(1)起伏式铲土法

开始铲土时,切土较深以充分利用发动机的功率,随着铲土前进和发动机负荷的增大,其转速渐趋降低,这时逐渐提斗减少切土深度,使发动机转速复原,然后再降斗切土,深度比第一次要浅些,如此反复进行几次直至装满铲斗。此法可缩短铲土长度和铲土时间,对铲装砂土尤为有效。

(2)跨铲铲土法

如图 2-17 所示,作业时,先在取土场地第一排铲土道上取土,在相邻两铲土道间留出 1/2 铲刀的土不铲。然后再从第二排铲土道上铲起,且铲土起点后移的距离为铲土道长度的一半。随后依次交替进行铲土作业。这种作业的特点是,在铲土后半数因切土宽度减小而使铲土阻力降低,从而使铲运机有足够的功率保证铲斗装满,同时又可缩短铲土道长度和铲土时间,提高铲装工作效率。在硬土中采用此法,可以提高效率10%左右。

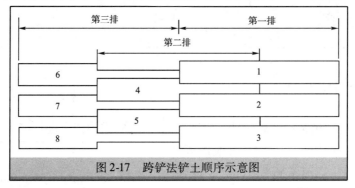

图 2-17 跨铲法铲土顺序示意图

(3)快速铲土法

当铲运机以较高速度返回而进入铲土位置时,立即放斗切土,利用惯性铲装一部分土,待发动机负荷激增而转速降低时,再降挡继续铲装,这样也可缩短铲装时间。

(4)硬土预松

对于坚硬的土,用松土器预先进行疏松,松土器必须配合铲运机的铲装作业逐层疏松,并使松土层深度与铲运机切土深度相一致,以免因疏松过深而影响铲运机的牵引力。

(5)下坡铲土法

利用铲运机向下行驶的重力作用,加大切土深度,缩短铲土时间。此法不仅适用于有坡度的地形,就是在平坦地段也可铲成下坡地形,铲土坡度一般为3°~15°。

(6)助铲法

在工程施工中,由于土质多变,地形多变,铲运机的机况很难始终保持一致,常因铲运机自身动力满足不了铲土的需要,尤其在硬土地段刀片不易切入土层,造成铲斗装不满的"刮地皮"现象。为解决这一问题,施工中往往用一台或多台机械采用前拖或后推或两者兼有的方法,来帮助铲运机进行铲土作业。这种方法称为助铲法,多以推土机后推助铲最为常用,如图 2-18 所示。

② 铲装机施工作业

铲运机在施工中应根据具体条件采用一定形式的运行路线。在布置运行路线时,应考虑"挖近填远、挖远填近"的施工方法,即创造下坡取土的条件,并保持一段较平坦的运土路线。

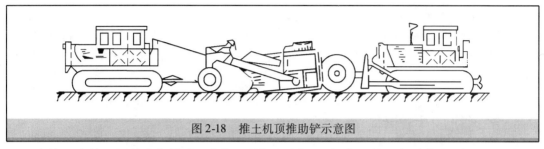

图 2-18 推土机顶推助铲示意图

在施工中铲运机的走行轨迹(路线)因施工对象而异,常用的运行路线有以下几种,如图 2-19 所示。

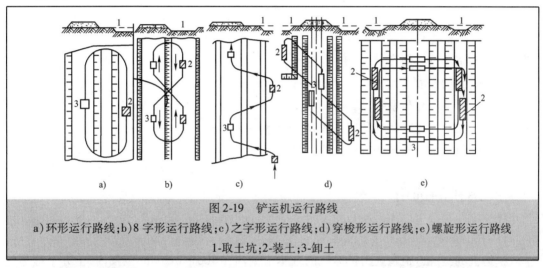

图 2-19 铲运机运行路线
a)环形运行路线;b)8 字形运行路线;c)之字形运行路线;d)穿梭形运行路线;e)螺旋形运行路线
1-取土坑;2-装土;3-卸土

(1)环形运行路线

铲运机自路线外的单侧或两侧取土坑取土填筑路堤,或挖掘路堑弃土于路堑两侧时,可按环形路线运行,完成一个循环的铲土、运土、卸土、回驶四个过程中,有两次转向时间的消耗。这种运行路线大多用于工作地段狭小,运距短而高度不大的填堤或挖堑工作,目前现场施工较多采用此运行路线。

(2)8 字形运行路线

8 字形运行路线由两个环形连接而成,省去了两个急转弯。此运行路线中重载上坡的坡道较缓,重载与空载行驶路程较短。一次循环运行中,可完成两次铲土和卸土工作,功效较高。机械左、右交替转弯,可减少机械的不均匀磨损。其缺点是要有较大的施工工作面,地形要平坦,多机同时施工时容易互相干扰,一般施工中较少采用。

(3)之字形运行路线

之字形运行路线成锯齿状,无急转弯,效率高。这种运行路线适用于工作地段较长的施工对象,并适宜于机群工作。其主要缺点在于循环太大(填挖到尽头后再转弯反向运行),松碎泥土的距离较长;遇雨季难以施工,因而停工时间多,必须要有周密的施工组织才行。

(4) 穿梭式运行路线

穿梭式运行路线其优点是全程长度短,空载路程少,一个循环运行中有两次装土和卸土作业,效率高。其缺点是只适用于两侧取土,转弯时间多。

(5) 螺旋形运行路线

螺旋形运行路线是穿梭式的变形。按此路线运行一圈进行两次铲土与卸土。运距短,功效高。

三 铲运机的生产率

铲运机的生产率 Q 为:

$$Q = \frac{3\,600 V K_2 K_3}{T K_1} \tag{2-2}$$

式中:V——铲斗的几何容量(m^3);

K_1——土的松散系数,$K_1 = 1.1 \sim 1.4$;

K_2——铲斗的充盈系数,$K_2 = 0.6 \sim 1.25$;

K_3——工作循环时间的利用系数,$K_3 = 0.85 \sim 0.90$;

T——每一个工作循环所延续的总时间(s)。

四 铲运机的选用

(1) 按运距选用

铲运机的经济运距是选用铲运机的基本依据。在 100 ~ 2 500m 范围内,土方工程最佳的装运设备是铲运机。

一般情况下,小斗容量($6m^3$)铲运机的最短运距以大于 100m 为宜,而最大距离应小于 350m,其最经济的运距为 200 ~ 350m;大斗容量($10 \sim 30m^3$ 以上)铲运机的最短运距为 800m,最大运距可达 2 000m 以上。铲运机的经济运距一般与其斗容成正比,可参考表 2-4 选取铲运机的机型。

各种铲运机的适用范围 表 2-4

类别			推装斗容(m^3)		适用运距(m)		道路坡度(°)
			一般	最大	一般	最佳	
拖式铲运机			2.5 ~ 18	24	100 ~ 1 000	100 ~ 300	15 ~ 30
自行式铲运机	单发动机	普通装载式	10 ~ 30	50	200 ~ 2 000	200 ~ 1 500	5 ~ 8
		链板装载式	10 ~ 30	35	200 ~ 1 000	200 ~ 600	5 ~ 8
	双发动机	普通装载式	10 ~ 30	50	200 ~ 2 000	200 ~ 1 500	10 ~ 15
		链板装载式	9.5 ~ 16	34	200 ~ 1 000	200 ~ 600	10 ~ 15

(2)按铲装材料的性质选用

普通装载式铲运机适合于在Ⅱ级以下土质中使用,若遇Ⅲ、Ⅳ级土时,应对其进行预先翻松。铲运机最适宜在含水率为25%以下的松散砂土和黏性土中施工,不适合在干燥的粉砂土和潮湿的黏性土中施工,更不适合在地下水位高的潮湿地带、沼泽地带以及岩石类地区作业。

链板装载式铲运机装载物料的范围较广,除装普通土外,它还可装载砂、砂砾石、级配良好的小石渣以及经良好破碎的石料等混凝土集料,但不宜用于大的鹅卵石、石渣和潮湿黏土等的施工。

带松土齿的铲运机可铲装较硬的土质。

(3)按施工地形选用

利用下坡铲装和运输,可提高铲运机的生产率,适用铲运机作业的最佳坡度为7°~8°,坡度过大不利于装斗。因此,铲运机适用于从路旁两侧取土坑取土填筑路堤(高3~8m)或两侧弃土挖深3~8m路堑的作业。此外,铲运机适用于大面积场地平整作业,铲平大土堆以及填挖大型管道沟槽和装运河道土方等工程。

(4)按机种选用

铲运机类型主要根据使用条件选择,如土的性质、运距、道路条件、坡度等。

双发动机铲运机可提高功率近一倍,并具有加速性能好、牵引力大、运输速度快、爬坡能力强、可在较恶劣地面条件下施工等优点,但其投资大。所以,只有在单发动机式铲运机难以胜任的工程条件下,双发动机式铲运机才具有较好的经济效果。

2.3 平地机施工

一 平地机的认识

19世纪英国和美国为开发西部铁路采用了马拉的拖式平地机,这是最早的拖式平地机。1946年美国卡特彼勒公司开发出平地机,之后日本、德国、英国等国的多家公司也开发和生产出各种型号平地机。

平地机外形如图 2-20 所示。

图 2-20　平地机外形图

随着微电子技术的发展，许多公司在平地机上采用机电一体化技术，并以铲刀自动调平装置和恒速作业等方式来提高作业精度。目前，平地机正向大型化、节能化、环保化、自动化、智能化和功能多样化发展。为了提高作业效率和整平质量，电子控制的刮刀调平刮土系统和激光控制的刮刀自动调平刮土系统在平地机上被广泛应用。

平地机是一种高速、高效、高精度和多用途的土方工程机械，在特种轮式车辆上装有铲土刮刀，并配有其他多种辅助作业装置，以完成对土的切削、刮送和整平作业。它可进行砂、砾石路面、路基路面的整形和维修，表层土或草皮的剥离，挖沟、修刮边坡等整平作业，还可完成材料的混合、回填、推移、摊平作业。平地机配以辅助作业装置如推土铲、松土器等，可完成料堆推平及翻松作业。可以完成公路、机场、农田等大面积的地面平整和挖沟、刮坡、推土、除雪、疏松、压实、布料、拌和及开荒等工作。

随着我国高等级公路和大型露天矿山等工程建设的发展，平地机的需求量不断增加。平地机主要生产厂家，国外主要有卡特彼勒、沃尔沃、约翰-迪尔、小松和纽荷兰等公司，国内有鼎盛天工、徐工筑路、常林股份、成工、三一重工、柳工、厦工等公司。

1　平地机的类型

按行走方式不同，平地机分为拖式和自行式。拖式平地机因机动性差和操纵性能差已经很少使用。

自行式平地机按行走车轮数目，分四轮式和六轮式两种。六轮式多用于大中型的平地机。

自行式平地机按转向方式，分为前轮转向式、全轮转向式和铰接转向式。

自行式平地机按车轮对数进行分类，其表示方法为，车轮总对数×驱动轮对数×转向轮对数，如图 3-21 所示。3×2×1 表示前轮转向、中后轮驱动。2×2×2 表示全轮转向、全轮驱动。自行式平地机驱动轮数越多，在工作中所产生的附着牵引力就越大，转向轮数越多，转弯半径就越小。

按工作装置的操纵方式，平地机可分为机械操纵式和液压操纵式，机械操纵式比较复杂,已经很少使用,目前大部分为液压操纵式。

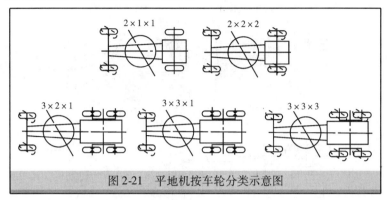

图 2-21 平地机按车轮分类示意图

❷ 平地机型号表示与主要性能指标

我国平地机产品型号的表示,是以平地机汉语拼音的第一个字母"P"代表平地机,在 P 之后不用任何字母标识者为机械传动,以液压汉语拼音的第一个字母"Y"标识的代表液压传动。字母之后的数字表示主参数发动机功率的大小,单位为马力。

例如,PY180 型平地机,其中 P 代表平地机,Y 代表液压传动,180 代表该平地机发动机的功率为 180 马力。此外,平地机的主要性能参数还有结构质量、最大行走速度、最小转弯半径、最大切土深度、刮刀最大提升高度、最大倾斜角度、刮刀宽度等参数。

随着国内不同生产厂家平地机生产的个性化、差异化,目前国内一些平地机生产厂家对平地机型号的表示方法已有所改变,不再采用以前统一的"PY×××"型号表示方式。如成工集团 220 马力平地机的型号表示为 MG1320C,柳工集团 180 马力平地机的型号表示为 CLG180。

❸ 平地机的结构特点

(1)平地机的总体结构

平地机主要由发动机、传动系统、制动系统、车架、行走转向装置、工作装置、操纵及电气系统等组成,如图 2-22 所示。

现代平地机发动机以水冷涡轮增压柴油机为主。这种发动机可以很好地适应施工中的恶劣工况,在高负荷低转速下可以较大幅度地提高输出转矩,以适应作业负荷的剧烈变化,特别是在高原环境下,功率可以不下降。传动系统一般有三种方式,即机械传动、液力机械传动和静液压传动,其中液力机械传动为现代平地机主流传动方式。机架有整体式机架和铰接式车架两种,铰接式车架由于具有转弯半径小、机动性好的特点,因而普遍被现代平地机采用。工作装置可分为主要工作装置和辅助工作装置,铲刀为主要工作装置,辅助工作装置有松土耙、前推土板、后松土器、除雪铲、除草装置等。转向系统有机械式、助力转向式和全液压转向式。制动系统有中央制动、气液制动和全液压制动,制动器又有带式制动器、蹄式制动器、钳盘制动器和湿式制动器。

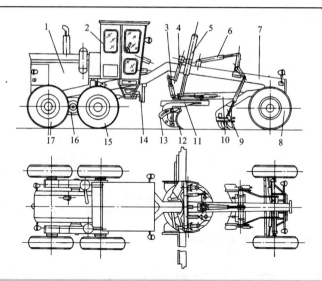

图 2-22 平地机整机结构示意图

1-发动机;2-驾驶室;3-牵引架引出油缸;4-摆架机构;5-升降油缸;6-松土器收放油缸;7-车架;8-前轮;9-松土器;10-牵引架;11-回转圈;12-刮刀;13-角位器;14-传动系统;15-中轮;16-平衡箱;17-后轮

  自行式平地机按车轮数量、驱动方式和转向方式,分为4轮驱动和6轮驱动、后轮驱动和全轮驱动(AWG)、前轮转向和全轮转向。4轮平地机是前桥2轮、后桥2轮,结构简单、零部件通用性好,用于轻型平地机。6轮平地机是前桥2轮、后桥4轮,后桥传动通过两侧的平衡箱将动力传至4个车轮。由于铲刀位于前后桥之间,早期的平地机前桥驱动的实现非常困难,而且很长的传动轴驱动前桥效率非常低,因此很少使用。现代随着静液压技术的发展,利用电液技术可以非常好地解决前轮驱动的问题,实现全轮驱动。全轮驱动的平地机可以实现前轮、后轮或全轮的自由转换,可增加整机牵引力的30%。还可以单独使用前轮驱动,以"爬行模式"工作,实现无级变速的行驶速度。可以彻底改变铲刀被推动作业的工作状况,而成为被拉动,由于这时平地机的中后轮是从动轮,驾驶员在进行精细平整作业时,不至于破坏铲刀后面的地面,同时也成为湿地和冬季除雪作业的首选。

  全轮转向指前轮和后轮都可以单独或同时转向。由于后轮由平衡箱驱动,很难使车轮单独偏转,因此后轮转向是用液压缸控制整个后桥相对机架转动,但这种方式已经很少采用,目前现代平地机大部分采用铰接式转向。

  整体式机架平地机是将后机架和弓形的前机架焊为一体,优点是刚性好,平地机的平整精度高。铰接式平地机是将前后机架用关节轴承连接,用液压油缸控制其转动,使平地机获得更小的转弯半径和更好的作业适应性。铰接式平地机又分为前置式和后置式,驾驶室前置式优点是视野好,缺点是驾驶员易产生视觉疲劳。驾驶室后置式优点是视觉舒适,缺点是视野相对窄。现代平地机前后车架多采用铰接转向,前轮采用偏转车轮转向,使整机获得较小的转弯半径,提高机动灵活性。

  (2)平地机的工作装置

  平地机的工作装置除了刮土铲刀以外,还有松土耙和推土铲,以扩大平地机的作业功能,如图 2-23 所示。

刮刀装在转盘上,在液压马达的驱动下可在水平面内转动(回转角)。转盘装在牵引架的下方,牵引架为三角形,前端铰接在前车架上,后端与升降油缸相连,升降油缸安装在摆架两端。当两侧升降油缸伸出或缩回时,可带动刮刀在垂直面内运动(侧倾角)。铲土角变换油缸可变换刮刀的铲土角。

为了进一步扩大刮刀的工作范围,摆架可绕前车架转动,配合侧摆油缸、升降油缸的运动可实现刮刀侧摆及机外作业。同时,刮刀侧伸机构(液压操纵)可使刮刀平伸到机侧进行作业。

推土板和松土器是平地机常用的辅助工作装置。推土板用来摊整料堆等不太大的不平处,松土器用来翻松工作面,提高平地机的作业效率,它们都由液压系统进行控制。

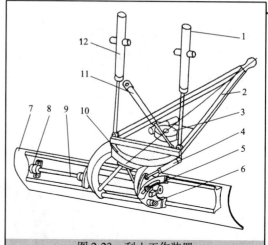

图 2-23 刮土工作装置
1-右升降油缸;2-牵引架;3-回转驱动装置;4-切削角调节油缸;5-角位器紧固螺母;6-角位器;7-刮刀;8-油缸头铰座;9-刮土侧移油缸;10-回转圈;11-牵引架油缸;12-左升降油缸

二 平地机的作业方式

平地机的刮刀能在空间完成 6 个自由度参数的运动,即实现沿空间三个坐标轴的移动和转动,平地机因而具有多种辅助作业能力。平地机刮刀可以进行七种动作:刮刀升降、刮刀倾斜、刮刀回转、刮刀侧移(相对于机架左右侧伸)、刮刀直移(沿平地机行驶方向)、刮刀切削角改变、刮刀随回转圈一起侧移(即牵引架引出)。这些动作既可以单独进行,也可以组合进行,从而拥有它常用的四大基本功能,即铲土侧移、刮土侧移、刮土直移、机外刮土。

1 平地作业

(1)正铲平整作业。刮土板垂直于平地机的纵向轴线,平地机直线前进完成平整作业。刮土板以较小的入土深度和最大切削宽度状态工作,如图 2-24a)所示。

(2)刮土和移土作业。平地机斜身直行时,将刮土板置于与前进方向某一角度,则刮起的土被移至一侧,如图 2-24b)所示。这一作业方式也可用于大量筑路材料的搅拌作业。由于刮土板可在不同方向上作不同程度的回转,所以可以根据作业需要,作不同程度的选择。

(3)将牵引架侧摆,同时引出刮土板,可对机械侧边较远地方加以平整,如图 2-24c)所示。

(4)借助铲刀回转 180°,平地机可在不需掉头的进退行驶状态下实现往返作业。这一情况多半是机械无余地掉头或掉头虽有可能但较困难时采用。对于熟练的平地机驾驶员,在进行大面积平整作业时,为了提高作业效率也往往采用这种方法,因为回转刮土板180°所需时间,较机器掉头所花时间短,如图2-24d)所示。

(5) 如果被平整的平面的边界是不规则的曲线(边界有曲线障碍物),驾驶员可以通过同时操纵转向和将刮土板引入或伸出,机动灵活地沿曲折的边界进行作业,如图2-24e)所示。

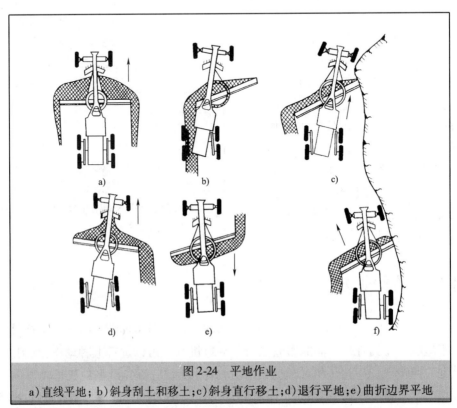

图 2-24　平地作业
a) 直线平地；b) 斜身刮土和移土；c) 斜身直行移土；d) 退行平地；e) 曲折边界平地

2 刷坡作业

刷坡是一种对斜坡表面的平整作业。需要修刷的坡面有路堤坡、路堑坡、取土坑和边沟坡等。在刷坡时,平地机的刮刀要侧向伸出,并调成与坡面相适应的倾角,平地机以低挡行驶,为使其行驶稳定,前轮应向反刮刀侧伸方向倾斜。

路堤边坡的修刷如图 2-25 所示。当路堤边坡高于平地机刮刀所能修刷的范围时(坡面长度应小于刮刀长度),可用一台平地机在路堤上沿路堤边缘环形行驶,如图 2-25a) 所示。如果路堤较高,一台平地机无法修刷全坡时,则可用两台平地机联合作业,如图2-25b)所示。一台平地机在路堤上向下刮土,另一台平地机在路基边缘沿取土坑向上刮土。开始时,在路堤上的平地机应先行一步(先行 10m 以上),然后堤下的平地机再开始工作。这样不会因堤上平地机工作时所刮下的土散落而影响在堤下的平地机的工作,同时也便于堤下平地机驾驶员以堤上平地机所刮成的边坡斜度为标准,把两个平面连成一个斜面。

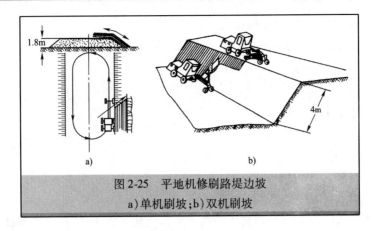

图 2-25 平地机修刷路堤边坡
a) 单机刷坡; b) 双机刷坡

3 填筑路堤

利用平地机来填筑路堤时,其堤高在 0.5m 以内,则效率最高;堤高在 0.75~0.8m 时,效率较低。用平地机来填筑路堤时,只适合于路侧取土坑取土,然后把土移送到路线上堆成路堤。平地机堆土方法有散堆铺垫、半挤紧铺垫和挤紧铺垫三种,在施工中根据施工要求应用不同的堆土方法。

4 修整路型

平地机修整路型的施工作业内容就是按路基路堑规定的横断面图的要求开挖边沟,并将边沟内所挖出的土移送到路基上,然后修成路拱。在施工之前,应由技术人员根据路基宽度、边沟的大小、土性质以及机械类型绘制出施工图,说明平地机所需各工序的行程数和施工程序,并规定刮刀的调整位置及车轮的位置等。平地机驾驶员必须按施工图施工。

此外,在公路施工中,平地机还可用于开挖路槽、开挖水沟、路拌材料,但这些工作若用其他专用工程机械去完成,效率会大大提高。

三 平地机的生产率

平地机的生产率分平整场地的生产率(m^2/h)和修整路形生产率(m^3/h)。

平地机平整场地的生产率 Q_P 按式(2-3)计算。

$$Q_P = \frac{60L(l\sin\alpha - 0.5)K_{sh}}{n\left(\dfrac{L}{v} + t_1\right)} \tag{2-3}$$

式中:L——平整路段长度(m);

l——刮刀长度(m);

α——刮刀的平面角(°);

K_{sh}——时间利用系数,一般取 0.85~0.95;

v——平整时的行驶速度(m/min);
t_1——掉头(或调整刮刀)所需时间(min);
n——平整所需的行程数。

四 平地机的选用

(1)按生产率选用

若工期要求不紧,选用主参数较小的平地机较经济,否则选用主参数较大的平地机。

(2)按地形选用

若工地较狭窄,转向不方便,则选用铰接式平地机便于施工,否则选用整体式较经济。

(3)按平整精度要求选用

若施工要求平整精度较高,选用铰接式平地机较可靠,反之,选用整体式较经济。

2.4 挖掘机施工

一 挖掘机的认识

挖掘机是开挖和装载土石方的一种主要施工机械,如图2-26所示。其主要特点是挖掘力大,可以挖Ⅳ级以下的土和爆破后的岩石。挖掘机使用范围广、效率高、经济效益好,一台斗容量1m³的单斗挖掘机,每班生产率相当于300~400人一天的劳动。挖掘机可装配多种附加工作装置,如破碎锤、液压剪、推土铲和提升磁铁等,更换相应的工作装置后,可以完成挖、装、填、夯、抓、刨、吊、钻、推、压、破碎、剪切、拆除等多种作业。因此,单斗挖掘机广泛用于建筑施工、水电建设、交通运输、矿场采掘等工程之中。

图2-26 履带式液压挖掘机外形图

❶ 挖掘机的类型

挖掘机按传动方式的不同，分为机械传动挖掘机、液压传动挖掘机。现代挖掘机主要采用全液压传动。

按行走方式的不同，分为履带式挖掘机和轮胎式挖掘机。履带式具有良好的通过性能，应用最广泛。

按工作装置的不同，分为正铲挖掘机和反铲挖掘机，其中反铲挖掘机应用最广泛。

单斗挖掘机属于循环作业机械，每一个循环过程由挖掘、回转、卸料和返回四个过程组成。

❷ 挖掘机的型号表示与主要性能指标

我国挖掘机产品型号，以前的表示，是以挖掘机汉语拼音的第一个字母"W"代表挖掘机，以液压汉语拼音的第一个字母"Y"代表液压传动，字母之后数字表示主参数整机铲斗容量的大小。

随着国内不同生产厂家挖掘机生产的个性化、差异化，目前国内不少挖掘机生产厂家对挖掘机型号的表示方法已有所改变，不再采用以前统一的"WY××"型号表示方式。目前挖掘机产品型号主要由企业名称代号、形式代号、主参数（整机工作质量）及变型更新代号构成。如柳工集团22t级挖掘机的型号表示为922LC、三一重工20t级挖掘机的型号表示为SY205C-8等。

挖掘机的主要性能参数除了整机工作质量外，还有额定斗容、额定功率、最大挖掘力、行走速度、最大爬坡度等。

❸ 挖掘机的结构特点

（1）挖掘机的总体结构

单斗液压挖掘机主要由发动机、机架、传动系统、行走装置、工作装置、回转装置、工作装置液压系统、电气控制系统和驾驶室等部分组成，如图2-27所示。

挖掘机上部车体可相对底盘作360°的回转。上部车体包括发动机、驾驶室、主泵、主阀、回转机构、油箱等部件。

单斗液压挖掘机传动系统由液压泵、控制阀、左右行走马达、液压管路等液压元件以及操纵控制系统组成。左右两条履带分别由左右两个液压马达驱动，独立传动。当两个液压马达旋转方向相同时，则履带直线行驶。当一侧液压马达转动，并同时制动另一侧马达，则挖掘机实现转向。挖掘机的制动是通过停止对左右行走马达供应压力油来实现的。

单斗液压挖掘机工作时，柴油发动机驱动两个液压油泵，将高压油通过油管、主控制阀送往回转马达、行走马达和工作装置油缸，驱动上部转台回转、履带行驶和工作装置进行作业。如图2-28所示为液压式单斗挖掘机液压传动示意图，柴油机驱动两个液压主泵，把高压油输送到主控制阀，操纵杆通过主控制阀将高压油再送往有关液压执行元件（液压缸或液压马达），驱动相应的机构进行工作。

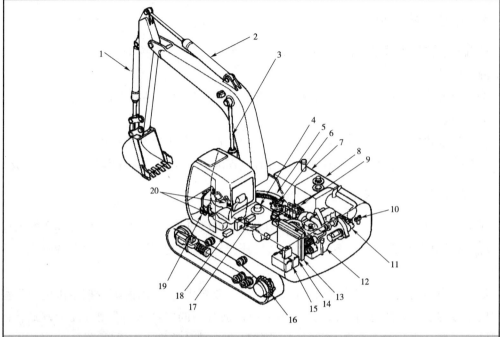

图 2-27 挖掘机结构示意图

1-铲斗油缸;2-斗杆油缸;3-动臂油缸;4-中心接头;5-回转轴承;6-回转装置;7-燃油箱;8-液压油箱;9-控制阀;10-先导溢流阀;11-泵总成;12-发动机;13-散热器;14-油冷却器;15-蓄电池;16-行走装置;17-减振阀;18-先导截流阀;19-行走先导阀;20-回转先导阀

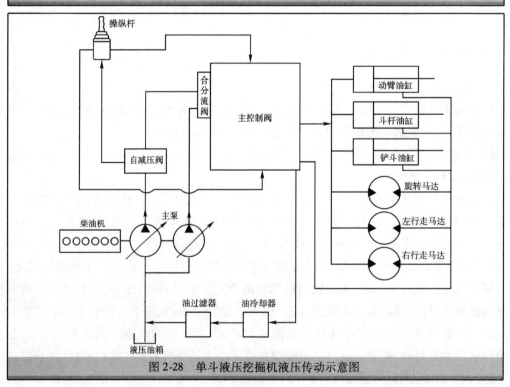

图 2-28 单斗液压挖掘机液压传动示意图

挖掘机作业时,接通回转装置液压电动机,转动上部转台,使工作装置转到挖掘点,同时,操纵动臂油缸小腔进油,液压油缸回缩,使动臂下降至铲斗接触挖掘面为止,然后操纵斗杆油缸和铲斗油缸,使其大腔进油而伸长,迫使铲斗进行挖掘和装载工作。斗挖掘满后,将斗杆油缸和铲斗油缸油路切断并操纵动臂油缸大腔进油,使动臂升离挖掘面,随之接通回转马达,使斗转到卸载地点,再操纵斗杆和铲斗油缸回缩,使铲斗反转卸土,卸完土,将工作装置转至主挖掘地点进行第二次挖掘作业。

(2)挖掘机的工作装置

液压反铲工作装置如图2-29所示,由动臂、斗杆、连杆和铲斗组成。这些部件之间的连接全部采用铰接,分别由动臂油缸、斗杆油缸、铲斗油缸驱动,通过液压油缸的伸缩来实现挖掘过程的各种动作。三个液压油缸配合工作,可以使挖斗在不同位置进行挖掘,完成挖掘、回转等作业过程。

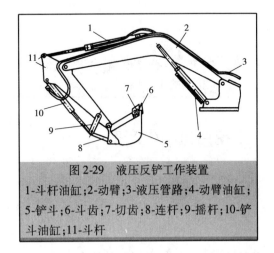

图2-29 液压反铲工作装置
1-斗杆油缸;2-动臂;3-液压管路;4-动臂油缸;5-铲斗;6-斗齿;7-切齿;8-连杆;9-摇杆;10-铲斗油缸;11-斗杆

挖掘机的挖斗形式有标准型、岩石型、大容量型,斗杆形式有标准型、加长型。

由于单斗挖掘机采用三组液压油缸驱动工作装置,所以工作装置具有一个自由度,铲斗可实现一定范围的平面运动。同时,回转马达还能驱动上部转台回转,行走马达又能驱动整机行走,因此挖掘空间可沿水平方向间歇地不断扩大,满足挖掘作业的要求。

二 挖掘机的作业方式

反铲挖掘机主要用于挖掘停机面以下的Ⅰ~Ⅳ级土(基坑、基槽、管沟、独立柱基和爆破后的岩石等)。其挖出的土料直接卸倒在坑渠两边,或由自卸车运走。

反铲挖掘机的作业方法,有沟端开挖法和沟侧开挖法。

(1)沟端开挖法

开挖时,挖掘机沿着沟端逐渐倒退,逐渐向后开挖,如图2-30a)所示。汽车停在沟侧,动臂只要回转40°~45°即可卸料。如果所挖沟宽为机械最大挖掘半径的2倍时,汽车只能停在挖掘机侧面,反铲要作90°回转才能卸料。

此法在挖掘超过最大挖掘半径两倍以上更宽的渠道时,可分段开挖,如图2-30b)所示。机械在倒退挖到尽头后,由该端转换位置反向开挖相邻一段。此法每段的挖掘宽度不宜过大,以汽车能在沟侧行驶为原则,以减少每一工作循环时间,提高机械生产率。

(2)沟侧开挖法

反铲在沟侧开挖,汽车在沟端待料。机械作90°回转卸料,如图2-31所示。此法每次挖掘宽度即沟宽只能在其挖掘半径范围内,缺点是所挖沟的边坡较大。

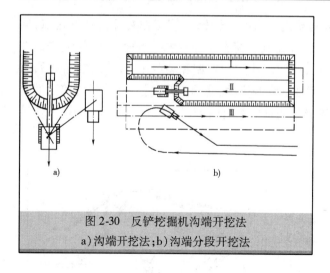

图 2-30 反铲挖掘机沟端开挖法
a)沟端开挖法;b)沟端分段开挖法

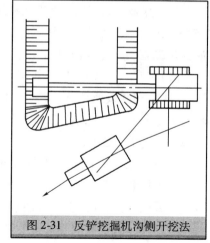

图 2-31 反铲挖掘机沟侧开挖法

三 挖掘机的生产率

挖掘机的生产率 Q 按式(2-4)计算。

$$Q = \frac{3\,600VK_2K_3}{TK_1} \tag{2-4}$$

式中:V——单斗的几何容量(m^3);

K_1——土的松散系数,$K_1 = 1.1 \sim 1.4$;

K_2——铲斗的充盈系数,$K_2 = 0.8 \sim 1.1$;

K_3——工作循环时间利用系数,一般 $K_3 = 0.7 \sim 0.9$;

T——每一工作循环延续时间(s)。

四 挖掘机的选用

1 挖掘机的合理选择

挖掘机的选型和使用不仅是路基土石方施工生产的重要环节,同样也是为土石方施工提供的最佳解决方案。对不同的工程量和施工进度,挖掘机性能参数和结构类型的正确选择将直接影响施工的进度、成本和效益。挖掘机作业机群配置的合理性,对系统的生产率以及工程的效益有重要影响。

挖掘机选择的基本原则是:挖掘机的斗容量和台数与工程量和工程进度相适应;挖掘机的结构类型与土壤条件和工程特点相适应;具有较高的性能价格比、工作可靠性及驾驶舒适性。

(1)依据施工环境而定

施工环境决定了挖掘机作业效率的高低,因此要依据施工环境的不同选用不同型号、不同配置的挖掘机,避免出现浪费现象。

①疏松、低密度的土壤、沙石,作业量大,限定工期。可选用型号较大的大功率、大斗容的挖掘机进行挖掘、装载作业,最大限度地发挥挖掘机的作业效率。如20t级1.2m³、30t级1.6m³、40t级2.2m³的挖掘机。

②疏松、低密度的土壤、沙石,间歇性施工。可选用中小型挖掘机,大大节省施工成本。如20t级0.85m³、0.93m³、1.1m³的挖掘机。

③坚硬的土壤、风化石、沙(土)夹石、冻土、爆炸/粉碎的山石。选用挖掘力大,加强型ATT—工作装置,斗容略小(岩石斗)的挖掘机,以克服恶劣环境对挖掘机的影响,节约施工成本。如20t级0.9m³、30t级1.2m³、40t级1.6m³的挖掘机。

④特殊环境条件下,如高原(3 000m以上)、高温(45℃以上)、高湿、酸碱盐、极度寒冷(−10℃以下),采用相应的对策克服环境对设备的影响,满足施工要求。如水箱加压、大风扇及皮带轮、适当减少供油、进气及机油预热等。

(2) 依据施工现场的配套车辆而定

一般情况下,挖掘机在施工作业中都是与运输车辆配套使用,依据作业量大小、运输距离、车辆运力来选用相应型号的挖掘机是非常必要的。

①自卸车载重量与挖掘机斗容量的配置合理性对施工成本有显著影响。合理配置的基本要求是,对于斗容量1~2.5m³的挖掘机配置载重量11~25t的自卸车。

②作业量大、运输较近、运输车辆足够,要选用多台较大型号的挖掘机,充分发挥挖掘机的作业效率。如20t级1.2m³、30t级1.6m³、40t级2.2m³的挖掘机。

③作业量大、运输距离较远、运输车辆不充足,要选用多台中等型号的挖掘机,使之与运输能力相适应,以节约施工成本。如20t级1.1m³、1.2m³的挖掘机,或少量30t级的挖掘机加上多台20t级的挖掘机联合作业。

(3) 废方作业

要选用作业速度快、工作效率较高的中型挖掘机。如20t级0.85m³、0.93m³、1.1m³、1.2m³的挖掘机。

❷ 自卸车的合理配置

根据挖掘机械的斗容量选择具有适当斗容量(或载重量)的汽车。挖掘机装满一车斗数的合理范围应为3~5斗,通常要求装满一车时间不超过3.5~4min,卸车时间不超过2min。配合一台挖掘机所需的汽车数量,其总的生产率应略大于一台挖掘机的生产率。

(1) 自卸车载重量的确定

载重量的大小影响挖掘运输系统的生产率和施工成本。斗容量一定时,施工成本与载重量之间的关系为:当斗容量一定时,存在着最佳载重量与之相匹配从而使施工成本最低;斗容量越大,施工成本最小值对应的载重量随之增加。当运距和斗容量确定时,自卸车的载重量可参考表2-5选取。挖掘机斗容量与载重量合理配置的基本要求是:斗容量1~2.5m³的挖掘机配置载重量为11~25t的自卸车。

自卸车载重量推荐表(t)　　　　　　　　　表 2-5

运距(km)	挖掘机斗容量(m³)					
	0.4	0.65	1	1.25	1.6	2.5
0.5	3.5	4.5	7	7	11	—
1	7	7	11	11	11	11
1.5	7	7	11	11	11	11
2~3	7	11	11	11	25	25
3~5	11	11	11	25	25	25

(2)自卸车台数的确定

自卸车的数量取决于运输距离和平均运输速度,其确定的基本原则是既能保持挖掘机工作的连续性和生产率要求,又不会经常产生装车等待现象。卸车台数 n 的一般表达式为：

$$n = t_q/t_z + 1 \tag{2-5}$$

式中：t_q——自卸车平均运输周期；

t_z——平均装载时间。

在实际作业中,平均运输周期和平均装载时间均为随机变量,需要确定其概率分布才能加以精确描述。

总之,在挖掘机的选用时,因施工环境各不相同,要因地制宜,依据当时当地情况的变化而制订相应的调整计划,以提供最佳的施工解决方案。

选好挖掘机,还要用好挖掘机,只有把握"安全"、"高效"的使用原则才能在土石方施工中发挥作用。

2.5 装载机施工

一 装载机的认识

装载机是一种用途十分广泛的工程机械,它不仅对散状物料可以进行铲装、搬运、卸载及平整作业,也可以进行轻度的铲掘工作。因此,它被广泛应用于建筑、铁路、公路、水电、港口、矿山、农田基本建设及国防等工程中。

装载机整机外观如图 2-32 所示。

装载机多用于配合自卸汽车装运松散物料、爆破的矿石和铲掘的土壤、煤、碎石等,具有铲掘力大、转弯半径小、操纵轻便灵活、机动性好、生产效率高等优点,并且可以用于短途运输。

装载机可以装配侧卸斗,适用于较小场地作业,特别适合在隧道、涵洞等狭窄场地作业,机动性好,可实现与运输车辆平行作业,提高工作效率。

图 2-32 装载机整机外观图

轮式装载机可以通过快换装置,实现各种工作装置的快速换装,方便地更换多种作业装置——木柴叉、钢管叉、集装箱叉、起吊装置、快换标斗、快换石方斗、破碎锤等,使用户能够一机多用。装载机配置多种作业装置如图 2-33 所示。

图 2-33 装载机配置多种作业装置
a)正转八连杆配铲叉;b)配侧卸斗;c)配破碎锤

1 装载机的类型

根据不同的用途和使用要求,装载机发展形成了不同的结构类型。通常按下列方法分类。

(1)按使用场合不同,分为露天用装载机与井下用装载机。国内外大部分装载机属于露天用装载机,井下(又称地下)装载机,是根据井下作业条件,对发动机的消音和排污、灯光、喇叭,整机高度和工作装置等提出特殊要求,专门设计而成。

(2)按行走系统的不同,分为轮胎式装载机与履带式装载机。轮胎式装载机其制造成本低,行走速度快,工效高,机动灵活,用途广泛,因而发展快,其品种与产量,都比履带式装载机多,我国各生产厂家生产的 ZL 系列装载机都属于轮胎式装载机。履带式装载机由于接地比压小,重心低,稳定性好,可在湿地上作业,而且由于履带接地面积大,不易打滑,所以广泛地应用在矿山上进行装载作业。但随作业场地的转移,需辅助机械设备完成转移。

(3)按动力传递方法不同,分为液力传动和液压传动、机械传动等形式的装载机。如果动力传递是采用液力变矩器,则为液力传动,如果底盘的动力传递是采用缸、泵、阀、液压马达等液压元件,则称为液压传动的装载机。如果底盘是采用机械式离合器和变速器等的机械元件来传递动力,则称为机械式传动。由于液力传动具有无级变速、自动适应不同路面及工况阻力、传动平稳无冲击等优点,所以被广泛应用在装载机上,目前绝大部分装载机产品均采用液力传动。

(4)按卸料方式不同,装载机分为前卸式、回转式、侧卸式和后卸式几种。目前国内外生产的装载机大部分是前卸式结构,其工作装置在前面铲装和卸料。回转式装载机其工作装置可回转90°、360°或180°(称半回转),依靠回转工作装置卸料到左右侧的地面或车辆上,这种装载机由于卸料和铲装不需转向,所以能在较狭窄的场地上作业,但它的侧向稳定性不好,限制了相同功率的主机斗容量的增大。

(5)按照转向方式不同,分为整体式装载机和铰接式装载机,前者利用偏转后轮、前轮或前后轮同时偏转进行转向;后者采用铰接式车架,利用前后车架之间的相对偏转进行转向,称为折腰转向。铰接转向的装载机比整体车架的装载机转弯半径小、机动性好,这对装载机在狭窄场地上作业极为有利。

❷ 装载机的型号表示与主要性能参数

我国装载机型号的表示,是以装载机汉语拼音的第一个字母"Z"代表装载机,以轮胎式汉语拼音的第一个字母"L"代表轮胎式,"ZL"字母之后数字表示主参数额定载重量的大小,单位为kN。

例如,ZL50B型装载机,其中Z代表装载机,L代表轮胎式,50代表装载机铲斗装满标准物料后的额定载重量为50kN($\approx$5t),B代表产品的改进次数。此外,装载机的主要性能参数还有额定斗容量、最大卸载高度、工作质量、最大掘起力、工作装置三项和时间、速度、最小转弯半径、最大爬坡度等。

随着国内不同生产厂家装载机生产的个性化、差异化,目前国内一些装载机生产厂家对装载机型号的表示方法已有所改变,不再采用以前统一的"ZL××"型号表示方式。如柳工集团5t级装载机型号表示为CLG856、厦工集团5t级装载机型号表示为XG956等。

❸ 装载机的结构特点

(1)装载机的总体结构

装载机由传动系统、操纵系统、工作装置与机架等组成,如图2-34所示。

传动系统,由柴油机、液力变矩器、变速器、传动轴及前后驱动桥和行星式轮边减速器及制动器等组成。

操纵系统,主要由变矩器变速器油路系统、工作装置液压系统、转向系统、制动系统及电器设备等组成。

工作装置与机架,主要由前后车架、动臂、摇臂、拉杆、铲斗等组成。

前后车架为铰接式,通过销轴连接,左右可偏转35°~38°,以实现转向。燃油箱和工作装置油箱布置在后车架两侧,或燃油箱后置,液压油箱上置,配重在装载机的最后端,以利于平衡铲斗中的荷载。工作装置的动作由工作装置液压系统完成,其提升和倾翻分别由相应的提升油缸和倾翻油缸完成。

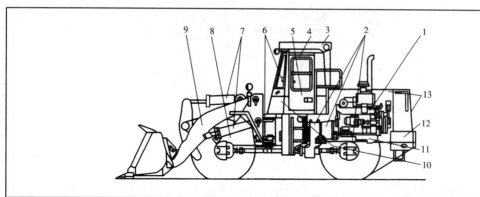

图2-34 轮胎式装载机结构示意图
1-柴油机;2-传动系统;3-防滚翻与落物装置;4-驾驶室;5-空调;6-转向系统;7-液压系统;8-前车架;9-工作装置;10-后车架;11-制动系统;12-电气控制系统;13-机罩

为满足装载机的使用要求,充分发挥装载机的铲装能力,缩短作业循环时间,提高生产力,改善使用性能,现代装载机具有如下特点:

①采用柴油机作为动力:增大转矩,发挥较大的牵引力。

②安装液力变矩器:提高发动机工作平稳性,减少传动系统冲击,并且有随外力增加而自动减速、相应增大输出转矩的自动适应能力,从而提高了装载机的动力性能。

③采用行星动力换挡或电液控制定轴式变速器,结构紧凑,工作可靠,操作轻便,减少驾驶员的劳动强度。

④采用四轮驱动,增加装载机的附着牵引。

⑤工作装置采用机械软轴式操作或先导操纵,操纵力小,提高使用性能。

⑥铰接车架、全液压转向,转弯半径小,操作轻便。

⑦气顶油制动系统或全液压制动系统,采用盘式制动器,制动器的制动片可实现自动补偿,不怕油污水淋,更换方便,制动性能好;采用内藏式湿式制动器,维护周期长,使用寿命长,适合于各种恶劣的作业环境。

⑧安装宽基低压轮胎,以增加附着力,提高越野性能,并减少振动。

(2)装载机的工作装置

ZL系列装载机的铲、装、卸物料作业通过其工作装置的运动来实现,轮式装载机的工作装置主要采用反转Z形六连杆机构,由铲斗、动臂、摇臂、连杆及其液压油缸组成,整个工作装置铰接在前车架上,如图2-35所示。铲斗1通过连杆2和摇臂3与翻斗油缸10铰接,动臂4与车架、动臂油缸11铰接,铲斗的翻转和动臂的升降通过液压系统实现。

由于工作装置为Z形六连杆机构的装载机铲斗在举升过程中难以保证平移性,因此在对平移性有特殊要求的装载机上则采用正转八连杆机构,以保证叉装物品在举升过程中具有良好的平移性。

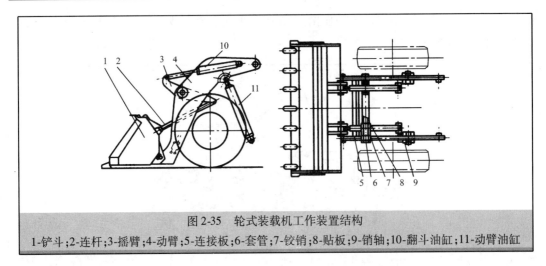

图 2-35 轮式装载机工作装置结构
1-铲斗;2-连杆;3-摇臂;4-动臂;5-连接板;6-套管;7-铰销;8-贴板;9-销轴;10-翻斗油缸;11-动臂油缸

二 装载机的作业方式

装载机作为装载设备时,其技术经济指标在很大程度上取决于作业方式。装载机与自卸车配合作业时,其最广泛使用的作业方式有以下几种。

1 "I"形作业法

"I"形作业法指自卸卡车平行于工作面并往复前进和后退,装载机则穿梭般地垂直于工作面前进和后退,如图 2-36 所示。

这种作业方式省去了装载机的掉车时间,对于履带式和整体式车架的装载机比较适用。用这种作业方式,装载机的作业循环时间取决于装载机和与其配合作业的自卸车的驾驶员的熟练程度。

2 "V"形作业法

如图 2-37 所示为装载机"V"形作业法,自卸卡车与工作面成 60°的角度,装载机装满铲斗后,在倒车驶离工作面的过程中,并掉头 60°使装载机垂直于自卸卡车,然后向前驶向自卸卡车卸载。卸载后装载机驶离自卸卡车并掉头驶向料堆,进行下一个作业循环。

这种作业方式对各种结构形式的装载机都比较合适,它可以得到较短的作业循环时间。因此,无论是在各种工程中或是矿山上都得到广泛地应用。

3 "L"形作业法

如图 2-38 所示为装载机"L"型作业法,自卸卡车垂直于工作面,装载机铲装物料后,倒退并调转 90°,然后向前行驶向自卸卡车卸载,空载的装载机后退掉转 90°,然后向前驶向料堆进行下次铲装。装载车运距短,一个卡车驾驶员可操纵两台卡车。

④ "T"形作业法

如图 2-39 所示为装载机"T"形作业法,用户可根据现场情况,选定循环时间(1 次装载时间)短的作业方法。

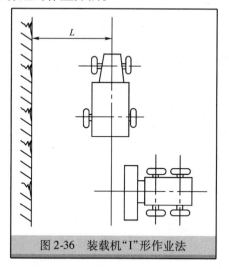

图 2-36　装载机"I"形作业法

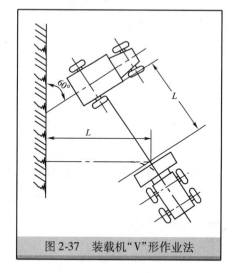

图 2-37　装载机"V"形作业法

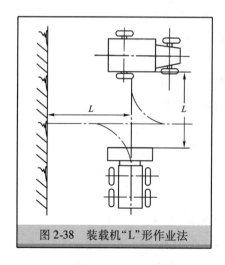

图 2-38　装载机"L"形作业法

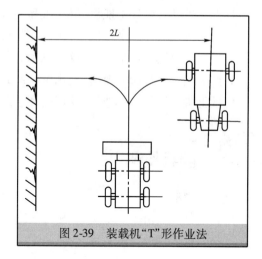

图 2-39　装载机"T"形作业法

三　装载机的生产率

装载机的生产率 Q 按式(2-6)计算。

$$Q = \frac{3\,600 V K_2 K_3}{T K_1} \tag{2-6}$$

式中：V——铲斗容量(m^3);

　　　T——装载作业工作循环时间(s);

K_1——土的松散系数,$K_1 = 1 \sim 1.4$;

K_2——铲斗充盈系数,$K_2 = 0.65 \sim 1.1$;

K_3——时间利用系数,$K_3 = 0.75 \sim 0.85$。

四 装载机的选用

(1)自卸车斗容应为装载机斗容的2倍以上,以免造成不足一斗也要装一次车的现象,浪费时间和动力。装载松散物料时,这点尤其重要。

(2)装载机装满自卸车所需要斗数,一般以2~5斗为宜。斗数太多,自卸车等待时间太长,不经济;斗数太小,则装载机卸料时对汽车冲击荷载太大,易损坏汽车车厢,物料也易溢出车厢之外。

(3)装载机的卸载高度和卸载距离,要满足铲斗能将物料卸到汽车车厢中心位置的要求。

单元小结

1. 推土机、铲运机、平地机、挖掘机和装载机的主要类型和结构特点。
2. 推土机、铲运机、平地机、挖掘机和装载机工作装置的基本工作原理。
3. 推土机、铲运机、平地机、挖掘机和装载机的施工作业方式。
4. 推土机、铲运机、平地机、挖掘机和装载机生产率的计算。
5. 推土机、铲运机、平地机、挖掘机和装载机的选用与使用。

自我检测

一、问答题

1. 推土机适宜用于_____ m 内运距、_____级土的挖运。
2. 推土机可以独立地完成_____、_____及卸土三种作业。
3. 按传动形式不同,履带式推土机分_____式、_____式和_____式三种。
4. 履带式推土机行走装置中的_____轮、_____轮、_____轮、_____轮和_____带称为"四轮一带"。
5. 铲运机的作业过程,分_____、_____、_____、回程四个过程。
6. 按行走方式,推土机可分为_____式和_____式两种。
7. 装载机的工作装置由_____、_____、_____、_____组成。
8. 自行式平地机按转向方式,分为_____转向式、_____转向式和_____转向式。
9. 平地机的工作装置除了刮土铲刀以外,还有_____和_____,以扩大平地机的作业功能。

10. 液压挖掘机工作装置由_____、_____和铲斗组成。

二、选择题

1. _____是铲运机的主体部分。
   A. 铲斗　　　B. 斗底门　　　C. 前斗门　　　D. 后斗门

2. 下列不是轮胎式推土机所具有优点的是_____。
   A. 行走速度快　　　　　　B. 机动性能好
   C. 行走机构结构简单　　　D. 耗油少

3. 轮式装载机基本上都是_____。
   A. 回转式　　　B. 侧卸式　　　C. 后卸式　　　D. 前卸式

4. 平地机是一种_____。
   A. 铲土运输机械　　　　　B. 路面施工机械
   C. 路面养护机械　　　　　D. 挖土施工机械

5. 装载机底盘的主要传动形式是_____。
   A. 液压传动式　　　　　　B. 机械传动式
   C. 电动式　　　　　　　　D. 液力机械式

6. 平地机的主要用途有_____。
   A. 平地和整形　　　　　　B. 松土和平地
   C. 整形和松土　　　　　　D. 刮土和松土

7. 装载机是一种进行铲装_____距离的装运和卸料的土方施工机械。
   A. 短　　　B. 中　　　C. 长　　　D. 以上都正确

8. 平地机的主要工作装置是_____。
   A. 前推土板　　B. 后松土器　　C. 刮刀总成　　D. 侧向装置

9. 液压系统的执行机构有_____。
   A. 油马达、油泵　　　　　B. 油马达、工作油缸
   C. 工作油缸、油泵　　　　D. 油泵、控制阀

10. 铲运机是以带有铲刀的铲斗为工作部件的铲土运输机械,工作方式为_____作业式,主要用于_____距离的大规模土方转移工程。
    A. 间断、短　　B. 循环、长　　C. 循环、中　　D. 间断、中长

三、判断题

1. 平地机的主要用途是挖边沟、刮坡。　　　　　　　　　　　　　　（　　）
2. 推土机和装载机等轮式工程机械采用液力机械式传动,因变矩器容易发热,故传动效率较机械式低。　　　　　　　　　　　　　　　　　　　　　　　　　（　　）
3. 机械式传动较液力机械式传动的传动效率低。　　　　　　　　　　（　　）
4. 装载机是一种连续式作业机械。　　　　　　　　　　　　　　　　（　　）
5. 挖掘机是一种循环式作业机械。　　　　　　　　　　　　　　　　（　　）
6. 单斗液压挖掘机最适合完成沿线工程土方挖掘作业。　　　　　　　（　　）

7. 平地机是一种连续式作业机械。 （   ）
8. 液力变矩器由三种带叶片的工作轮,即泵轮、涡轮和导轮所组成。 （   ）
9. 轮式机械的差速器具有差速差矩的工作特性。 （   ）
10. 平地机的前轮向转向内侧倾斜,可以进一步减小转弯半径。 （   ）

四、问答题

1. 提高推土机的生产率有哪些主要途径?
2. 平地机的选用有哪些注意事项?
3. 挖掘机型号以哪种主参数进行表示?其他主要性能参数有哪些?
4. 铲运机主要有哪几种作业方法?

单元 3

石方工程机械施工

 学习目标

1. 认识空气压缩机、破碎机械和隧道掘进机的类型、组成、结构特点、基本工作原理、选用与使用；了解此类机械施工作业方法和生产率计算。
2. 能根据使用技术和选用原则组织此类机械进行机械化施工。

 学习指南

本单元将重点讲述石方工程机械施工的主要内容和方法。学习流程如下：

石方机械的认识 → 石方机械的施工作业要求 → 石方机械的主要生产率计算 → 石方机械的选用与使用要求

 教学建议

本单元的学习重点是石方工程机械施工作业要求、生产率计算、选型与使用方法。应结合石方工程施工实际，在了解石方机械特点的基础上，能合理地组织石方工程的机械化施工。

某高速公路是国家重点公路规划中公路的一段,全长72km,为山岭重丘区高速公路,K0+000~K36+820段采用100km/h设计速度,路基宽26m;K36+820~K72+200段采用80km/h设计速度,路基宽24.5m。某市政工程公司承建本工程中的第8合同段,主线全长4.5km,路基全部采用分离式路基,宽12.25m。

该工程承建公司在工程施工中主要工程数量统计见表3-1。

主要工程数量　　　　　　　　　　　　　　　表3-1

工程项目		单位	数量
路基工程	开挖土方	m³	49 046
	开挖石方	m³	132 118
	填方(利用土方)	m³	10 436
	填方(利用石方)	m³	30 271
	路基借土填方	m³	17 291
	台后回填	m³	20 007
桥梁工程	特大桥	m/座	3 982/4
	大桥	m/座	1 280/5
	小桥	m/座	54/2
隧道工程	分离式隧道	m/座	2 115/1
路面工程	级配碎石基层15cm	m³	24 147

该工程承建公司在工程施工中主要使用的石方工程机械见表3-2。

石方工程施工机械　　　　　　　　　　　　　表3-2

序号	机械设备名称	型号规格	单位	数量
1	反击式破碎机	80t/h	台	1
2	挖掘机	20~22t	台	4
3	推土机	220HP	台	2
4	装载机	ZL50	台	2
5	运输车辆	19t	辆	10
6	移动螺杆空压机	20m³/min	台	2
7	潜孔岩石钻机		台	5
8	风动凿岩机	YT28	台	8
9	三臂凿岩台车		台	1

本项目所涉及的石方工程机械施工有如下几项。

(1)石料破碎加工

本工程所需的碎石集料由公司加工,采用1台生产能力为80t/h的反击式破碎机,对从石料厂采购的大块石料进行破碎加工。

(2)路基土石方施工

对于石方以软石、次坚石为主而坚石少量的石方挖方施工,采用挖掘机进行开挖或利用松动爆破后再进行开挖的施工方法。当石方以坚石为主时,则需要采用爆破方法施工,例如采用潜孔岩石钻机钻孔爆破,采用挖掘机或装载机装车、大吨位自卸车运输。路基填筑采用推土机进行摊铺、初平,平地机精平,压路机碾压。

(3)隧道工程施工

钻爆法施工在隧道施工中占据着主导地位,空压机提供压缩风,人工使用 YT28 型等风动凿岩机钻眼,是目前钻爆法施工中主要的施工方法。在公路隧道施工中,移动螺杆机正逐渐取代固定式活塞机。本项目采用排气量 $20m^3/min$、排气压力 $0.7MPa$ 的移动螺杆空压机。

洞口开挖采用风钻打眼爆破,装载机挖装,自卸车运输。Ⅳ级、Ⅴ级围岩采用台阶分部开挖,Ⅲ级围岩全断面开挖,光面爆破施工。开挖采用风动凿岩机、三臂凿岩台车打眼。

隧道采用洞挖施工时,一般常用钻孔爆破法掘进,用机械进行挖装、运卸作业。也可采用全断面隧洞掘进机开挖隧洞。在土质或松软岩层中可用盾构法施工。

石方工程机械施工现场如图3-1所示。

图 3-1　石方工程机械施工现场
a)石料破碎;b)隧道施工

3.1 空气压缩机施工

一、空气压缩机的类型及结构特点

1 空气压缩机的类型

空气压缩机简称空压机,是一种以发动机或电动机作为动力,将自由空气压缩成高压空气的机械。压缩空气是驱动各种风动工具的动力源,作为风动工具、凿岩机、风镐、气动扳手、气动喷砂等工具或设备的空气动力。因此,有时又将空气压缩机称为动力装置。

空压机按工作原理分为往复式和旋转式两种。

往复式又称为活塞式,根据汽缸的排列形式,分为直立式、V形、W形和L形。活塞式空压机属于传统产品,如图3-2a)所示。

旋转式空压机属于新产品,目前使用较多的有双螺杆式、旋转滑片式和Z形旋转螺杆式。旋转式空压机具有体积小、质量小、结构简单、维修方便等优点,是空压机的发展方向。柴油移动式螺杆空压机外形,如图3-2b)所示。

图3-2 常用空气压缩机外形图
a)活塞式空压机;b)柴油移动式螺杆空压机

按空气被压缩的次数,空压机分为单级、两级和多级式。

按其安装性能,空压机分为移动式和固定式。移动式空压机本身安装有行驶车轮,机动性比固定式好。在施工中,大多采用移动式空压机。移动式空压机常以柴油机为动力,主要由柴油机、离合器、空压机、储气筒以及可移动的牵引拖车等组成。

柴油机产生的动力通过离合器传给空压机,空压机产生的压缩空气送入储气筒内储存备用。以上所用总成安装在一辆特制的牵引拖车上。储气筒内的压缩空气根据需要由气管引至各种风动工具。

❷ 空压机的结构特点

(1)活塞式空压机

如图3-3所示为活塞式空压机工作原理图。当活塞2由上到下运行时,汽缸上部容积大,缸内空气压力变低,进气阀4打开,空气被吸入缸内。当活塞从下向上运行时,缸内气体容积变小,压力增大,进气阀关闭。随着活塞不断上移,缸内压力不断增大,直至能克服排气阀背压及弹簧张力的合力时,排气阀3打开,排出压缩空气。在活塞到达上止点时,由于缸内空气压力突然下降,排气阀在

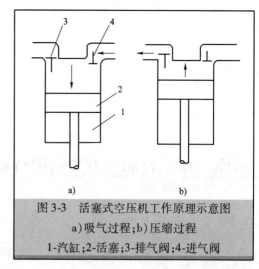

图3-3 活塞式空压机工作原理示意图
a)吸气过程;b)压缩过程
1-汽缸;2-活塞;3-排气阀;4-进气阀

弹簧张力的作用下自行关闭。空压机按吸气、压缩、排气的工作循环周而复始地工作着。

由于活塞式空压机历史悠久,人们对它的结构已经非常熟悉,使用和维修方便,并且成本低,其压力和气量具有广泛的选择空间,特别是在高压的领域,是其他压缩机无法取代的。另外,由于活塞式空压机理论容积效率相对较高,功耗较低。活塞式空压机在某些领域还有特殊的使用价值。这就是活塞式空压机为什么长期以来还在工业领域占有一定位置的原因。

(2)双螺杆式空压机

双螺杆式空压机结构图如图3-4所示。双螺杆式空压机的工作原理如图3-5所示。

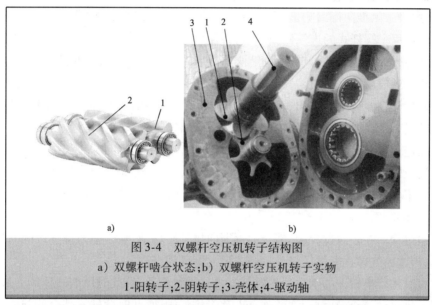

图3-4 双螺杆空压机转子结构图

a)双螺杆啮合状态;b)双螺杆空压机转子实物

1-阳转子;2-阴转子;3-壳体;4-驱动轴

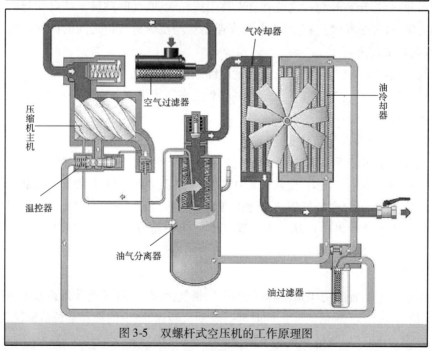

图3-5 双螺杆式空压机的工作原理图

双螺杆式空压机是根据双螺杆(也称阴阳转子)转动使气体产生容积变化的工作原理设计的设备,它能把自然空气吸入再经过内部几道过程完成工作,最终排出满足压力要求的压缩空气。

双螺杆式空气压缩机是容积式压缩机中的一种,空气的压缩是靠装置于机壳内互相平行啮合的阴阳转子的齿槽容积变化而实现的。一对平行配置在∞形机壳内相互啮合的螺旋式转子,其中一个是具有凸齿的阳转子,另一个是具有凹齿的阴转子,通过这对螺旋式转子在相对旋转时齿间容积的改变,使转子齿槽之间的气体沿着转子轴线不断地产生周期性的容积变化,由吸入侧推向排出侧,来实现吸气、压缩与排气三个工作过程。

①吸气过程。螺杆式的进气侧吸气口,必须设计得使压缩室可以充分吸气,而螺杆式压缩机无进气与排气阀组,进气只靠一调节阀的开启、关闭调节,当转子转动时,阴阳转子的齿沟空间在转至进气端壁开口时,其空间最大,此时转子的齿沟空间与进气口自由空气相通,因在排气时齿沟空气被全数排出,排气结束时,齿沟仍处于真空状态。当转到进气口时,外界空气即被吸入,沿轴向流入主副转子的齿沟内。当空气充满整个齿沟时,转子进气侧端面转离了机壳进气口,在齿沟空间的空气即被封闭。

②封闭及输送过程。阴阳两转子在吸气结束时,其转子齿峰会与机壳闭封,此时空气在齿沟内闭封不再外流,即封闭过程。两转子继续转动,其齿峰与齿沟在吸气端吻合,吻合面逐渐向排气端移动。

③压缩过程。在输送过程中,啮合面逐渐向排气端移动,啮合面与排气口间的齿沟空间渐渐减小,齿沟内气体逐渐被压缩,压力提高,此即压缩过程。

④排气过程。当转子的啮合端面转到与机壳排气相通时,此时压缩气体压力最高,被压缩气体开始排出,直至齿峰与齿沟的啮合面移至排气端面,此时两转子啮合面与机壳排气口齿沟空间为零,即完成排气过程。同时,转子啮合面与机壳进气口之间的齿沟长度又达到最长,其吸气过程又在进行。

随着转子的继续旋转,上述工作过程就连续地循环进行。

双螺杆式空压机具有强制输气,运转平稳和效率高等优点。它的缺点是工作噪声很大,必须加装消声或隔声设备。

(3)空压机气压自动调节装置

空压机在正常运转下的排气量(单位时间内)是一定的,但在同一时刻内它所供给的风动机具的使用数量不一定相同,使储气筒内的供气量经常处于变化状态。如果供气量小于空压机的额定排气量,筒内的气压将会逐渐增高。当增高到一定限度时,就会引起储气筒和空压机发生爆炸事故或机件损坏。为了保证空压机的排气量能适应风动机具需气量的变化,并使储气筒内的压力保持在一定范围内,目前所有形式的空压机上都装有气压自动调节装置和安全阀等。

气压自动调节装置的功用是,当储气筒内的供气量减少,而气压升高到额定最高限量值时,使空压机暂停压气(只是空转),同时降低发动机转速,减少油耗和延长机械使用寿命;当储气筒供气增加,而气压降低到额定下限时,使发动机仍以正常的转速驱动空压机,使之恢复正常压气。

气压自动调节装置一般由气压调节器 1、减荷阀 6 和调速器 13 三部分组成，如图 3-6 所示。

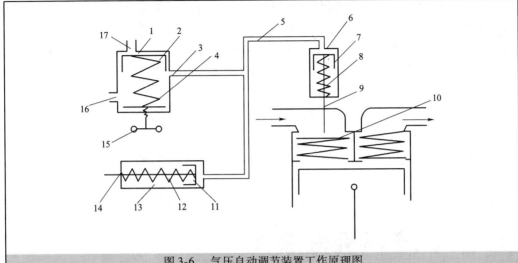

图 3-6　气压自动调节装置工作原理图

1-气压调节器；2-调节器活塞；3-气道口；4-小气压调节器弹簧；5-管道；6-减荷阀；7-减荷阀活塞；8-减荷阀弹簧；9-减荷叉；10-空压机进气阀；11-调速器活塞；12-调速器弹簧；13-调速器；14-调速器活塞杆；15-手轮；16-调节器排气口；17-调节器进气接头

压缩空气由气压调节器接头 17 进入气压调节器的上腔，对活塞 2 产生向下的压力。当储气筒内的压缩空气压力超过弹簧 4 的调定值时，作用在活塞上的气体就克服弹簧 4 的张力推动活塞向下移动，接通气管道口 3，压缩空气就经管道 5 分别进入调速器 13 和减荷阀 6。通过手轮 15 来调节气压调节器弹簧 4 的张力，就可调整压缩空气的压力值大小。

进入调速器 13 的压缩空气，推动调速器弹簧 11，克服调速器弹簧 12 的张力同活塞杆 14 一起左移，推动柴油机调速器上的调速臂摆动，柴油机的供油减少，使发动机的转速降低。与此同时，压缩空气进入减荷阀 6 的活塞 7 克服减荷阀弹簧 8 的张力和减荷叉 9 一起下移，使空压机进气阀 10 处于开启位置，空压机便减荷空转。

当储气筒压力下降至规定值时，气压调节器弹簧的张力大于压缩空气对活塞 2 的压力；弹簧张力推动活塞向上移动，切断压缩空气通路，调速器和减荷阀内的余气便通过管道，从排气口 16 排入大气中，调速器和减荷阀分别使发动机的空压机恢复正常的运转和工作压力。

二 空压机的选用

空气压缩机的选择主要依据气动系统的工作压力和流量。首先按空压机的特性要求，选择空压机的类型。再根据气动系统所需要的工作压力和流量两个参数，确定空压机的输出压力和吸入流量，最终选取空压机的型号。

气源的工作压力应比气动系统中的最高工作压力高 20% 左右，因为要考虑供气管道的沿程损失和局部损失。如果系统中某些地方的工作压力要求较低,可以采用减压阀来供气。空气压缩机的额定排气压力分为低压(0.7~1.0MPa)、中压(1.0~10MPa)、高压(10~100MPa)和超高压(100MPa 以上),可根据实际需求来选择。

有廉价水源的情况下,尽可能使用水冷螺杆机。尽可能将压缩机就近安装在用气设备旁边。压缩机的排气量要尽可能接近实际的用气量。风冷螺杆机排放的热风是有利用价值的热源,但是直接排入空调系统的空间会增大空调器的负荷。

当生产过程中用气量变化比较大的时候,应该采用多台压缩机联控供气。当生产过程用气量不大时,应尽量采用大容量的压缩机。排气压力的设定尽量接近设备的用气量,不可追高。优先选用正压机箱结构的螺杆空压机,它通过回收风扇功率,降低箱体温度,优化了机器比功率。

装备尽可能使用大的储气罐,输气管尽可能短。如果必须使用高品质空气压缩机,优先采用喷油螺杆机。尽量避免使用高耗能的无油螺杆机和离心压缩机。

3.2 破碎机械施工

一 破碎机的类型及结构特点

在道路的路面和基层修筑工程中,需要大量的碎石材料作为各种混凝土的集料,或直接作为铺筑材料。在水泥混凝土中,集料的质量占其总质量的 80% 以上。破碎机械是公路工程材料生产的基本设备之一。

1 破碎机的类型

块石的破碎方式如图 3-7 所示。

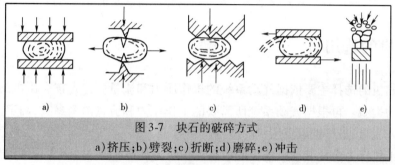

图 3-7 块石的破碎方式
a)挤压;b)劈裂;c)折断;d)磨碎;e)冲击

破碎机按给料的粒度大小不同,分为以下三类。
(1)500～1 500mm破碎至100～350mm的,归为粗碎破碎机。
(2)由100～350mm破碎至40～100mm的,归为中碎破碎机。
(3)由40～100mm破碎至10～30mm的,归为细碎破碎机。

根据破碎机械的工作原理、工艺特性和机器的结构特征,常用的破碎机有颚式破碎机、圆锥式破碎机、辊式破碎机、锤式破碎机、反击式破碎机及联合碎石设备等类型,如图3-8所示。

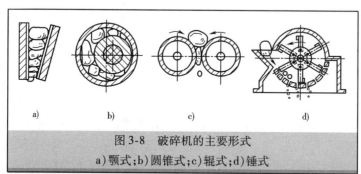

图3-8 破碎机的主要形式
a)颚式;b)圆锥式;c)辊式;d)锤式

其特点及适用范围见表3-3。

破碎机械特点及适用范围　　　　　　　　　　　　表3-3

机械名称	特　点	适用范围
颚式破碎机	结构简单、工作可靠、维修方便	粗、中碎硬质及中硬质岩石
圆锥式破碎机	破碎比大、效率高、粒度均匀、结构复杂	中、细碎中等硬度岩石
辊式破碎机	结构简单、紧凑、工作可靠、生产率低	中、细碎硬、软质石料
锤式破碎机	破碎比大、生产能力高、粒度均匀、简化生产流程、消耗低	中、细碎中等硬度脆性物料
反击式破碎机	结构简单、破碎比大、粒度均匀	粗、中、细碎中硬脆性物料
联合碎石设备	机动性好、简化工艺、出料规格多	碎石用料集中的大型工程

❷ 破碎机的结构特点

1)颚式破碎机

颚式破碎机是利用两块颚板(一块定颚板,一块动颚板)来破碎岩石的。物料进入两块颚板组成的楔形腔内,大块物料分布在上面,较小的位于下面。当动颚板接近定颚板时,料块受挤压破碎,当动颚板离开时,料块在重力的作用下向下移动。当料块的尺寸小于破碎腔最窄部分即排料口(或排矿口)时,料块被排出破碎腔。

根据动颚板的运动特征,颚式破碎机主要可分为两种形式:简单摆动式和复杂摆动式。前者的动颚板运动由曲柄连杆机构带动,实现摆动。后者的动颚板由偏心轴直接带动,实现摆动和移动的复合运动。其传动简图如图3-9所示。

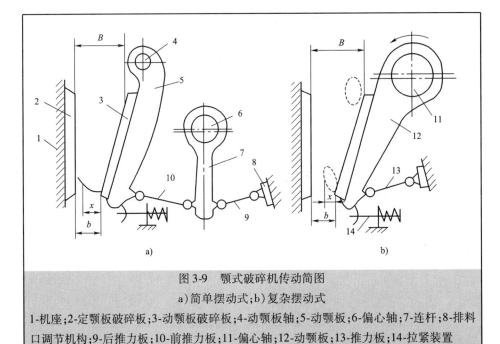

图 3-9 颚式破碎机传动简图
a)简单摆动式;b)复杂摆动式
1-机座;2-定颚板破碎板;3-动颚板破碎板;4-动颚板轴;5-动颚板;6-偏心轴;7-连杆;8-排料口调节机构;9-后推力板;10-前推力板;11-偏心轴;12-动颚板;13-推力板;14-拉紧装置

在简单摆动式破碎机中,动颚板悬挂在固定轴上。破碎机的连杆与偏心轴铰接,其下端与两个推力板铰接,其中一个推力板与动颚板相连,而另一个推力板则支承在调节装置上。当偏心轴转动时,连杆产生上下运动,带动推力板引起动颚板摆动。连杆向上运动时,动颚板靠近定颚板破碎岩石。连杆向下运动时,动颚板离开定颚板排料。

在复杂摆动式破碎机中,动颚板悬挂在偏心轴上,其下部则支承在推力板上,推力板的另一端支承在调节装置上。动颚板的运动轨迹为一封闭曲线,在破碎腔的上部,运动曲线为近似为圆的椭圆,在下部为一细长的椭圆。

简单摆动式破碎机的缺点是动颚板在破碎腔上部的工作行程较小,而上部给料口(或给矿口)料块大,为了可靠地夹住和破碎物料,需要较大的行程。对于复杂摆动式破碎机,由于动颚板的工作行程自下而上越来越大,可以满足工作要求;又由于动颚板各点的运动有助于排料作用,所以其生产率比简单摆动式要高,同时结构也简单紧凑。这种破碎机的缺点是,颚板磨损比前者要严重些。

2)圆锥式破碎机

圆锥式破碎机应用广泛,可用来破碎各种硬度不同的矿石和岩石,按其功用有粗碎、中碎和细碎之分,按支承方式分为悬轴式和支承式。圆锥式破碎机的工作原理如图 3-10 所示。

在圆锥式破碎机中,有两个用来破碎物料的圆锥体,其中一个锥体为固定圆锥,简称定锥;另一个为活动圆锥,简称动锥或破碎锥,两锥体表面形成破碎腔。在悬轴式破碎机中,动锥悬挂支承在上部支点 O 上;而在支撑式破碎机中,动锥支承在球面轴承上。动锥的下端,插入由锥齿轮带动的偏心套中,工作时,由于偏心套的作用,使动锥的自转轴线与公转轴线成一定角度。因而两锥体表面依次靠近,又依次分开。靠近时破碎物料;离开时,物料靠自重排料。

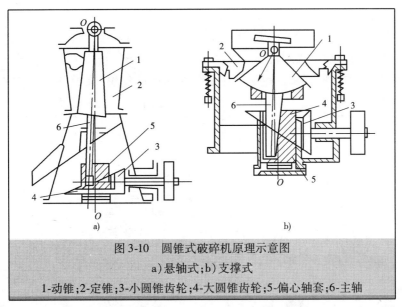

图 3-10 圆锥式破碎机原理示意图
a) 悬轴式；b) 支撑式
1-动锥；2-定锥；3-小圆锥齿轮；4-大圆锥齿轮；5-偏心轴套；6-主轴

圆锥式破碎机设有调整和保险装置。一方面，由于定锥和动锥的衬套不断被磨损，使排料口逐渐增大，为保证一定的产品粒度，必须随磨损情况不断调节排料口的尺寸；另一方面，当破碎机落入非破碎物、卡铁或给料过多时，需要短时增大排料口尺寸以便排出堵塞物。圆锥式破碎机的保险装置有弹簧式、液压式等方式，调整装置有螺旋调节式、液压式等方式。两种装置的作用均是改变排料口的尺寸，改变的方式亦有两种，一种是移动定锥，如弹簧圆锥破碎机和多缸液压圆锥破碎机等；另一种是移动动锥，如底部单缸液压圆锥破碎机。

3）旋回式碎石机

旋回式碎石机适用于粗碎中等硬度的岩石，具有破碎比大、生产率高、产品粒度均匀等优点。液压旋回式碎石机采用液压调节机构调整排料口，且具有过载保护作用。

旋回式碎石机的工作部分由两个彼此反向布置的活动圆锥和固定圆锥所组成，如图 3-11 所示。工作时，动圆锥做环形摆动旋转运动，并且其锥面上任一点都周期性地靠近和离开固定锥面，使进入破碎腔内的岩石不断地受到挤压和弯曲等作用而破碎。破碎后的岩石料在自身重力的作用下由破碎腔底部排出。

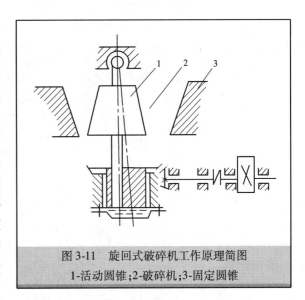

图 3-11 旋回式破碎机工作原理简图
1-活动圆锥；2-破碎机；3-固定圆锥

4）其他破碎机械

（1）辊式碎石机

辊式碎石机结构简单、工作可靠、成本低，广泛用于中、小型厂矿对中硬和软矿石进行中细碎作业。

双辊式碎石机如图 3-12 所示,其工作原理是,需破碎的石料经进料口进入两辊子之间,在摩擦力的作用下石料被带入两辊子的间隙之间,在两辊子的挤压下逐渐被压碎,并由下部排料口排出。当遇有过硬物料时,由于液压或弹簧系统的作用,辊子可自动增大间隙,从而使机器受到保护。两辊子之间的间隙可调整,以按需控制产品最大粒度。

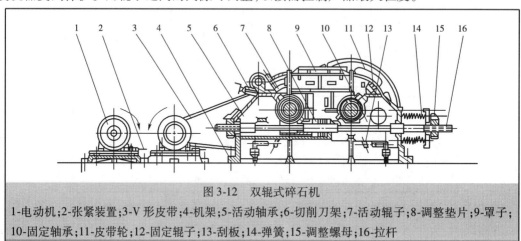

图 3-12 双辊式碎石机
1-电动机;2-张紧装置;3-V 形皮带;4-机架;5-活动轴承;6-切削刀架;7-活动辊子;8-调整垫片;9-罩子;10-固定轴承;11-皮带轮;12-固定辊子;13-刮板;14-弹簧;15-调整螺母;16-拉杆

(2)反击式碎石机

反击式碎石机用于粗、中、细碎中等硬度以下脆性材料,如石灰石、白云石、砂岩、岩盐等,具有破碎比大、产量高、简化工艺流程、结构简单等特点。

单转子反击式碎石机的结构如图 3-13 所示。当物料进入破碎腔时受到高速旋转转子

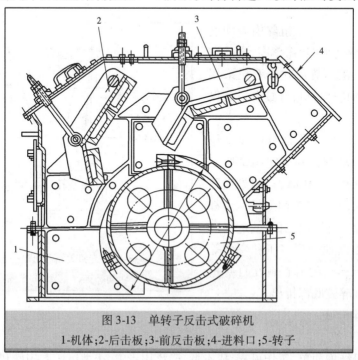

图 3-13 单转子反击式破碎机
1-机体;2-后击板;3-前反击板;4-进料口;5-转子

板锤的冲击而破碎,破碎的物料以很大的动能冲向前反击板,经撞击而破碎,当其反弹至板锤回转半径以内时,再次受到冲击破碎。同时,被粉碎的物料又以高速冲向后反击板,得到进一步破碎。当粉碎了的物料小于后反击板下部衬板与板锤回转半径之间的间隙时,即被作为合格产品排出。

(3)锤式破碎机

锤式破碎机是通过高速旋转的锤头来破碎矿石的,其结构如图3-14所示。

转子由电动机经皮带传动来驱动,转子上铰接有三排转锤(亦称甩锤),当转子旋转时,转锤随之高速旋转,转锤上的锤头进而破碎进入破碎腔的矿石,破碎后的矿石经格筛漏出。

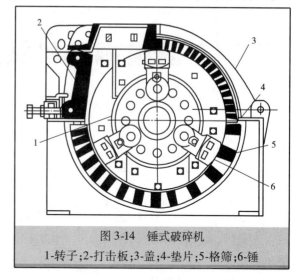

图3-14 锤式破碎机
1-转子;2-打击板;3-盖;4-垫片;5-格筛;6-锤

二 破碎机的生产率

以复摆式颚式破碎机为例进行生产率计算,复摆式颚式破碎机的动颚板每摆动一次,就卸料一次,其生产率 Q 按下式计算。

$$Q = 60bln\beta\gamma \quad (\text{t/h}) \tag{3-1}$$

式中:b——卸料隙口宽度(m);
　　　l——卸料隙口长度(m);
　　　n——偏心轴转速(r/min);
　　　β——供料强度;
　　　γ——石料重度。

从上式可以得出,影响破碎机生产率的因素有卸料隙口的尺寸、供料强度和偏心轴的转速等。卸料隙口的尺寸与加入石块的尺寸都影响破碎比。减少破碎比,可以提高破碎机的生产率。加入破碎斗内石块的最大尺寸不应超过进料口宽度的2/3。

供料强度对生产率影响较大。供料应均匀且应经常保持满斗,因此,最好采用输送带和供料器来加料。

偏心轴的转速越高,生产率也就越高,但转速过高又会影响卸料的及时性,也会降低生产率。因此,要将转速维持在合理的范围内,应按照说明书中的规定执行。

3.3 隧道掘进机械施工

隧道的施工技术是通过施工方法和施工机械相互影响而发展的,现在隧道施工机械已进入大型化、多样化的时代,并向着自动化方向发展。隧道掘进有三种方法:钻爆法、掘进机法和盾构法。

(1)钻爆法。钻爆法掘进以其灵活性和适应性较强、机械设备成本低等优势与机械掘进竞争,虽然采用液压凿岩机、深孔爆破、大型设备装运可以提高掘进速度,但近 20 年来掘进速度仍停留在 100~200m/月的速度上。对于中硬以上的岩石,一般都采用深孔爆破(炮眼长度≥5m)和光面爆破,这就要求提高钻孔精度和速度。目前门式或履带式及轮胎式液压钻孔台车,其钻孔速度已达 1.5~2m/min,但钻孔精度仍靠人工控制。用钻爆法开挖时,装药和爆破仍以人工操作为主。欧洲有些国家虽已使用炸药自动装填机,但在未解决装药过程中可能出现的误爆现象之前,在更大范围内推广自动装填机还有一定难度。近 20 年来,在出渣运输作业的机械化方面发展不快,一般大断面隧道中采用 1.5~2m³ 的侧卸式轮胎装载机和 10~20t 的自卸式卡车,小断面隧道中采用蟹爪式装渣机和轨道运输。

(2)掘进机法。掘进机是靠旋转并推进刀盘,通过盘形滚刀破碎岩石而使隧道全断面一次成形的机器。隧道长度与隧道断面直径比超过 600 时,采用这种机器开凿隧道是十分合算的。

掘进机施工可将开挖、装渣、衬砌等工序同时作业,在较匀质和强度适中的围岩中可取得高达 2 000m/月的掘进速度,且开挖出的隧道壁面光滑,超挖量仅为 5%,不损伤围岩,减少初次支护量。

(3)盾构法。盾构掘进机是一种集开挖、支护、衬砌等多种作业于一体的大型隧道施工机械。使用这种机械施工的方法叫盾构法。

总之,钻爆法首先需要在工作面上钻出炮眼,在炮眼内装入炸药进行爆破,然后用装载机械把爆破下来的岩块运走。钻爆法是隧道掘进的传统技术,它不受岩块物理力学特性的限制,但掘进速度较低。掘进法没有钻眼爆破工序,直接用掘进机上的刀具破碎工作面上的岩石,形成所需形状的隧道,并同时将破碎下来的岩块运走,实现落、装、运一体化。盾构法是一种集开挖、支护、衬砌等多种作业于一体的大型隧道施工方法,即用钢板做成圆筒形的结构,在开挖隧道时,作临时支护,在筒形结构内安装开挖、运渣、拼装隧道衬砌的机械及动力站等装置。其施工程序是:在盾构前部壳下挖土,在挖土的同时,用千斤顶向前顶进盾体,顶到一定长度后,再在盾尾拼装预制好的衬砌块,并以此作为下次顶进的基础,继续挖土顶进。盾构法也是目前世界上修建隧道最先进的施工方法之一。

一 凿岩机

1 凿岩机的工作原理

钻爆法掘进巷道时,首先在工作面岩壁上钻凿出许多直径 34~42mm、深度 1.5~2.5m 的炮眼,然后在炮眼内装入炸药进行爆破。凿岩机就是一种在岩壁上钻凿炮眼用的钻眼机械,或称钻眼机具。凿岩机是按冲击破碎岩石的原理进行工作的,如图 3-15 所示。

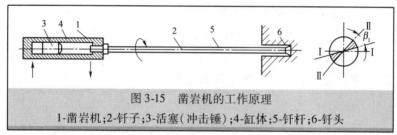

图 3-15 凿岩机的工作原理
1-凿岩机;2-钎子;3-活塞(冲击锤);4-缸体;5-钎杆;6-钎头

凿岩机本身由冲击机构、转钎机构、除粉机构等组成。冲击机构是一个在缸体 4 内做往复运动的活塞(冲击锤)3,在气压力或液压力作用下,活塞不断冲击钎子 2 的钎杆 5 的尾端;每冲击一次,钎子的钎头 6 的钎刃凿入岩石一定深度,形成一道凹痕 I—I,凹痕处岩石被粉碎。活塞返回行程时,在凿岩机的转钎机构(图中未表示)作用下,钎子回转一定角度 β_1,然后活塞再次冲击钎尾,又使钎刃在岩石上形成第二道凹痕 II—II。同时,相邻凹痕间的两块扇形面积的岩石被剪切下来。凿岩机以很高的频率(≥1 800 次/min)使活塞不断冲击钎尾,并使钎子不断回转,这样就在岩石上形成直径等于钎刃长度的钻孔。

随着钎子不断向前钻进,岩孔内的岩粉需不断地被及时清除,以防止钎头被卡住导致凿岩机不能正常工作。为此,凿岩机设有除粉机构,一般靠压力水经钎子中心孔进入孔底,将岩粉变成泥浆从岩孔排出,这样既能清除岩粉,又能冷却钎头。

2 钎子

钎子结构如图 3-16 所示。它由钎头 2、钎杆 1 两部分组成。钎杆与钎头连接方式有两种:一种是锥面摩擦连接(锥角 3.5°),另一种是螺纹连接。目前广泛采用前一种连接方式。因为锥形连接加工简单、拆装方便,只要锥面接触紧密,钎头和钎杆就不会轻易脱落。

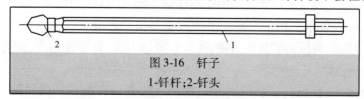

图 3-16 钎子
1-钎杆;2-钎头

钎头按刃口形状不同,可分为一字形、十字形和 X 形等,其中最常用的是一字形钎头。一字形钎头的主要优点是凿岩速度快和容易修磨,但在有裂隙的岩石中钎子易被夹住。

③ 凿岩机的种类

凿岩机的种类很多,按所用动力可分为气动、电动、内燃和液压四类。气动凿岩机工作较可靠,但需要辅助压气设备。电动凿岩机应用普遍,但工作可靠性有待再提高。内燃凿岩机需要解决废气净化等问题。液压凿岩机的效率较高,是最有发展前途的凿岩机械,我国正在推广使用。

凿岩机按支承和推进方式可分为手持式、气腿式、伸缩式和导轨式。

④ 气动凿岩机

气动凿岩机广泛用于隧道掘进,其外形如图 3-17 所示。它主要由钎子 1、凿岩机 2、注油器 3、水管 4、风管 5 和气腿 6 所组成。钎子 1 的尾端装入凿岩机 2 的机头钎套内,注油器 3 连接在风管 5 上,使压气中混有油雾,对凿岩机内零件进行润滑,水管 4 供给清除岩粉用的水,气腿 6 支撑着凿岩机并给以工作所需的推进力。

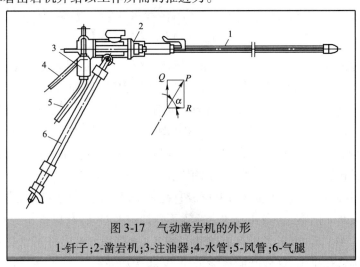

图 3-17 气动凿岩机的外形
1-钎子;2-凿岩机;3-注油器;4-水管;5-风管;6-气腿

⑤ 液压凿岩机

液压凿岩机是在气动凿岩机的基础上发展起来的一种凿岩机。它以高压液体为动力,推动活塞在缸体内往复运动,冲击钎杆能克服气动凿岩机存在的问题和缺陷。与气动凿岩机相比,液压凿岩机具有以下优点:

(1)动力消耗少,能量利用率高。由于高压油工作压力可达 10MPa,是气动凿岩机的 20 倍以上,其能量利用率可达 30% ~ 40%,而气动凿岩机只有 10%。

(2)凿岩速度高,液压凿岩机冲击功、转矩和推进力大,钎子转速高,钻孔速度约为气动凿岩机的 2.5 ~ 3 倍。

(3)作业条件好,液压凿岩机没有排气噪声污染和油雾造成的大气污染,改善了作业环境。

（4）液压凿岩机的运动件都在油液中工作，润滑条件好。

（5）操作方便，适应性强，液压凿岩机调速换向方便，易于实现自动化，对不同的岩石都具有良好的性能。

二 凿岩台车

凿岩台车是从20世纪70年代发展起来的一种钻孔设备。它是将一台或数台高效能的凿岩机连同推进装置一起安装在钻臂导轨上，并配以行走机构，使凿岩作业实现机械化。和凿岩机相比，凿岩台车工效可以提高2~4倍，而且可以改善劳动条件，减轻工人的劳动强度。

凿岩台车按钻臂多少，可分为双臂、三臂和多臂式；按行走机构分为轨轮式、轮胎式和履带式。凿岩台车的控制有液压控制、压气控制和液压与压气联合控制三种。

现以CTJ-3型凿岩台车为例，说明凿岩台车的结构。

CTJ-3型凿岩台车的结构如图3-18所示。主要由推进器1、两侧相同的两个侧支臂2、一个中间支臂4、凿岩机3、轮胎行走机构6以及压气、液压和供水系统组成。

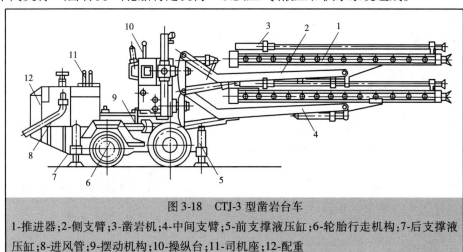

图3-18　CTJ-3型凿岩台车
1-推进器；2-侧支臂；3-凿岩机；4-中间支臂；5-前支撑液压缸；6-轮胎行走机构；7-后支撑液压缸；8-进风管；9-摆动机构；10-操纵台；11-司机座；12-配重

凿岩台车的推进器1是导轨式凿岩机的轨道，并给凿岩机以工作所需的轴向推进力。钻臂是凿岩台车的主要部件，它的作用是支承推进器和凿岩机，并可调整推进器的方位，使之可在全工作面范围内进行凿岩。另外，利用摆动机构9还可以使各钻臂水平摆动，使凿岩机可以在隧道的转弯处进行凿岩作业。三个钻臂的回转机构通过摆动机构9与行走车架相连，凿岩台车用四个充气胶轮行走，前轮是主动轮，后轮是转向轮。前轮由活塞式风动马达经三级齿轮减速器驱动。台车后部设有配重12以保持稳定。当凿岩台车工作时，利用支撑液压缸5、7撑在底板上，使车轮离开底板，以增加机器工作的稳定性。整个凿岩台车的动力是压缩空气，一台活塞式风动马达带动一台单级叶片泵为所有液压缸提供压力油。

三 掘进机

随着隧道工作面机械化程度的提高,掘进速度大大加快,隧道掘进和工作面的准备工作也必须相应加快。只靠钻爆法掘进隧道已满足不了要求,采用掘进机法,使破碎岩石、装载运输、喷雾灭尘等工序同时进行,是提高掘进速度的一项有效措施。与钻爆法相比,掘进机法掘进隧道具有以下优点:

(1)速度快、成本低。用掘进机掘进隧道,可以使掘进速度提高 1~1.5 倍,工作效率平均提高 1~2 倍,进尺成本降低 30%~50%。

(2)安全性好。由于不需打眼放炮,围岩不易被破坏,既有利于隧道支护,又可减少冒顶等突发危险,大大提高了工作面的安全性。

(3)工程量小。利用钻爆法,隧道的超挖量可达 20%,利用掘进机法,隧道超挖量可小到 5%,从而大大减少了支护作业的充填量,减少了工程量,降低了成本,提高了速度。

(4)劳动条件好。改善了劳动条件,减少笨重的体力劳动。

按照工作机构切割工作面的方式,掘进机可分为部分断面隧道掘进机和全断面隧道掘进机两大类。部分断面隧道掘进机主要用于软岩和中硬岩隧道的掘进,其工作机构一般是由一悬臂及安装在悬臂上的截割头所组成,工作时,经过工作机构上下左右摆动,逐步完成全断面岩石的破碎。全断面隧道掘进机主要用于掘进坚硬岩石隧道,其工作机构沿整个工作面同时进行破碎岩石并连续推进。

1 部分断面隧道掘进机

由于部分断面隧道掘进机具有掘进速度快、生产效率高、适应性强、操作方便等优点,目前在隧道掘进工作中得到广泛的应用。下面以 ELMB 型隧道掘进机为例,说明断面隧道掘进机的结构和工作方式。

ELMB 型隧道掘进机的结构如图 3-19 所示,它主要由截割头 1、悬臂 2、装运机构 3、行走机构 4、液压泵站 5、皮带转载机 10 和若干液压缸等组成。

机器工作时,开动行走机构使机器移近工作面,截割头 1 接触岩壁时停止前进,开动截割头并摆动到工作面左下角,在伸缩液压缸 7 的作用下钻入岩壁,当截割头轴向推进 500mm(伸缩液压缸的最大行程)时,使截割头水平摆动到隧道右端,这时在底部开出一深 500mm 的底槽,然后再使截割头向上摆动一截割头直径的距离后向左水平摆动。如此循环工作,最后形成所需断面,如图 3-20 所示。这种掘进机能掘出任意形状的隧道断面。这里截割头的左右上下摆动是形成连续破碎的必不可少的重要条件。截割头破碎下来的岩块,由蟹爪装载机的两个蟹爪扒入刮板输送机,再经连在后部的皮带转载机 10 卸入矿车或其他运输设备中。

2 全断面隧道掘进机

全断面隧道掘进机是一种全断面岩石掘进机械,主要用于水利工程、铁路隧道、城市地下交通和矿山等部门。

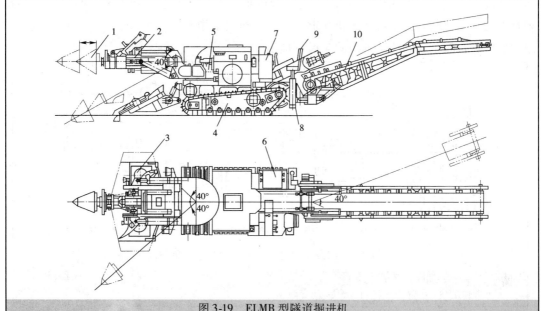

图 3-19　ELMB 型隧道掘进机
1-截割头;2-悬臂;3-装运机构;4-行走机构;5-液压泵站;6-电气箱;7-伸缩液压缸;8-支承液压缸;9-驾驶室;10-皮带转载机

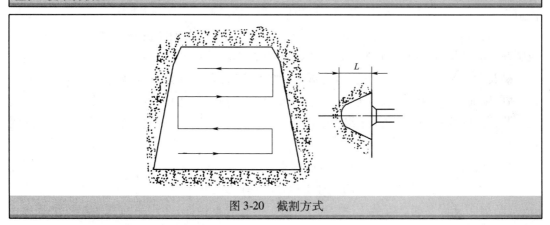

图 3-20　截割方式

（1）全断面隧道掘进机的工作原理

岩石掘进机是在坚硬度系数 8～12 以上的条件下破碎岩石,岩石的抗压强度高达 200MPa,岩石掘进机一般采用盘形滚刀破岩。在驱动刀盘运动时,安装在刀盘心轴上的盘形滚刀沿岩壁表面滚动,液压缸将刀盘压向岩壁,从而使滚刀刃面将岩石压碎而切入岩体中。刀盘上的滚刀在岩壁表面挤压出同心凹槽,凹槽达到一定深度时,相邻两凹槽间的岩石被滚刀剪切成片状碎片剥落下来。在岩渣中,片状碎片约占 80%～90%,而岩粉的含量较少。

（2）全断面隧道掘进机的结构

TBM32 型全断面隧道掘进机的总体结构如图 3-21 所示。

刀盘 1 在传动装置 3 的驱动下低速转动,刀盘支承在机头架 2 的大型组合轴承上。掘进机工作时,水平支撑机构 5 撑紧在隧道的两边,铰接在机头架和水平支撑机构间的推进液压缸 4 以水平支撑为支承推动机头架,使刀盘迈步式推进。被滚刀剥落下来的岩渣由装在刀盘上的铲斗铲起装到皮带转载机 9 上。矿渣在运出工作面后,卸入矿车或其他转载设备。滚刀破碎岩石时生成的粉尘则由除尘风机抽出。

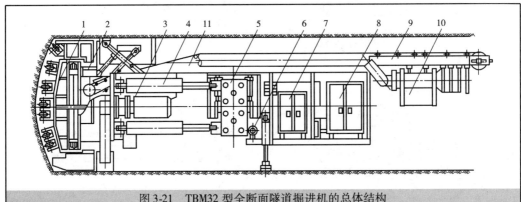

图 3-21　TBM32 型全断面隧道掘进机的总体结构

1-刀盘;2-机头架;3-传动装置;4-推进液压缸;5-水平支撑机构;6-液压传动装置;7-电气设备;8-驾驶室;9-皮带转载机;10-除尘风机;11-大梁

四 盾构机

盾构机是一种集开挖、支护、衬砌等多种作业于一体的大型隧道施工机械,即用钢板做成圆筒形的结构,在开挖隧道时,作临时支护,在筒形结构内安装开挖、运渣、拼装隧道衬砌的机械及动力站等装置。使用盾构机械来建筑隧道的方法称为盾构施工法。其施工程序是:在盾构前部壳下挖土,在挖土的同时,用千斤顶向前顶进盾体,顶到一定长度后,再在盾尾拼装预制好的衬砌块,并以此作为下次顶进的基础,继续挖土顶进。在挖土的同时,还需将土屑运出盾构。

采用盾构施工时,应考虑下面几方面因素。

(1)地质条件。除岩石以外的各种土质,无论有无地下水均能采用。

(2)覆盖土层要深。覆盖土层要有 1～1.5 倍盾构直径深,要避免与其他建筑物基础相互干扰。

(3)断面要大。由于盾构内部设备多,断面尺寸过小则操作不便,因此,一般断面直径多在 4m 以上。

(4)电源问题。无论是电驱动还是液压驱动,都需大量的电能。

(5)远离主要建筑物。盾构施工时,如果灌浆不良,可能发生地表沉陷,因此,要远离重要建筑物。

(6)水源。泥水加压式盾构需要在一定的水压下掘进,故要有可靠的水源。

(7)施工段要长。盾构安装一次非常麻烦,从经济角度考虑,一般施工隧道在 1～2km 以上才合算。

1 机械化盾构的特点和几种施工法的适用范围

(1)机械化盾构的特点

①工效高,工期短。日掘进能力与人工掘进相比较,砂质土壤为2倍,砂和亚黏土为3~5倍,黏性土为5~8倍。

②减少塌方,使生产安全。

③降低成本,经济性明显。

④能随土层地质的变化,改变掘进方法。

⑤造价高,其中任何一部分机械出现故障,就得全部停工。

⑥掌子面局部塌方,发现不及时会引起沉陷,造成局部超挖和增大加固的难度。

⑦设计制造工期长,刀具磨损更换难。

(2)几种盾构法的适用范围

①切削轮式盾构。用主轴旋转驱动切削轮挖土,随切削轮旋转的周边铲斗将挖下的土屑倾落于皮带输送机上,运输机将土运到盾构后部的运土斗车里,再由牵引车运往洞外。同时,推进千斤顶将盾构不断推进,当推进到一个衬砌管片宽度后,立即进行逐片拼装管片的拼装,整圈衬砌拼装完后,再开始继续挖土和盾构顶进,如图3-22所示。

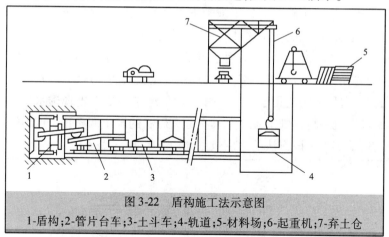

图3-22 盾构施工法示意图
1-盾构;2-管片台车;3-土斗车;4-轨道;5-材料场;6-起重机;7-弃土仓

②气压式盾构。图3-23为气压式盾构施工图。为了防止掌子面坍塌,将工作面密封在一定气压下,阻止地下水外流,以利于挖土。在较大的砂砾层地质中,使用气压是无效的。

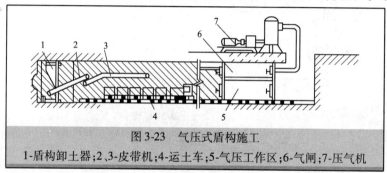

图3-23 气压式盾构施工
1-盾构卸土器;2,3-皮带机;4-运土车;5-气压工作区;6-气闸;7-压气机

③泥水加压式盾构。在盾构前部设置一个密封区,注入一定压力的泥浆水,以平衡地下水压力,阻止地下水流出,防止塌方,如图3-24所示。密封区里有切削轮或者其他切削机具,还有泥浆搅拌器和泥浆泵吸头。由切削轮旋转切碎进入盾构内的土壤,切削下的泥土与灌入压力泥水,由搅拌器搅成泥浆,经排泥管输运至地面。盾构的顶进、衬砌管片的安装与上面一样。

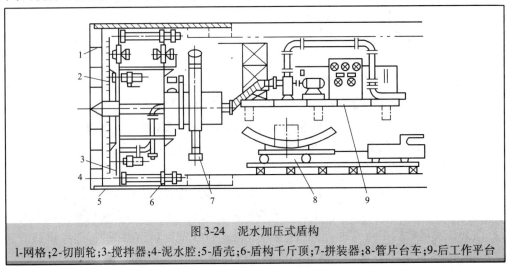

图3-24 泥水加压式盾构
1-网格;2-切削轮;3-搅拌器;4-泥水腔;5-盾壳;6-盾构千斤顶;7-拼装器;8-管片台车;9-后工作平台

泥水加压式盾构适用于软弱的地层或地下水位高,带水砂层、亚黏土、砂质亚黏土及流动性高的土质,冲击层、洪积层使用该种施工法效果尤为显著。

④土压平衡式盾构。图3-25所示为土压平衡式盾构。在螺旋输送机和切削轮架内充满着土砂,利用螺旋的回转力压缩土壤,形成具有一定压力的连续防水壁,抵抗地下水压力,阻止流水和塌方。这种方法适用于亚黏土和黏性土地层。如果出现透水性大的砂土、砂砾土层,可在螺旋输送机卸料口处加装一个具有分离砾石的卸土调整槽,向槽内注入压力水以平衡地层水压,这就扩大了该方法的适用范围。

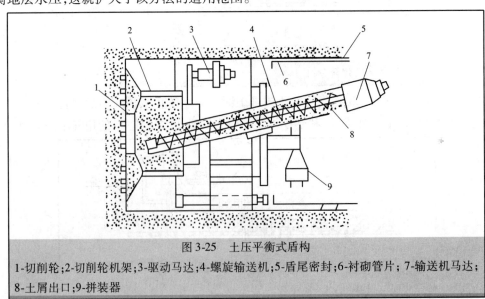

图3-25 土压平衡式盾构
1-切削轮;2-切削轮机架;3-驱动马达;4-螺旋输送机;5-盾尾密封;6-衬砌管片;7-输送机马达;8-土屑出口;9-拼装器

❷ 机械化盾构的主要结构及功能

机械化盾构有多种形式,按切削机构划分,有切削轮式、挖掘式、铣削臂式等;按切削方式区分,有旋转切削式和网格切削式等。不论是何种形式,都由以下几部分组成,即切削机构、盾壳、动力装置、拼装机、推进装置、出料装置和控制设备等。

单元小结

1. 空气压缩机、破碎机械和隧道掘进机的主要类型和结构特点。
2. 空气压缩机、破碎机械和隧道掘进机工作装置的基本工作原理。
3. 石方工程机械的施工作业方式。
4. 石方工程机械的主要生产率计算。
5. 空气压缩机、破碎机械和隧道掘进机的选用与使用。

自我检测

一、问答题

1. 空气压缩机简称空压机,是一种以_____或_____作为动力,将自由空气压缩成高压空气的机械。
2. 空压机气压自动调节装置一般由_____、_____和调速器三部分组成。
3. 常用的破碎机有_____式破碎机、_____式破碎机、辊式破碎机、锤式破碎机、反击式破碎机及联合碎石设备等类型。
4. 颚式破碎机主要可分为_____摆动式和_____摆动式两种形式。
5. 隧道掘进有_____法、_____法和_____法三种方法。
6. 盾构掘进机是一种集_____、_____、衬砌等多种作业于一体的大型隧道施工机械。使用这种机械施工的方法称为_____。
7. 凿岩机本身由_____机构、_____机构、_____机构等组成。
8. 凿岩台车按钻臂多少,可分为_____臂、_____臂和_____臂式。

二、选择题

1. 压缩空气是驱动各种风动工具的动力源,作为风动工具、凿岩机、风镐、气动扳手、气动喷砂等工具或设备的空气动力。因此,有时又将空气压缩机称为_____。
   A. 动力装置　　B. 控制装置　　C. 运动装置　　D. 工作装置
2. 柴油机产生的动力通过_____传给空压机,空压机产生的压缩空气送入储气筒内储存备用。
   A. 液力变矩器　B. 离合器　　　C. 变速器　　　D. 液压油缸
3. 双螺杆式空压机具有强制输气、运转平稳和效率高等优点。它的缺点是_____很大。

A. 工作重量　　B. 能量消耗　　C. 工作噪声　　D. 振动

4. 空气压缩机的选择主要依据气动系统的_____和_____。

　　A. 温度和压力　　　　　　B. 温度和流量

　　C. 通径和长度　　　　　　D. 工作压力和流量

5. 破碎机按给料粒度的大小在_____之间时，归为中碎破碎机。

　　A. 40～100mm 破碎至 10～30mm　　B. 100～350mm 破碎至 40～100mm

　　C. 500～1 500mm 破碎至 100～350mm

6. 当隧道长度与隧道断面直径之比超过_____时，采用掘进机开凿隧道是十分合算的。

　　A. 100　　　B. 300　　　C. 600　　　D. 1 000

7. 凿岩机设有除粉机构，一般靠_____经钎子中心孔进入孔底，将岩粉从岩孔排出，这样既能清除岩粉，又能冷却钎头。

　　A. 压缩空气　　B. 压力水　　C. 液压油

三、判断题

1. 由于活塞式空压机技术使用的年代已久，所以活塞式空压机将有被其他压缩机所取代的趋势。　　　　　　　　　　　　　　　　　　　　　　　　　　　　　（　　）

2. 反击式碎石机用于粗、中、细碎中等硬度以下坚硬性材料。　　　　　　（　　）

3. 复摆式颚式破碎机的动颚板每摆动一次，就卸料两次。　　　　　　　　（　　）

4. 掘进机是靠旋转并推进刀盘，通过盘形滚刀破碎岩石而使隧道全断面一次成形的机器。　　　　　　　　　　　　　　　　　　　　　　　　　　　　　　　（　　）

5. 气动凿岩机的效率较高，是最有发展前途的凿岩机械。　　　　　　　　（　　）

6. 部分断面隧道掘进机主要用于硬岩和中硬岩隧道的掘进。　　　　　　　（　　）

7. 土压平衡式盾构在螺旋输送机和切削轮架内充满着土砂，利用螺旋的回转力可压缩土壤，形成具有一定压力的连续防水壁，抵抗地下水压力，阻止流水和塌方。（　　）

四、问答题

1. 叙述空气压缩机的主要类型及结构特点。
2. 叙述破碎机械的特点及适用范围。
3. 现代隧道掘进主要有哪几种方法？各有何特点？
4. 如何进行石方工程机械的选用？

单元 4

压实机械施工

 学习目标

1. 认识静力式光轮压路机、轮胎压路机和振动压路机的主要类型和主要结构。

2. 能根据机械配套情况、压实作业项目、被压实材料特性和含水率选择压路机。

3. 能根据施工组织形式、工程质量要求、技术要求和作业内容选择压路机作业参数。

 学习指南

本单元将重点讲述压实机械施工的主要内容和方法。学习流程如下:

压实机械的认识 → 压路机的作业方式 → 压路机的生产率计算 → 压路机的选用方法

 教学建议

本单元的学习重点是压路机的作业方式、生产率计算、选型与使用方法。应结合压实工程施工实际,在了解压路机特点的基础上,能合理地组织压实工程的机械化施工。

某高速公路为沥青混凝土路面,下面层采用厚度为 7cm 的沥青混合料,中面层采用厚度为 6cm 的改性沥青混合料,路面宽度同下面层,总面积为 509 000m²,中面层沥青采用 SBS 改性沥青。工期为两个月。

在该高速公路压实施工中,路基压实用到的压实机械设备有静力式光轮压路机和单钢轮振动压路机,路面压实用到的压实机械设备有双钢轮振动压路机和轮胎压路机。

该工程承建公司在工程施工中主要使用的压实机械见表 4-1。

压实机械　　　　　　　　　　表 4-1

序号	机械设备名称	型号规格	单位	数量
1	光轮压路机	18t/21t	台	2
2	单钢轮振动压路机	YZ18	台	3
3	双钢轮振动压路机	YZC12	台	2
4	轮胎压路机	15t/26t	台	2

压实机械施工现场如图 4-1 所示。

图 4-1　压实机械施工现场
a)路基施工;b)路面施工

4.1 压路机的认识

在筑路工程和各种建筑工程中,采用专用的压实机械对其基础和路面进行压实是施工的关键工序之一。

压实机械可对路基、路面、河堤、石坝、围堰等的土壤、砂砾石、石渣基础及沥青混合料进行压实,以提高构筑物的强度、不透水性和稳定性,使之具有足够的承载力和平整表面,同时也可防止因受雨、水、风侵蚀而产生沉陷破坏。

压实机械按照压实力的作用原理可分为静作用碾压机械、振动碾压机械、夯实机械三类,如图 4-2 所示。

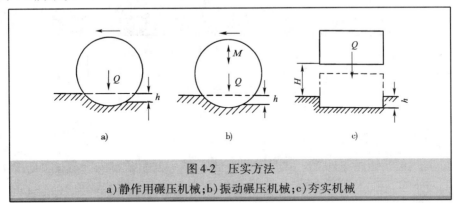

图 4-2　压实方法
a)静作用碾压机械；b)振动碾压机械；c)夯实机械

静作用碾压机械又称为静力式压路机,是依靠机械自重的静压力作用,利用滚轮在被压实表面往复滚动,使被压层产生一定程度的永久变形,达到压实的目的,如图 4-2a)所示。这类压实机械包括各种型号的静力式光轮压路机、轮胎压路机、羊脚压路机、凸块压路机及各种拖式压滚等。

振动碾压机械又称振动压路机,其滚轮沿被压实表面既作往复滚动,又以一定的频率和振幅振动,使被压层同时受到滚轮的静压力和振动力,压实材料的颗粒在振动力和静压力作用下发生振动位移而重新组合,使之提高密实度和稳定性,达到压实的目的,如图 4-2b)所示。

夯实机械是利用重物自一定高度 H 处落下产生的冲击力把材料压实,如图 4-2c)所示。

在筑路工程中,目前国内常用的主要是静力式光轮压路机、轮胎压路机和振动压路机等。

一　静力式光轮压路机

静力式光轮压路机是依靠自身重量对被压材料进行压实,它可以压实路基、路面、广场和其他各类工程的地基等。由于振动压路机的迅速发展,在地基、路基压实工程中静力式光轮压路机有被振动压路机逐步取代的趋势。

1　静力式光轮压路机的类型

常用的静力式光轮压路机有以下两种分类方法:

(1)按工作质量,静力式光轮压路机分为特轻型、轻型、中型、重型和特重型。工作质量为 0.5~2t 的为特轻型,工作质量为 2~5t 的为轻型,工作质量为 6~10t 的为中型,工作质量为 10~15t 的为重型,工作质量大于 15t 的为特重型。

（2）按滚轮及轮轴数目,静力式光轮压路机分为二轮二轴式、三轮二轴式和三轮三轴式,如图 4-3 所示。

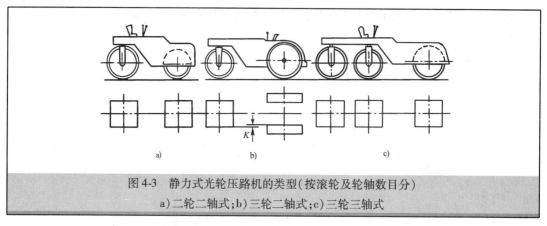

图 4-3　静力式光轮压路机的类型（按滚轮及轮轴数目分）
a）二轮二轴式；b）三轮二轴式；c）三轮三轴式

❷ 静力式光轮压路机的结构

静力式光轮压路机由发动机、传动系统、操纵系统、行驶系统和机架等组成。

（1）二轮二轴式压路机的结构

我国生产的二轮二轴式压路机如图 4-4 所示。目前国内生产的二轮二轴式压路机工作质量（不加载/加载）主要有 6t/8t、8t/10t 等规格。这种压路机的发动机和传动系统都装在由钢板和型钢焊成的罩壳（机架）内,罩壳的前端和后部分别支承在前后轮轴上,机架上面装有操纵台。

图 4-4　二轮二轴式压路机

二轮二轴式压路机的工作装置是前后滚轮。前轮为从动转向轮,露在机架外面。后轮为驱动轮,包在机架里面。前后轮都是由轮圈和钢板轮辐焊接而成。为了便于调节压路机的质量,滚轮做成中空的,轮内可灌砂子或水。

由于滚轮较宽,为了便于转向,减小转向阻力,一般把前轮分成两个完全相同的滚轮,分别用轴承支承在转向轮轴上。为了润滑轴承,在轮轴外装有储油管,以便加注润滑脂,润滑脂每年加一次。

后轮的结构形状及尺寸与前轮基本相同,不同的仅在于它是一个整体,并装有最终传动装置的从动大齿轮。

压路机在压实时是靠滚轮前进、后退,反复滚动而实现的。为了提高压路机的压实质量,保证压路机迅速而平稳地换向,压路机的传动系统中增设了换向机构来满足这一要求。

压路机前轮质量较大,转向阻力大,一般压路机的转向系统采用液压转向或液压助力转向。

(2)三轮二轴式压路机的结构

我国生产的三轮二轴式压路机如图 4-5 所示。

三轮二轴式压路机工作质量(最小/最大)主要有 6t/8t、18t/21t、21t/25t 等规格。

三轮二轴式压路机与二轮二轴式压路机的主要区别是,三轮二轴式压路机具有两个装在同一根后轴上较窄而直径较大的后驱动轮;在传动系统中增加了一个带差速锁的差速器。差速器的作用是当压路机因两后轮的制造和装配误差造成滚动半径不同,路面的平整度以及在弯道上行驶时起差速作用。差速锁的作用是当一边驱动轮打滑时,联锁两驱动轮(失去差速作用),靠另一边不打滑的驱动轮仍能使压路机行驶。

图 4-5　三轮二轴式压路机

二　轮胎压路机

轮胎压路机是一种靠机械自身的重力,通过特制的充气轮胎对铺层进行压实的机械。它除有垂直压实力外,还有水平压实力。不但沿机械的行驶方向有水平压实力,沿机械的横向也有。由于压实力沿各个方向移动材料粒子,所以可得到最大的密实度。再加上胶轮的弹性所产生的"揉搓作用"和在同一地点作用时间长,结果产生了极好的压实效果。另外,轮胎压路机还有可增减配重、改变轮胎充气压力的特点,这样更有利于对各种材料的压实。

轮胎压路机主要适合于路面工程中各种黏性和非黏性材料,如沙土、碎石、稳定土、沥青混凝土、干硬性混凝土等材料的压实,不仅广泛用于压实各类建筑基础、路基和路面,而且更有益于压实沥青混凝土路面,尤其适宜于高等级公路的沥青面层的最终处理,是建设高等级公路、机场、市政工程及工业场地的高性能压实设备。

轮胎压路机结构复杂,调整困难,制造与使用成本高。轮胎压路机总体结构如图 4-6 所示,主要由发动机、传动系统、操纵系统和行走部分等组成。轮胎压路机工作质量(最小/最大)主要有 9t/16t、11t/20t、15t/26t、15t/30t、30t/35t 等规格。

图 4-6　轮胎压路机

轮胎压路机的工作装置是光面轮胎,一般采用前后轮交错布置,即前后轮分别并列成一排,前后轮轮迹相互错开,由后轮压实前轮的漏压部分。压路机前轮为转向轮,后轮为驱动轮,一般驱动轮比转向轮多一个车轮。轮胎是由耐热、耐油橡胶制成的无花纹(或细花纹)光面轮胎,保证了作业面的平整度。

轮胎压路机还装有洒水装置和轮胎气压调整装置两种设备。

洒水装置是在压实路面时,可向前、后轮面洒水,防止结合料黏附在胎面上。洒水装置的水箱容积较大,加水后还可充当配重。

轮胎气压调整装置的作用是根据工作的需要,及时调整轮胎气压,以获得不同的接地压力。轮胎气压调整是由制动系中的储气筒接出一根软管来完成的。

《公路沥青路面施工技术规范》(JTG F40—2004)中要求:密级配沥青混凝土的复压宜优先采用重型轮胎压路机进行搓揉碾压,以增加密水性,其总质量不宜小于25t,吨位不足时可附加重物,使每个轮胎的压力不小于15kN,冷态时的轮胎充气压力不小于0.55MPa,轮胎发热后不小于0.6MPa,且各个轮胎的气压大体相同。相邻碾压带应重叠1/3~1/2的碾压轮宽度,碾压至要求的压实度。

三 振动压路机

振动压路机因其具有压实效果好、生产率高和节省能源等优点,在高等级公路的路基路面的压实作业中得到广泛应用。

1 振动压路机的类型

振动压路机可以按照工作质量、行驶方式、振动轮结构等进行分类。

(1)按工作质量,振动压路机分为轻型、小型、中型、重型和超重型。工作质量小于1t的为轻型,工作质量为1~4t的为小型,工作质量为5~8t的为中型,工作质量为10~14t的为重型,工作质量为16~25t的为超重型。

(2)按行驶方式,分为拖式和自行式两类。

拖式振动压路机一般由履带拖拉机牵引作业,但它装有专用柴油机来驱动振动机构。自行式振动压路机一般有如图4-7所示的单钢轮振动压路机和如图4-8所示的双钢轮振动压路机两种。

单钢轮振动压路机主要适合于基础层、次基础层及填方的砾石、碎石、砂石混合料,沙性土壤和岩石填方等非黏性材料的压实,其工作质量主要有10t、12t、14t、16t、18t、20t、22t、26t、28t等规格。单钢轮振动压路机的行走驱动采用机械驱动和液压驱动两种方式。

双钢轮振动压路机主要适合于路面工程的各类稳定土,沥青混凝土,干硬性混凝土等材料的压实,也可用于路基工程作业,其工作质量主要有8t、10t、12t、14t等规格。双钢轮振动压路机的行走驱动主要采用液压驱动的方式。

(3)按振动轮的结构,可分为振动压路机和振荡压路机。

单元 4　压实机械施工

图 4-7　单钢轮振动压路机

图 4-8　双钢轮振动压路机

2　自行式振动压路机的结构

自行式振动压路机一般由发动机、传动系统、操纵系统、行走装置（振动轮和驱动轮）以及车架（整体式和铰接式）等组成。

振动压路机的振动轮按结构不同，可分为偏心块式和偏心轴式两种。调整偏心块、偏心轴的偏心质量大小或偏心质量分布，可以改变振动轮激振力及振幅的大小，以压实不同类型的材料。而振动轮的振动频率调节是通过改变振动轴的转速来实现的。

如图 4-9 所示，振动压路机振动轮中的振动轴在液压马达的驱动下高速旋转时，带动两个激振室中的偏心块旋转，使偏心块的偏心质量产生离心力（即激振力）来振动，从而使振动轮以一定的频率和振幅振动。振动轮和振动轴各自独立转动，互不干涉。

振荡压路机振荡轮工作示意图如图 4-10 所示。

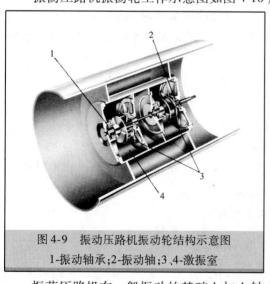

图 4-9　振动压路机振动轮结构示意图
1-振动轴承；2-振动轴；3、4-激振室

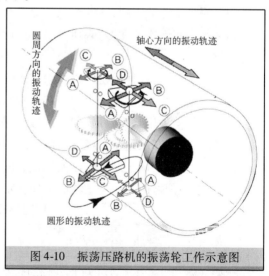

图 4-10　振荡压路机的振荡轮工作示意图

振荡压路机在一般振动的基础上加上轴心方向的振动，产生水平振荡。由两种钢轮振动（圆轴以及轴心）合成，两根偏心轴同步旋转产生相互平行的偏心力，形成交变转矩使滚筒产生振荡，形成在前后方向呈现细长的椭圆形轨迹的振荡运动。它的特点是减少对路面（骨

材)的击打,对周围的环境可以减低振动时发出的噪声,以及可以减少对周围建筑物的影响,并有效地防止路面(骨材)的开裂。

4.2 压路机的作业方式

一 路基压实施工作业

路基是道路的基础,它是在天然地面上,利用土方施工机械挖、填,并经整平、压实后形成的具有足够强度和稳定性的线形道路基础。路基的修筑材料多为就地取材,以石块和自然黏土为主。施工方法以挖、铲、运、填、平、压为主,工艺并不复杂,但土方工程作业量大,其投资比例占总投资额的50%~60%,路基是公路工程的基础,路基的强度和稳定性将直接影响路面的使用寿命。

为了提高土体的密度,降低填土的透水性,防止水分的聚集和对路基的侵蚀,避免土基软化和冻胀引起不均匀变形,必须对路基进行有效压实,以提高其对外荷载和对自然因素影响的抵抗力。

对于土质路基,各种类型压路机均有较好的适应性。对于石质路基,以选用重型振动压路机进行振动压实为宜,而静力式压路机对石质路基的压实效果不理想。

无论选用何种压路机碾压路基,一般都是采用在整个路基宽度上按规定的碾压带顺序进行碾压的方式,即从路基边缘逐渐向中间重叠碾压,两条碾压带应相互重叠20~30cm。

压路机选型后,确定适宜的压实厚度,还要测定土壤的含水率,含水率应控制在最佳含水率的±2%范围之内。各类土壤的最佳含水率如表4-2所示。

几种土的最佳含水率　　　　　　　　　　表4-2

土的类别	砂土	亚砂土	粉土	粉质亚黏土	亚黏土	重亚黏土	黏土
最佳含水率(%)	8~12	9~15	16-22	18~21	12~15	16~20	19~23

路基碾压前应确定和调整好压路机的作业参数,并按初压、复压和终压三个步骤进行。如果采用振动压路机或羊脚(凸块)压路机进行分层压实时,由于表层存在松散现象,因

此可将各分层表层 10cm 左右厚度作为下一铺筑层范围进行压实,这样就可使相邻铺层结合更为紧密。

二 道路基层的压实施工作业

基层是路面的直接基础。基层的修筑质量对路面的强度、使用质量和使用寿命有直接的影响。基层首先应具有足够的强度和刚度,在行车载荷的反复作用下,不产生残余变形,不出现剪切和弯拉破坏;其次应具有足够的水稳定性和平整度,防止水分侵入基层深处,保证上基层、底基层、路基的强度稳定性和路面的平整性。

1 水泥稳定土基层的压实

水泥稳定土指在松散的碎土中掺入一定量的水泥和水,经拌和、压实和养生后得到的具有一定抗压强度的混合料。

水泥稳定土的碾压应在混合料拌和均匀并用平地机初平和整形之后进行。当混合料在路段上粗略铺平后,应先用轮胎压路机或拖拉机、平地机快速碾压一遍,在暴露出铺筑层潜在的不平整后,应快速进行整平,直至符合平整度要求为止。整形应达到断面和坡度的设计要求。

基层经过整形后,用 12t 以上的三轮光面压路机、重型轮胎压路机或振动压路机,在路基全宽范围内进行碾压。在直线段,应由两侧路肩向路中心碾压;在曲线段,应由内侧路肩向外侧路肩碾压。碾压时,重叠宽度为后轮宽度的 1/2,稳定层的边部及路肩应多压 2~3 遍,当含水率为最佳含水率(最多不超过最佳含水率的 1%~2%)时,应碾压 6 遍以上,头两遍碾压速度为 1.5~1.7km/h,以后几遍则为 2~2.5km/h。

实践证明,振动压路机对水泥稳定土碾压具有理想的压实效果。采用静线压力为 250N/m 的振动压路机碾压水泥稳定土基层,通常只需碾压 3~4 遍就能达到密实度的要求。选用振动压路机应优先选用双轮振动压路机,其频率可为 30~50Hz,振幅可为 0.4~1.0mm。

2 石灰稳定土基层的压实

石灰稳定土指在松散的碎土中掺入适量的石灰和水,经拌和、压实及养生后得到的具有一定抗压强度的混合料。

石灰稳定土密实度越高,强度增长越明显,其抗冻性与水稳性也越好,因此,对石灰稳定土基层必须充分压实。对石灰稳定土的强度和耐久性产生影响的因素还有养生条件,养生温度高,强度也高;环境温度过低,则强度增长缓慢。

碾压前需检查混合料的含水率。含水率为最佳含水率 ±1%~2% 时的碾压效果最好,含水率不足时应补充洒水,含水率过大时应翻晒。

摊铺和整形之后,先用拖拉机、6~8t 串联式压路机或轮胎压路机碾压 1~2 遍;然后再用 12t 以上的静力式光轮压路机进行碾压,直到混合料密实度达到 95%～98% 时为止。

若以石灰稳定土作为高等级路面的底基层时,水和石灰的含量应要求精确。碾压时不能采用重型静力压路机多次碾压,而应当使用高效振动压路机,先断开振动进行静压,再逐步进行振动压实,最后再断开振动进行静力压实。

③ 石灰稳定工业废渣基层的压实

石灰稳定工业废渣指将一定量的石灰、粉煤灰(或煤渣)与其他集料(或无其他集料)相混合,加入适量的水,经拌和、压实及养生后所得到的混合料。

石灰稳定工业废渣的密实度大小对强度影响很大,故在压实时宜采用较重的压路机进行碾压。通常先用中型压路机初压 3～4 遍后,再用重型压路机继续碾压 6～8 遍,直至达到要求的密实度为止。

④ 级配型集料基层的压实

级配型集料指由碎石、砾石或碎砾石按粒级大小混配而成的混合料。

采用级配型集料铺筑上基层和底基层,可获得理想的密实结构。密实度越高,其强度和稳定性也越高。

压实级配型集料,应按"先边后中、先慢后快"的原则,碾压 6～8 遍。采用振动压路机压实效果最佳。也可采用 12t 以上的静力光轮压路机,或重型轮胎压路机,或振动压路机与轮胎压路机一起碾压。

采用振动压路机碾压,一般先以静力碾压 1～2 遍,再以 30～50Hz 的频率和 0.6～0.8mm 的振幅进行振动压实。振动压实时,应严格控制碾压遍数,达到压实度标准后立即停止振动压实,一般碾压遍数为 3～5 遍,然后再以静力碾压 1～2 遍,消除表层松散。振动压实的碾压速度约为 3～6km/h。

静力式压路机初压时,碾压速度应为 1.5～2km/h,复压和终压时逐渐增大到 3～5km/h。

三 沥青路面的压实施工作业

沥青混合料的密实度越大,孔隙率就越小,其稳定度、抗拉强度和劲度就越大。因此,高密实度可使路面在使用过程中产生的压缩变形减小,抗疲劳寿命延长,且能长时间保持良好的平整度,从而使路面具有良好的使用效果和耐久性。而实现沥青路面的这些优良性能与采用科学合理的压实机械配置及碾压施工工艺密不可分。

通常,振动钢轮压路机的压实效果最好,但钢轮压路机容易压碎沥青混合料中的大集料并将裹覆在集料顶面的沥青膜磨掉;而轮胎压路机则不存在这些问题。因此,轮胎压路机是压实沥青面层不可缺少的机械,而且宜用 20～30t 的重型轮胎压路机。

沥青混合料的碾压通常分为初压、复压、终压。

(1)初压阶段。初压应在混合料摊铺后较高温度下进行,通常宜采用钢轮压路机静压

1~2遍。压路机的碾压长度在纵向呈阶梯形排列,相邻两段纵向接头重叠应为1.0~1.5m。对于双钢轮压路机,碾压左右轮迹重叠应在15cm以上,轮胎压路机碾压时,其左右轮迹重叠应为轮宽的1/2。

(2)复压阶段。复压应紧接在初压后进行.采用重型的轮胎压路机,也可采用振动压路机,碾压遍数应经试压后确定,不宜少于4~6遍。复压段的长度应比初压段长度长1.0~1.5m,再按阶梯碾压法依次进行。这样,缩短了初压停机位置的碾压时间,有利于路面平整度的提高。

(3)终压阶段。终压应紧接在复压后进行,可选用振动压路机碾压,不宜少于两遍。各碾压阶段的碾压温度及碾压速度见表4-3。

碾压温度及碾压速度表　　　　　　表4-3

碾压阶段	碾压温度(℃)	碾压速度(km/h)
初压	130~140	1.5~2.0
复压	≥110	3~4
终压	≥70	2~3

横向接缝是冷料和热料的结合,是施工控制的关键环节之一。横向接缝碾压不当,会造成材料推移,产生裂缝;同时接缝不顺,造成平整度降低。因此,施工时应按以下步骤进行。

(1)横接缝碾压首先用双钢轮压路机横向碾压,压路机应从冷路面上开始逐渐向热路面碾压,第一次压入新铺混合料层的宽度不超过20cm,直到压路机全部在新铺层上碾压为止。

(2)实行45°斜压。斜压从中间向两侧依次分开,重叠量要适当,约1/2轮宽。

(3)实施横压。压路机由冷路面逐渐过渡到整机在热路面上横压。

4.3 压路机的生产率

压路机的生产率计算有两种方法,一种是单位时间的压实土方量,即体积生产率;另一种是单位时间的压实面积,即面积生产率。

体积生产率通常适合对路堤、基层和底基层的压实生产率的计算。沥青路面的压实生产率通常按面积生产率进行计算。

此外,压路机工作效率的另一个重要参数是压实能力,压实能力是计算压路机数量配置的一项重要指标。

压路机沥青混合料压实能力计算如下：
$$Q_A = 1\,000VCWH\rho/n \tag{4-1}$$
式中：Q_A——压路机的压实能力（t/h）；

  V——碾压速度（km/h）；

  C——压实效率（即实际压实能力与理论压实能力的比值），在实际施工中，沥青混合料取 0.5～0.6，土方取 0.75；

  W——轮宽（m）；

  H——压实厚度（m）；

  ρ——沥青混合料的密度，一般取 2.3t/m³；

  n——压实遍数。

4.4 压路机的选用

一、压路机的选用

① 根据机械配套情况选择压路机

在选择压路机时，应考虑压路机与其他配套施工机械生产率之间的协调。

② 根据压实作业项目选择压路机

压实作业项目不同，选择的压路机的种类和规格也不同。

路基和底基层的压实多选用压实功率大的重型和超重型静力式压路机、振动压路机和凸块式压路机。这类重型压实机械的压实效果好，能有效排除铺层中的空气和多余的水分，将被压实层的固体颗粒嵌合楔紧，形成坚固稳定的整体，为上层打下高强度的基础。

进行路面压实作业时，多选用中型静力式压路机、振动压路机、轮胎压路机，这类中型压实机械既可获得表层的高密实度,又可达到路面平整度的要求。

❸ 根据被压实材料特性选择压路机

材料不同,其压实特性也不同,必须选择合适的压路机才能获得理想的压实效果。

砂土和粉土的黏结性差,水易侵入,不易被压实。一般不单独作道路铺筑材料,需要掺入黏土或其他材料改善处理后使用,并选用压实功率大的重型静力式压路机进行压实,不宜采用振动压路机和凸块式压路机进行压实。

黏土的黏结性好,含水率较多,压实时需要提供较大的作用力和较长的有效压实时间,一般选用凸块压路机和轮胎压路机进行压实。如果铺层较薄,则可选用超重型静力式光轮压路机,以较低的速度碾压,效果更佳。黏性土路基压实一般不选用振动压路机,因为振动压实易使土中水分析出,形成"弹簧"土,难以彻底压实。

介于砂土和黏土之间的各种砂性土、混合土有较好的压实特性,选用各类压路机进行压实,均能获得理想的压实效果。其中振动压路机具有较高的压实功能和作业效率。

对于碎石、砾石级配的铺筑层,宜选用振动压路机进行碾压。

对于沥青混合料,可选用静力式光轮压路机、振动压路机和轮胎压路机进行压实。当滚轮或轮胎施加于被压路面的接触压力接近但不超过被压层的强度时,可获得最佳压实效果,否则就不能得到合乎压实度和平整度要求的路面。由于沥青混合料的强度是随着碾压过程中的冷却及密实度的增大而提高,因此在使用压路机碾压时,必须换用不同结构质量的压路机,以适应沥青混合料强度提高之后增加接触压力的需要。

碾压不同料层的压路机机种配组参考表 4-4。

碾压不同料层的压路机机种选用 表 4-4

料层性质	常用机种
有机结合料稳定土	轮胎压路机或轮胎—光轮组合式压路机
碎石料层	10~15t 三轮二轴光轮压路机
沥青混合料	6~10t 二轮二轴光轮压路机、16t 轮胎—光轮组合式压路机或 20t 轮胎压路机
碎石沥青混合料	轮胎压路机或光轮压路机
乳化沥青混合料	轮胎压路机或二轮二轴光轮压路机

❹ 根据被压材料的含水率选择压路机

被压材料的含水率是影响压路机压实效果的重要因素。被压材料只有在最佳含水率状态下,才能得到最佳压实效果。一般情况下,自然土的含水率多接近最佳含水率。在施工现场,有时也可凭经验判断含水率,通常"手握成团,没有水痕,离地一米,落地散开",即说明土的含水率接近最佳含水率。

二 压路机作业参数的选择

为了提高压实质量,获得最佳的压实效果和作业效率,除了根据上述原则正确选择压路机外,还应根据施工组织形式、工程质量和技术要求、作业内容、压路机的性能,正确选择压路机的作业参数。

这些作业参数包括压路机的单位线压力、平均接地比压、碾压速度、碾压遍数、压实厚度、轮胎压路机的轮胎气压和振动压路机的振动频率、振幅和激振力等。

① 单位线压力

在选定具体机型时,其单位线压力不应超过碾压材料的强度极限,否则将引起土基破坏或石料的破碎。

② 碾压速度

压路机碾压速度的选择,受被压实材料的特性、压路机的压实功能、工程技术和质量要求,以及压实层厚度、作业效率等因素的影响。黏性土壤变形滞后现象明显,故碾压速度不宜过高。对铺筑层进行初压时,由于铺筑层变形大,压路机滚动阻力大,并且为使碾压作用传递深度大些,碾压速度也不宜过高。

一般,压路机进行初压作业时,静力式光轮压路机适宜的碾压速度为 1.5~2km/h,轮胎压路机碾压速度为 2.5~3km/h,振动压路机的碾压速度则为 3~4km/h。

随着碾压遍数的增加,压路机进行复压和终压作业时,静力式光轮压路机碾压速度可增加到 2~4km/h,轮胎压路机的碾压速度可增加到 3~5km/h,振动压路机的碾压速度可增加到 3~6km/h。

③ 碾压遍数

碾压遍数的确定应以达到规定的压实度为准。碾压遍数和土质、含水率、铺层厚度、机械种类及质量等有关。一般情况,压实路基和路面基层,碾压 6~8 遍;压实石料铺筑层为 6~10 遍;压实沥青混合料路面为 8~12 遍。如采用振动压路机进行碾压,碾压遍数则可相应减少。

④ 压实厚度

压实厚度指铺筑层压实后的实际厚度。压实厚度是靠铺筑层松铺厚度来保证的,其厚度关系为:

$$松铺厚度 = 压实厚度 \times 松铺系数$$

所谓松铺系数,指压实干密度与松铺干密度的比值,需要通过试验的方法确定。根据施工作业方式和土的特性,土的松铺系数一般为 1.3~1.6。

压实厚度的确定与压路机的压实能力和作用力的影响深度有关。由压路机作用力的最佳作用深度决定的各种类型压路机适宜的压实厚度见表4-5。

几种类型的压路机适宜的压实厚度　　　　　表4-5

压路机类型	适宜的压实厚度（cm）	碾压遍数	适应的土种类
8~10t 静力式光轮压路机	15~20	8~12	非黏性土
12~20t 静力式光轮压路机	20~25	6~8	非黏性土
9~20t 轮胎压路机	20~30	6~8	亚黏土、非黏性土
30~50t 拖式轮胎压路机	30~50	4~8	各类土
2~6t 拖式羊角压路机	20~30	6~10	黏性土
14t 拖式振动压路机	100~120	6~8	砂砾石、碎石
9~20t 振动压路机	50~100	4~6	非黏性土

5 频率和振幅

频率和振幅是振动压路机压实作业的重要性能参数。

频率指振动轮单位时间内振动的次数,单位为赫兹(Hz)。

振幅是激振时振动轮跳离地面的高度,单位为毫米(mm)。

频率高,被压层的表面平整度较好;振幅大,激振力就越大,压力波传播的深度也越大。振动压实时,频率和振幅必须合理组合、协调工作,才能获得最佳的压实效果。

振动压路机一般有两个振动频率可供选择,对于不同的材料特性有较合适的频率范围。当振动轮的频率接近材料的固有频率时,其内摩阻力可以减小60%以上,材料容易趋于稳定状态。经验表明,沥青混合料的振动频率为40~50Hz时有较好的压实效果(由于材料级配、沥青含量及温度有差异,会有些影响),而土壤和基层材料的压实频率最好在30Hz以下。

一般振动压路机均有多个振幅可供选用,对振幅的选择十分重要。振幅过小,压实深度小,压实效率低。有些较难压实的材料在振幅小时,很难达到要求的压实度,振幅太大又会把石料压碎。因此,对厚度小于10cm的沥青混凝土碾压时,应采用高频低幅的方式,对于厚度大于10cm的铺层,宜分层碾压。

单元小结

1. 静力式光轮压路机、轮胎压路机和振动压路机的主要类型和主要结构。
2. 振动压路机振动的基本工作原理。
3. 压路机的正确选择:
(1)根据机械配套情况正确选择压路机;
(2)根据压实作业项目正确选择压路机;
(3)根据被压实材料特性正确选择压路机;
(4)根据被压材料的含水率正确选择压路机。

4. 压实机械机种的选用。

5. 压路机作业参数的选择：

(1)单位线压力；

(2)碾压速度；

(3)碾压遍数；

(4)压实厚度；

(5)频率和振幅。

6. 压实施工作业：

(1)路基压实施工作业；

(2)道路基层的压实施工作业；

(3)沥青路面的压实施工作业。

自我检测

一、填空题

1. 静力式光轮压路机是依靠自身_____对被压材料进行_____。

2. 振动压路机滚轮沿被压实表面既作往复滚动，又以一定的_____和_____振动，使被压层同时受到滚轮的静压力和振动力。

3. 为便于调节光轮压路机的质量，滚轮常做成中空的，轮内可灌_____或_____。

4. 轮胎压路机除有_____压实力外，还有_____压实力。

5. 轮胎气压调整装置的作用是根据工作的需要，及时调整轮胎_____，以获得不同的接地压力。

6. 振动压路机的振动轮按结构不同，可分为_____式和_____式两种。

7. 轮胎压路机的轮胎是由耐_____、耐_____橡胶制成的无花纹(或细花纹)光面轮胎。

8. 振动压路机按振动轮的结构可分为_____压路机和_____压路机。

9. 路基碾压前应确定和调整好压路机的作业参数，并按_____压、_____压和_____压三个步骤进行。

10. 对于振动压路机来说，频率_____则被压层的表面平整度较好；振幅_____则激振力就越大。

二、选择题

1. 振动压路机振动轮中的振动轴在液压马达的驱动下高速旋转时，带动激振室中的偏心块旋转，使偏心块的偏心质量产生_____(即激振力)来振动，从而使振动轮以一定的频率和振幅振动。

A. 向心力　　　　B. 转矩　　　　C. 摩擦力　　　　D. 离心力

2. 振动压路机用来表示振动性能的两个主要参数是指_____和_____。

A. 速度和牵引力　　B. 功率和转速　　C. 振动频率和振幅　　D. 重量和尺寸

3. 下列压路机中,具有"揉搓作用"的压路机是＿＿＿＿。
   A. 单钢轮振动压路机   B. 双钢轮振动压路机
   C. 静力式光轮压路机   D. 轮胎压路机
4. 使用振动压路机时,应(　　)。
   A. 起步后起振   B. 起振后起步   C. 边起步边起振   D. 以上都可以
5. 压路机压实沥青路面时应先压(　　)。
   A. 路段   B. 横接缝   C. 纵接缝   D. 以上都可以
6. 选用振动压路机碾压地面时,应采用(　　)。
   A. 静力压实   B. 振动压实
   C. 先振动压实后静力压实   D. 先静力压实后振动压实
7. 采用振动压路机碾压厚铺层黏性土或粗粒土时,应选用(　　)进行振动。
   A. 高幅低频   B. 高幅高频   C. 低幅高频   D. 低幅低频

三、判断题

1. 三轮二轴式压路机差速器的作用是,当一边驱动轮打滑时,联锁两驱动轮,靠另一边不打滑的驱动轮仍能使压路机行驶。　　　　　　　　　　　　　　　　　(　　)
2. 轮胎压路机主要用于对路基的压实。　　　　　　　　　　　　　　　　(　　)
3. 轮胎压路机的轮胎表面都带有纹路,以增加地面的摩擦系数。　　　　　(　　)
4. 振动轮的振动频率调节是通过改变振动轴的转速来实现的。　　　　　　(　　)
5. 轮胎压路机洒水装置加水后可充当配重。　　　　　　　　　　　　　　(　　)
6. 当实际含水率比最佳含水率高2%～3%时,就不宜选用振动压路机进行压实。
   　　　　　　　　　　　　　　　　　　　　　　　　　　　　　　　(　　)
7. 压路机碾压黏性土壤时,碾压速度不宜过低。　　　　　　　　　　　　(　　)
8. 单轮驱动的自行式压路机,其驱动轮的碾压力比从动轮的碾压力大。　　(　　)
9. 振动压路机的振动频率选择范围应为25～55Hz。　　　　　　　　　　(　　)
10. 复压的目的主要是为了提高被压层的平整度。　　　　　　　　　　　(　　)

四、问答题

1. 叙述振动压路机振动的工作原理。
2. 如何根据机械配套情况、压实作业项目、被压实材料特性和含水率选择压路机?
3. 如何根据施工组织形式、工程质量、技术要求和作业内容选择压路机作业参数?
4. 道路基层的压实施工作业有哪些碾压技术?
5. 沥青路面的初压、复压和终压有哪些注意事项?

单元 5

桥梁工程机械施工

 学习目标

1. 认识桩工机械、水泥混凝土机械、起重机械与架桥设备的类型、组成和结构特点。

2. 认识桩工机械、水泥混凝土机械、起重机械与架桥设备的选用与使用；了解此类机械施工作业方法和生产率计算。

3. 能根据使用技术和选用原则组织此类机械进行机械化施工。

 学习指南

本单元将重点讲述桥梁工程机械施工的主要内容和方法。学习流程如下：

桩工机械的认识及施工作业方法 → 水泥混凝土机械的认识、生产率计算及选用要求 → 起重机械与架桥设备的认识及施工作业应用

 教学建议

本单元的学习重点是桥梁工程机械的认识、施工作业方式及选用方法。其中，施工作业方式及选用方法应结合桥梁工程施工实际，在了解桥梁工程机械的特点基础上，能合理地组织桥梁工程机械化施工。

某特大桥桥长832m,分引桥、跨堤主桥、跨河主桥三部分。下部采用薄壁桥台、钢筋混凝土灌注桩基础。钻孔灌注桩直径为120mm,桩基长度在20m左右。桥桩基础采用两台旋挖钻机进行施工。

跨河主桥上部结构为3×40m一联的装配式部分预应力混凝土连续T梁,先简支安装,后现浇连续接头形成连续结构。该工程预制40m T形梁共72片,最大吊装质量112t。T梁梁高2.2m,底宽54cm,腹板厚度20cm,顶宽边梁195cm,中梁150cm。

在装配式简支梁桥的安装中,预制梁采用单导梁架桥机架设,预制梁在引桥桥头路基上施工,架梁前在桥前路基上铺设运梁车轨道至桥台,龙门吊将预制梁吊至运梁车上由轨道运输至架桥机后进行架设。

该桥梁的水泥混凝土浇筑施工中,采用水泥混凝土拌和机拌和水泥混凝土、水泥混凝土拌和输送车输送水泥混凝土、水泥混凝土泵车浇筑混凝土。

该桥梁的施工中分别用到的机械设备有:旋挖钻机等桩工机械,混凝土输送泵和混凝土泵车等水泥混凝土机械,以及龙门吊、单导梁架桥机等起重机械与架桥设备,见表5-1。

使用的桥梁工程施工机械　　　　　　　　　　　表5-1

序号	机械设备名称	单位	数量
1	旋挖钻机	台	2
2	水泥混凝土拌和输送车	台	4
3	水泥混凝土泵车	台	2
4	拖式混凝土泵	台	2
5	龙门吊	台	2
6	单导梁架桥机	台	2
7	汽车起重机	台	4

桥梁工程机械施工现场如图5-1所示。

图5-1　高速公路桥梁施工现场
a)桩基础施工;b)架梁施工

5.1 桩工机械

一 桩工机械的类型及结构特点

用于完成预制桩的打入、沉入、压入、拔出或灌注桩的成孔等作业的机械称为桩工机械。按其工作原理,分为打桩机、压桩机、振动沉桩机、灌注桩钻孔机等。桩工机械主要用于各种桩基础、地基改良加固、地下连续墙及其他特殊地基基础等工程的施工。由于要面对各种复杂的地质条件,因此,桩工机械是具有多品种、多规格型号、专用性较强、生产批量不大的一种施工建筑机械。

根据施工预制桩或灌注桩的不同,把桩工机械分为预制桩施工机械和灌注桩施工机械两大类。钻孔灌注桩技术由于其适用范围广、效率高、成本低廉等特点而在桩基础施工中得到非常广泛的应用。目前,我国已能批量生产柴油桩锤、液压打桩锤、振动桩锤、柴油锤桩架、振动沉拔桩架、压桩机、成孔机、地下连续墙成槽机、软地基加固机械及其配套设备共10个类组近20个系列约200多个型号规格的桩工机械产品。

桩工机械在城市建设、桥梁的各种桩基础施工中已占到95%的份额。其中旋挖钻机因其效率高、污染少、功能多等特点,在国内外的灌注桩施工中得到广泛应用,尤其在欧亚发达国家已成为大直径钻孔灌注桩施工的主力机型。

1 预制桩施工机械

施工预制桩主要有三种方法:打入法、振动法和压入法。

(1)打入法

打入法采用打桩机靠桩锤冲击桩头,在冲击瞬间,桩头受到一个很大的力,使桩贯入土中。打桩机由桩锤和桩架组成。打入法的桩锤有以下四种形式:

①落锤,是最古老的桩工机械,构造简单,使用方便,但贯入力低,生产效率低,对桩的损伤较大。

②柴油桩锤,其工作原理类似柴油机,是目前最常用的打桩设备,但公害(噪声及污染)较为严重。

③气动桩锤,过去以蒸汽为动力,当柴油桩锤发展起来后,被逐渐淘汰,现在以压缩空气为动力又获新生,而且向大型方向发展,以满足许多大型基础施工的要求。

④液压桩锤,是一种新型打桩机械,由液压缸提升或驱动锤体产生冲击力沉桩,它具有冲击频率高、冲击能量大、公害少等优点,但构造复杂,造价高。

(2)振动法

振动法采用振动沉拔桩机,靠振动桩锤使桩身产生高频振动,使桩尖处和桩身周围的阻力大大减小,桩在自重或稍加压力的作用下贯入土中。

(3)压入法

压入法采用静力压拔桩机对桩施加持续静压力,把桩压入土中。这种施工方法噪声极小,桩头不受损坏。但是压桩机本身比较笨重,组装、迁移都较困难。

除以上几种施工方法外,还有钻孔插入法、射水沉拔法和空心桩的挖土沉桩法等。

2 灌注桩施工机械

灌注桩的施工关键在成孔。成孔办法有挤土成孔法和取土成孔法。

(1)挤土成孔法

挤土成孔法是把一根钢管打入土中,至设计深度后将钢管拔出,即可成孔。这种施工方法中常用振动桩锤,因为振动桩锤既可将钢管打入,还可将钢管拔出。

(2)取土成孔法

取土成孔法主要采用的成孔机械有:全套管钻孔机、回转斗钻孔机、反循环钻孔机、螺旋钻孔机和钻扩机等。

对于桥梁基础施工,桥梁桩基础的分类及施工方法见表5-2。

桥梁桩基础的分类及施工方法 表5-2

名　称	分　类	施工方法	
桥梁桩基础	沉入桩	锤击法	
		振动法	
		静力压桩法	
		辅助沉桩法	
		沉管灌注法	射水辅助沉桩
			预钻孔辅助沉桩
	灌注桩	人工挖孔	
		机械成孔	螺旋钻机成孔法
			潜水钻机成孔法
			冲击钻机成孔法
			正循环回转法
			反循环回转法
			冲抓钻机成孔法
			旋转锥钻孔法

二 柴油打桩机

柴油打桩机由柴油桩锤和打桩架组成。柴油桩锤的主要工作参数是：冲击部分质量 w、行程 H、一次冲击最大能量 E 和每分钟冲击次数 n。安装在履带式打桩架上的筒式柴油桩锤的工作情况如图 5-2 所示。

履带式打桩架是在履带式底盘的基础上设计而成的。由于这种桩架的立柱是由两个斜撑（支撑在附加液压支腿横梁的球座上）和下部托架支持着，也称为三点式履带打桩架。这种打桩架的优点是稳定性好，承受横向载荷的能力大。由于斜撑是伸缩式的（用液压油缸调节），所以立柱可以倾斜，以适应打斜桩的需要。

打桩时，桩锤的冲击力通过桩帽传给桩。桩锤装在打桩架的立柱上。由起升机构提升和启动，桩锤启动后，起升机构松放，桩锤沿立柱将桩打入地下。

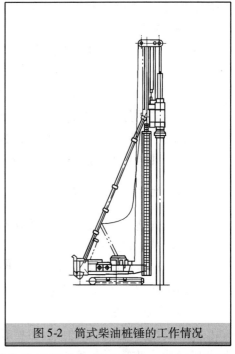

图 5-2　筒式柴油桩锤的工作情况

柴油桩锤是柴油打桩机的主要部件，按构造不同分为导杆式和筒式两种。导杆式构造简单，造价低，但打击效率不高；筒式柴油锤是目前广泛采用的打桩设备，我国已制定了柴油锤的系列标准。现在世界上最大型的柴油锤冲击部分质量达 15t，打下去的单桩承载力可达 10kN 以上。

柴油桩锤是靠活塞的往复运动产生冲击进行沉桩的。而活塞往复运动的能量来源是不断喷入的柴油。

三 振动沉拔桩机

振动沉拔桩机由振动桩锤和通用桩架或通用起重机械组成。振动桩锤利用机械振动法使桩沉入或拔出。振动桩锤按作用原理，分为振动式和振动冲击式；按动力装置与振动器连接方式，分为刚性式和柔性式；按振动频率的大小，分为低、中、高和超高频等。

由于振动桩锤是靠减小桩与土壤间摩擦力来达到沉桩的目的，所以在桩和土壤间摩擦力减小的情况下，可以用稍大于桩和锤重的力即可将桩拔起。因此，振动桩锤不仅适合于沉桩，而且适合于拔桩。沉桩、拔桩的效率都很高，故称这种桩机为振动沉拔桩机。

振动桩锤一般为电力驱动，因此必须有电源，且需要较大的容量。振动桩锤的优点是：工作时不损伤桩头；噪声小，不排出任何有害气体；使用方便，可不用设置导向桩架，用普通起重机吊装即可工作;不仅能施工预制桩,而且也适合施工灌注桩,所以应用也很广泛。

振动桩锤使桩身产生高频振动(频率一般为 700~1 800 次/min)并传给桩周围的土壤,在振动作用下破坏桩和土壤的黏结力,减小阻力使桩在自重作用下下沉。振动桩锤的主要工作装置是一个振动器,它是产生振动的振源。

机械式振动器由两根带有偏心块的高速轴组成。两轴的转向相反,转速相等。两根轴上的偏心块所产生的离心力,在水平方向上的分力互相抵消,而在其垂直方向上的分力则叠加起来,其合力称为激振力。激振力的方向是沿振动器两轴连线的垂直方向,大小随离心力与水平方向的夹角而变化。它通过轴承、机壳传给桩,使桩身沿其轴向产生强迫振动。

四 灌注桩成孔机械

1 挤土成孔设备

挤土成孔是把一根与孔径相同的钢管打入土中,然后把钢管拔出即可成孔。挤土成孔设备是由打桩架和振动桩锤组成。打、拔管通常是用振动桩锤,而且是采取边拔管边灌注混凝土的方法,这样大大提高了灌注质量。

振动灌注成孔桩的示意图如图 5-3 所示。在振动桩锤 1 的下部装有一根与桩径相同的桩管 4,桩管上部有一加混凝土的加料口 3,桩管下部为一活瓣桩尖 5。桩管就位后开始振动桩锤,使桩管沉入土中。这时活瓣桩尖由于受到端部土压力的作用,紧紧闭合。一般桩管较轻,所以常常要加压使桩管下沉到设计高程,如图 5-3b)所示。达到设计高程以后,根据要求可放钢筋笼,然后用上料斗6 将混凝土从加料口注入桩管内,如图 5-3c)所示。这时再启动振动桩锤,逐渐将桩管拔出。拔管时活瓣桩尖在混凝土重力的作用下打开,混凝土落入孔内,由于一面拔管一面振动,所以孔内混凝土浇筑得很密实,如图5-3d)所示。最后形成桩,如图 5-3e)所示。

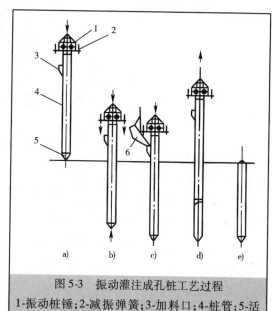

图 5-3 振动灌注成孔桩工艺过程
1-振动桩锤;2-减振弹簧;3-加料口;4-桩管;5-活瓣桩尖;6-上料斗

采用振动挤土成孔法还可以施工爆扩桩。在成孔后,在孔底放置适量的炸药,然后注入混凝土。引爆后,孔底扩大,混凝土靠自重充满扩大部分,最后放置钢筋笼浇筑其余部分混凝土。

采用挤土的方法一般只适于直径为 50cm 以下的桩。对于大直径桩采用取土成孔的方法。

② 旋转式钻机

旋转式钻机如图5-4所示,由带转盘的基础车(履带式或轮胎式)、钻杆回转机构、钻架、工作装置(钻杆和钻头)等组成。

旋转钻机利用旋转的工作装置切下土,使之混入泥浆中排出孔外。根据排出渣浆的方式不同,回转式钻孔机分为正循环和反循环两类,常用的是反循环钻孔机。

正循环钻机的工作原理如图5-5所示。钻机由电动机驱动转盘带动钻杆、钻头旋转钻孔,同时开动泥浆泵对泥浆池中泥浆施加压力使其通过胶管、提水龙头、空心钻杆,最后从钻头下部两侧喷出,冲刷孔底,并把与泥浆混合在一起的钻渣沿孔壁上升经孔口排出,流入沉淀池。钻渣沉积下来后,较干净的泥浆又流回泥浆池,如此形成一个工作循环。

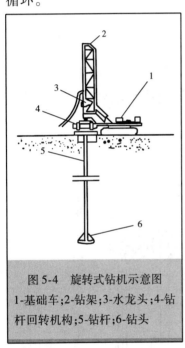

图5-4 旋转式钻机示意图
1-基础车;2-钻架;3-水龙头;4-钻杆回转机构;5-钻杆;6-钻头

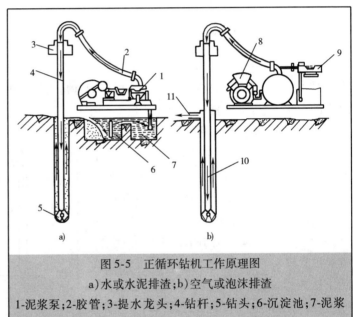

图5-5 正循环钻机工作原理图
a)水或水泥排渣;b)空气或泡沫排渣
1-泥浆泵;2-胶管;3-提水龙头;4-钻杆;5-钻头;6-沉淀池;7-泥浆池;8-空压机;9-泡沫喷射管;10-空气或泡沫;11-排渣管道

反循环钻机的工作原理如图5-6所示。这类钻机工作泥浆循环与正循环方向相反,夹带杂渣的泥浆经钻头、空心钻杆、提水龙头、胶管进入泥浆泵,再从泵的闸阀排出,流入泥浆池中,而后泥浆经沉淀后再流向孔井内。

③ 长螺旋钻孔机

在800mm以下小直径、30m以下小深度混凝土灌注桩施工领域,长螺旋钻机最具有优势,效率高、成本低,特别是近几年CFG桩及后植入钢筋笼技术的开发成功,大大提高了长螺旋钻孔灌注桩的适用范围。

取土成孔中钻孔成桩可采用长螺旋钻孔法,它由长螺旋钻孔机来完成。长螺旋钻孔机如图5-7所示,它装在履带式桩架上。

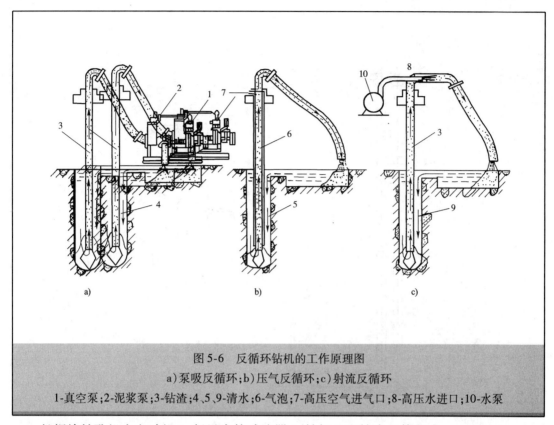

图5-6 反循环钻机的工作原理图
a) 泵吸反循环；b) 压气反循环；c) 射流反循环
1-真空泵；2-泥浆泵；3-钻渣；4、5、9-清水；6-气泡；7-高压空气进气口；8-高压水进口；10-水泵

长螺旋钻孔机由电动机1、行星齿轮减速器2、钻杆3和钻头4等组成。

长螺旋钻孔机大都采用电力驱动。因为钻机经常是在满负荷下工作，而且常常由于土质的变化或操作不当（如钻进过量）而过载。电动机适合于在满载工况下运转，同时具有较好的过载保护装置。

钻机上部的减速器大都采用立式行星减速器。在减速器朝向桩架的一侧装有导向装置，使钻机能沿钻架上的导轨上下滑动。

钻杆3的作用是传递转矩并向上输土。钻杆的中心是一根无缝钢管，在管外焊有螺旋叶片。螺旋叶片的外径D等于桩孔的直径，螺旋叶片的螺距一般取为$(0.6\sim0.7)D$。钻杆的长度应略大于桩孔的深度。当钻杆较长时，可以分段制作，各段钢管之间用法兰相连，连接处的螺旋叶片采用搭接形式。

钻头4是钻具上带有切削刃的部分。钻头的形式多种多样，常用的一种构造如图5-7右放大图所示。钻头的刀片8是一块扇形钢板，它用钻头接头7装在钻杆上，以便于更换。在刀板的端部装有切削刃10。切削软土时应装硬质锰钢刀刃，切削冻土时必须装合金刀头。切削刃的前角γ为20°左右，后角α为8°~12°。钻头工作时，左右刃应同时进行切削。为了使切下来的土能及时输送到输土螺旋叶片上，钻杆端部有一小段双头螺旋部分。在钻头的前端装有定心尖9，它起导向定位作用，防止钻孔歪斜。这种钻机可钻8~15m的深孔，钻进速度可选1.5~2m/min。

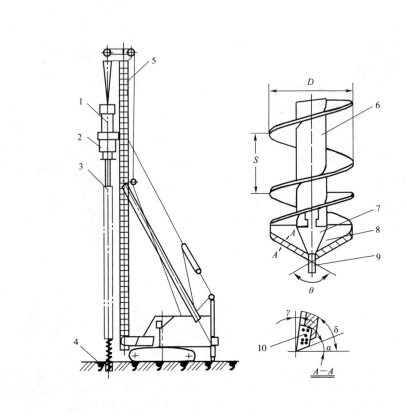

图 5-7 长螺旋钻孔机

1-电动机;2-行星齿轮减速器;3-钻杆;4-钻头;5-钻架;6-无缝钢管;7-钻头接头;8-刀片;9-定心尖;10-切削刃

5.2 水泥混凝土机械

用来拌制、输送、振实水泥混凝土的专用机械称为水泥混凝土机械,主要有水泥混凝土拌和机、水泥混凝土拌和输送车、水泥混凝土泵车等。

一 混凝土输送泵

混凝土输送泵(简称混凝土泵)是水泥混凝土机械中的主要设备,用于垂直与水平方向混凝土的输送工作,具有效率高、质量好、机械化程度高、作业时不受现场条件限制并可减少环境污染等特点。随着混凝土工程的不断发展,混凝土泵已被广泛地应用在混凝土浇筑工程中,其应用范围遍及水利、水电、隧道、地铁、桥梁、大型基础和高层建筑等工程。

1 混凝土泵的类型及结构特点

液压活塞式混凝土泵主要由料斗、混凝土缸、分配阀、液压控制系统和输送管等组成。通过液压控制系统使分配阀交替开闭。液压缸与混凝土缸相连,通过液压缸活塞杆的往复运动以及分配阀的协同动作,使两个混凝土缸轮流交替完成吸入与排出混凝土的工作过程。目前,国内外均普遍采用液压活塞式混凝土泵。混凝土泵的分类、主要结构、工作原理及分配阀形式如下。

1)混凝土泵的分类

(1)混凝土泵按其形式,可分为以下几种:

固定式混凝土泵(HBG)——安装在固定机座上的混凝土泵;

拖式混凝土泵(HBT)——安装在可以拖行的底盘上的混凝土泵;

车载式混凝土泵(HBC)——安装在机动车辆底盘上的混凝土泵。

(2)混凝土泵按其理论输送量,可分为:超小型($10\sim20m^3/h$)、小型($30\sim40m^3/h$)、中型($50\sim95m^3/h$)、大型($100\sim150m^3/h$)和超大型($160m^3/h$以上)。

(3)混凝土泵按其驱动方式,可分为:电动机驱动、柴油机驱动。

(4)混凝土泵按其分配阀形式,可分为:垂直轴蝶形阀、S形阀、C形阀、裙形阀、斜置式闸板阀与横置式板阀。

(5)按工作时混凝土泵出口的混凝土压力(即泵送混凝土压力),可分为:低压($2.0\sim5.0MPa$)、中压($6.0\sim9.5MPa$)、高压($10.0\sim16.0MPa$)和超高压($22.0\sim28.5MPa$)。

2)混凝土泵的主要结构、工作原理及分配阀形式

如图5-8所示,HBT60型混凝土输送泵由料斗、泵送系统、液压系统、清洗系统、电气系统、电机、行走底盘等组成。

混凝土泵的泵送系统如图5-9所示,泵送系统由两只主缸1、2,水箱3,换向装置4,两只混凝土缸5、6,两只混凝土活塞7、8,料斗9,分配阀(S形阀)10,摆臂11,两只摆动油缸12、13和出料口14组成。

混凝土活塞(7、8)分别与主油缸(1、2)活塞杆连接,在主油缸液压油作用下,做往复运动,一缸前进,则另一缸后退;混凝土缸出口与料斗连通,分配阀一端接出料口,另一端通过花键轴与摆臂连接,在摆动油缸作用下,可以左右摆动。

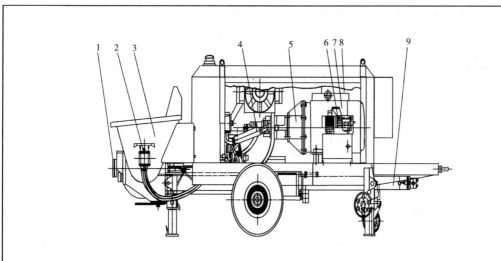

图 5-8 HBT60 型混凝土输送泵

1-分配机构；2-搅拌机构；3-料斗；4-液压系统；5-动力系统；6-清洗系统；7-电动机；8-电气系统；9-泵送系统

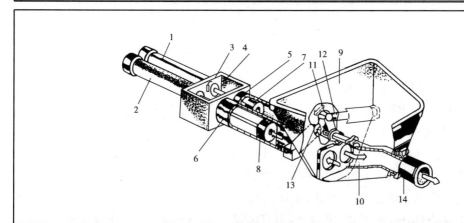

图 5-9 泵送系统

1、2-主油缸；3-水箱；4-换向装置；5、6-混凝土缸；7、8-混凝土活塞；9-料斗；10-分配阀；11-摆臂；12、13-摆动油缸；14-出料口

泵送混凝土料时，在主油缸作用下，混凝土活塞 7 前进，混凝土活塞 8 后退，同时在摆动油缸作用下，分配阀 10 与混凝土缸 5 连通，混凝土缸 6 与料斗连通。这样混凝土活塞 8 后退，便将料斗内的混凝土吸入混凝土缸，混凝土活塞 7 前进，将混凝土缸内混凝土料送入分配阀泵出。

当混凝土活塞 8 后退至行程终端时，触发水箱 3 中的换向装置 4，主油缸 1、2 换向，同时摆动油缸 12、13 换向，使分配阀 10 与混凝土缸 6 连通，混凝土缸 5 与料斗连通，这时活塞 7 后退，8 前进。如此循环，从而实现连续泵送。

反泵时，通过反泵操作，使处在吸入行程的混凝土缸与分配阀连通，处在推送行程的混凝土缸与料斗连通，从而将管路中的混凝土抽回料斗，如图 5-10 所示。

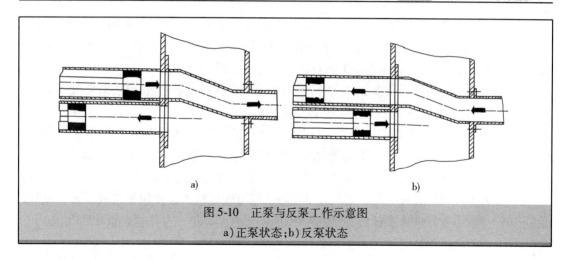

图 5-10 正泵与反泵工作示意图
a) 正泵状态；b) 反泵状态

2 混凝土泵的生产率

混凝土泵的生产率按下式计算：

$$Q = 60Ans\alpha K \tag{5-1}$$

式中：Q——混凝土泵的生产率（m^3/h）；

A——混凝土泵活塞断面积（m^2）；

s——混凝土泵活塞行程（m）；

n——混凝土泵活塞每分钟循环次数（次/min）；

α——混凝土泵缸数；

K——容积效率，一般为 0.6~0.9。

3 混凝土泵的选用

(1) 混凝土泵的选型应根据工程对象、特点、要求的最大输送量、最大输送距离与混凝土浇筑计划以及具体条件进行综合考虑。

(2) 混凝土泵的最大水平输送距离，可由试验确定，或者根据混凝土泵的最大出口压力、配管情况、混凝土性能指标和输送量等计算得出。

(3) 混凝土泵的泵送能力，可根据具体施工情况，按混凝土输送管的水平换算表得出配管整体水平换算长度，并且不应超过混凝土泵的最大水平输送距离 L_{max}。或者按换算的总压力损失，并且应小于混凝土泵正常工作时的最大出口压力。同时应符合产品说明书中的有关规定。

(4) 就混凝土泵形式而言，由于拖式混凝土泵较固定式混凝土泵可以拖行，又较车载式混凝土泵价格低，故被优先选用。

(5) 就混凝土泵理论输送量而言，50~95m^3/h 被优先选用。

(6) 在缺少电源及施工现场电网配置容量小的工地，宜选用柴油机驱动。

(7) 在隧道施工中，宜选用电动机驱动。

(8) 混凝土缸径主要取决于输送量及泵送混凝土压力。输送量大，输送距离短或输送高度小,可选用大直径混凝土缸;输送量小,输送距离长或输送高度大,可选用小直径混凝土缸。混凝土缸径又与集料有关,输送碎石混凝土时,缸径应不小于碎石最大粒径的 3.5~4.0 倍;输送卵石混凝土时,缸径应不小于卵石最大粒径的 2.5~3.0 倍。

(9)料斗容积尽可能大一些,一方面可使料斗内经常保持足够的混凝土,避免吸入空气,另一方面可有利于提高混凝土搅拌运输车的利用率。

(10)混凝土输送应根据粗集料最大粒径、混凝土泵型号、混凝土输送量和输送距离,以及输送难易程度等进行选择。输送管应具有与泵送条件相适应的强度。输送管径有 $\phi100mm$、$\phi125mm$ 和 $\phi150mm$ 三种规格,选择时主要考虑混凝土中集料最大粒径和工程对象,管径应大于集料最大粒径的 3 倍。大直径输送管可输送较大粒径粗集料混凝土,一般多用于基础工程;小直径输送管轻巧,使用方便,混凝土泌水时在小直径输送管中产生离析的可能性小,一般多用于高层建筑。

(11)混凝土泵的台数,可根据混凝土浇筑量、单机的实际输送量和施工作业时间进行计算。对于重要工程的混凝土泵送施工,除根据计算确定外,宜有 1~2 台的备用泵。

二 混凝土泵车

混凝土泵车也称臂架式混凝土泵车,其形式定义为:将混凝土泵和液压折叠式臂架都安装在汽车或拖挂车底盘上,并沿臂架铺设输送管道,最终通过末端软管输出混凝土的机器。由于臂架具有变幅、折叠和回转功能,可以在臂架所能及的范围内布料。

目前,在国家重点建设项目的混凝土施工中都采用了混凝土泵车泵送技术,其使用范围已经遍及水利、水电、地铁、桥梁、大型基础、高层建筑和民用建筑等工程中。近年来,混凝土泵车已经成为泵送混凝土施工机械的首选机型。

混凝土泵车可以一次同时完成现场混凝土的输送和布料作业,具有泵送性能好、布料范围大、能自行行走、机动灵活和转移方便等特点。尤其是在基础、低层施工及需频繁转移工地时,使用混凝土泵车更能显示其优越性。采用它施工方便,在臂架活动范围内可任意改变混凝土浇筑位置,不需在现场临时铺设管道,可节省辅助时间,提高工效。特别适用于混凝土浇筑需求量大、超大体积及超厚基础混凝土的一次浇筑和质量要求高的工程。目前,地下基础的混凝土浇筑有 80% 是由混凝土泵车来完成的。

1 混凝土泵车的类型及结构特点

(1)混凝土泵车的类型

①混凝土泵车的臂架高度指臂架完全展开后,地面与臂架顶端之间的最大垂直距离。其主参数为臂架高度和理论输送量。臂架高度和理论输送量已系列化。

②混凝土泵车按其臂架高度,可分为:短臂架(13~28m)、长臂架(31~47m)、超长臂架(51~62m)。

③混凝土泵车按其理论输送量,可分为:小型($44~87m^3/h$)、中型($90~130m^3/h$)、大型($150~204m^3/h$)。

④混凝土泵车按工作时混凝土泵出口的混凝土压力即泵送混凝土压力,可分为:低压(2.5~5.0MPa)、中压(6.1~8.5MPa)、高压(10.0~18.0MPa)和超高压(22.0MPa)。

⑤混凝土泵车按臂架节数,可分为:2、3、4、5节臂。

⑥混凝土泵车按其驱动方式,可分为:汽车发动机驱动、拖挂车发动机驱动和单独发动机驱动。

⑦混凝土泵车按臂架折叠方式,可分为:Z形折叠、卷折式。

(2)混凝土泵车的结构特点

混凝土泵车主要由料斗、Y形管、锥形管、固定输送管、支腿、回转盘、臂架基节、输送管、下臂、中臂、上臂、软管、下臂缸、中臂缸、下臂缸、操纵系统、液压系统和电气系统等组成,如图5-11所示。

混凝土泵车的泵送机构是通过分配阀的转换,来完成混凝土的吸入与排出动作的。因此,分配阀是混凝土泵车的关键部件之一,其形式直接影响混凝土泵车的性能,其结构特点请参照混凝土泵的分配阀。臂架为箱形截面结构,由2~5节铰接而成。混凝土泵车的动力一般来自汽车发动机,通过液压系统

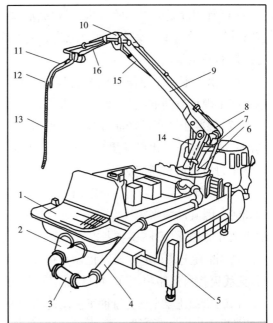

图 5-11 混凝土泵车结构
1-料斗;2-Y形管;3-锥形管;4-固定输送管;5-支腿;6-回转盘;7-臂架基节;8-输送管;9-下臂;10-中臂;11-上臂;12、13-软管;14-下臂缸;15-中臂缸;16-下臂缸

进行驱动运转。当混凝土泵车作业时,发动机通过变速器和取力装置驱动液压泵工作。这套取力装置一般由汽车制造商按混凝土泵车的技术要求改装而成。主液压泵、搅拌泵及臂架泵由同一轮驱动,可简化取力装置的结构。混凝土泵车液压系统由泵送(包括换向)、臂架、支腿、搅拌(包括冷却)和水洗等部分的液压系统组成。

2 混凝土泵车的选用

(1)混凝土泵车的选型,应根据混凝土工程对象、特点、要求的最大输送量、最大输送距离、混凝土浇筑计划、混凝土泵形式以及具体条件进行综合考虑。

(2)混凝土泵车的性能随机型而异,选用机型时除考虑混凝土浇筑量以外,还应考虑建筑的类型和结构、施工技术要求、现场条件和周围环境等。通常所选用的混凝土泵车的主要性能参数应与施工需要相符或稍大,若能力过大,则利用率低;过小,不仅满足不了施工要求,还会加速混凝土泵车的损耗。

(3)由于混凝土泵车具有使用灵活性,而且臂架高度越高,浇筑高度和布料半径就越大,施工适应性也越强,在施工中应尽量选用高臂架混凝土泵车。臂架长度为28~36m的混凝

土泵车是市场上量大面广的产品,约占75%。长臂架混凝土泵车将成为施工中的主要机型。

(4)年产10万~15万 m^3 的混凝土搅拌站,需装备2~3辆混凝土泵车。

(5)所用混凝土泵车的数量,可根据混凝土浇筑量、单机的实际输送量和施工作业时间进行计算。对那些一次性混凝土浇筑量很大的混凝土泵送施工工程,除根据计算确定外,宜有一定的备用量。

(6)由于混凝土泵车受汽车底盘承载能力的限制,臂架高度超过42m时造价增加很大,且受施工现场空间的限制,故很少选用。

(7)混凝土泵车的产品性能在选型时应坚持高起点。若选用价值高的混凝土泵车,则对其产品的标准要求也必须提高。对产品主要组成部分的质量,从内在质量到外部质量都要与整车的高价值相适应。

(8)混凝土泵车采用了全液压技术,因此要考虑所用的液压技术是否先进,液压元件质量如何。因其动力来源于发动机,而一般泵车采用的是汽车底盘上的发动机,因此除考虑发动机的性能与质量外,还要考虑汽车底盘的性能、承载能力及质量等。

(9)混凝土泵车上的操纵控制系统设有手动、有线以及无线控制方式,有线控制方便灵活,无线遥控可远距离操作,一旦电路失灵,可采用手动操纵方式。

(10)混凝土泵车作为特种车辆,因其特殊的功能,对安全性、机械性能、生产厂家的售后服务和配件供应均应提出要求。否则一旦发生意外,不但影响施工进度,还将产生不可想象的后果。

5.3 起重机械与架桥设备

一 起重机械的类型及主要结构特点

起重机械是一种间歇动作的搬运设备,以间歇、重复工作方式,通过起重吊钩或其他吊具来起升、下降或升降与运移重物。主要用作垂直运输,并兼作短距离水平运输。其工作特性是周期性的,是以重复的工作循环来完成提升、转移、回转及多种作业兼作的吊装工作。

起重机械主要由起升机构(使物品上下运动)、运行机构(使起重机械移动)、变幅机构、回转机构(使物品作水平移动)、金属机构、动力装置、操纵控制及必要的辅助装置组合而成。

起重机械主要分为轻小型起重设备、起重机和升降机三大类。

在建桥工程中所用的起重机械,根据其构造和性能的不同,一般可分为轻小型起重设备、桥式类型起重机械和臂架类型起重机三类。轻小型起重设备如千斤顶、葫芦、卷扬机等;桥式类型起重机械如梁式起重机、龙门起重机等;臂架类型起重机如固定式回转起重机、塔式起重机、汽车起重机、轮胎起重机、履带起重机等。

二 轻小起重设备

常用的轻小起重设备有液压千斤顶、滑车、起重葫芦和卷扬机等,如图 5-12 所示。轻小起重设备一般只备有起升机构,用以起升重物。构造简单,质量小,便于携带,移动方便。

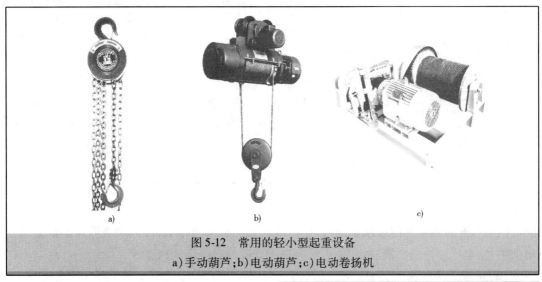

图 5-12 常用的轻小型起重设备
a)手动葫芦;b)电动葫芦;c)电动卷扬机

1 液压千斤顶

液压式千斤顶结构紧凑,工作平稳,有自锁作用,故使用广泛。其缺点是起重高度有限,起升速度慢。液压千斤顶分为通用型和专用型两种。

1)通用液压千斤顶

适用于起重高度不大的各种起重作业,它由油室1、油泵2、储油腔3、活塞4、摇把5、油阀6等主要部分组成,如图5-13所示。

工作时,只要往复扳动摇把5,使手动油泵2不断向油缸1内压油,由于油缸内的油压不断增高,就迫使活塞4及活塞上面的重物一起向上运动。打开回油阀,油缸内的高

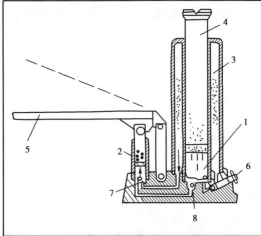

图 5-13 液压千斤顶工作原理图
1-油室;2-油泵;3-储油腔;4-活塞;5-摇把;6-油阀;
7-油泵进油阀;8-油室进油阀

压油便流回储油腔3,于是重物与活塞也就一起下落。

2)专用液压千斤顶

专用液压千斤顶是专用的张拉机具,在制作预应力混凝土构件时,对预应力钢筋施加张力。专用液压千斤顶多为双作用式,常用的有穿心式和锥锚式两种。

(1)穿心式千斤顶

穿心式千斤顶是适应性较强的一种千斤顶,适用于张拉钢筋束或钢丝束,能张拉钢绞线、钢丝束、螺纹钢、圆钢筋,还能配套卡具等附件,用于顶推、起重、提升等作业。

穿心式千斤顶主要由张拉缸、顶压缸、顶压活塞及弹簧等部分组成。它的特点是:沿拉伸机轴心有一穿心孔道,钢筋(或钢丝)穿入后由尾部的工具锚锚固。

穿心式千斤顶工作原理如图5-14所示。张拉时,打开前后油嘴,从后油嘴向张拉工作油室内供油,张拉缸缸体向后移动。由于钢索锚固在千斤顶层部的工具锚上,因此,千斤顶通过工具将钢索张拉。当钢索张拉到需要的长度时,关闭后油嘴,从前

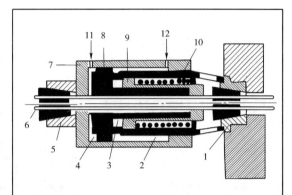

图5-14 穿心式千斤顶工作原理示意图
1-工作锚;2-张拉回程油室;3-顶压工作油室;4-张拉工作油室;5-工具锚;6-钢丝;7-张拉缸;8-顶压缸;9-顶压弹簧;10-弹簧;11-后油嘴;12-前油嘴

油嘴进油至顶压缸内,使顶压缸活塞向前伸移而顶住锚塞,并将锚塞压入锚圈中,从而使钢索锚固。打开后油嘴并继续从前油嘴进油,这时张拉缸向前移动,缸内油液回流。最后打开前油嘴,使顶压缸内的油液回流,顶压活塞由于复位弹簧的作用而复位。

(2)锥锚式千斤顶

锥锚式千斤顶是具有张拉、顶锚和退楔功能三作用的千斤顶,用于张拉带钢质锥形锚具的钢丝束。锥锚式千斤顶由张拉油缸、顶压油缸、退楔装置、楔形卡环、退楔翼片等组成。其工作原理是当张拉油缸进油时,张拉缸被压移,使固定在其上的钢筋被张拉。钢筋张拉后,改由顶压油缸进油,随即由副缸活塞将锚塞顶入锚圈中。张拉缸、顶压缸同时回油,则在弹簧力的作用下复位。

❷ 卷扬机

卷扬机主要用于提升和拖曳重物。它可以单独使用,也可以配合滑车作其他起重机构使用。卷扬机实际上是由一个卷筒再配上齿轮或蜗轮减速器而组成的简单起重设备,有手动、机动或电动卷扬机。

电动式卷扬机如图5-12c)所示,由机架、卷筒、减速器、制动器和电动机等部分组成。

三 自行式起重机

自行式起重机是起重机中应用较广泛的一种类型,按行走装置构造的不同,可分为汽车起重机、轮胎起重机和履带起重机三种。

自行式起重机具有行走机构、起升机构、变幅机构和回转机构。

汽车起重机、轮胎起重机的工作机构及其工作设备均安装在自行式充气轮胎底盘上,统称为轮式起重机。

1 汽车起重机

安装在标准或特制汽车底盘上,底盘以上回转部分称为上车部分,底盘称为下车部分。汽车起重机有两个驾驶室,除原有汽车驾驶室外,在回转平台上另设有一个操纵作业的驾驶室,如图 5-15 所示。

汽车起重机普遍采用液压传动,由发动机带动高压油泵,驱动液压马达和液压油缸完成升降、变幅、回转和起重臂伸缩、支腿收放等动作。液压传动动作灵活、操纵轻便平稳,使用安全、省时、省力。

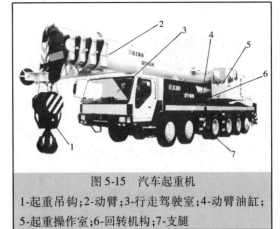

图 5-15 汽车起重机
1-起重吊钩;2-动臂;3-行走驾驶室;4-动臂油缸;
5-起重操作室;6-回转机构;7-支腿

2 轮胎起重机

装在专用轮胎行走底盘上的起重机,称为轮胎起重机。轮胎起重机的最高行驶车速一般不超过 30km/h。其底盘为专门设计制造,横向尺寸较大,故横向稳定性好,能四面作业,在一定条件下,可在平坦场地上吊重行驶。轮胎起重机通常只有一个驾驶室,装在平台上,操纵所有机构。对于作业地点相对固定而作业量较大的场合,采用轮胎起重机更为合适,它能在 360°范围内作业。

四 起重机械在桥梁施工中的应用

1 起重机械安全使用的注意事项

起重机的安全使用必须按安全操作规程进行。其要点如下:

(1)起重机作业时,必须设有专人指挥,并有统一信号,在进行任何作业前,起重机驾驶员必须先发出信号。

(2)吊装的重物必须绑扎牢固。吊钩的吊点应在重物的重心。提升时勿使吊钩到达顶点。提升速度要均匀平稳,重物下落要低速轻放,禁止忽快忽慢或突然制动。

(3)在重物或动臂下严禁站人,以防钢丝绳断裂或操纵机构失灵使动臂或重物落下而发生事故。

(4)起升重物时,卷筒上的钢丝绳应排列整齐。放出后,钢丝绳在卷筒上的余量不得少于三圈,并要经常检查钢丝绳的牢固性。

(5)在吊装作业中,禁止同时升降动臂与重物,只有将重物放下后,才能升降动臂。

(6)遇下雨或有雾时,由于带式制动器容易失效,故重物的升降速度应慢。

(7)在起重作业中,应随时观察风力。在6级以上的大风天气里,起重机应停止露天作业。

(8)两台起重机同时吊装一件重物时,重物的质量不得超过两机在各动臂的仰角下起升质量总和的75%。同时要注意负荷的分配,每台起重机分配的负荷不得超过该机允许载荷的80%,并使升降速度保持一致。

(9)起重机在行驶与作业时,为了保证它的稳定性必须注意以下几点:

①在作业时,应按动臂伸幅所规定的起升质量来起吊重物,不得超载。同时,动臂的最大仰角不得超过原厂规定。

②汽车式起重机不能吊物行驶。若必须吊物行驶时,则重物需在起重机的正前方,且离地高度不得超过50cm,要缓慢行驶,不得转弯。

③起吊重物左右回转时,应注意平稳。不得使用紧急制动或没有停稳前又作反向回转。

④工作时最大地面倾斜角的控制,汽车式与轮胎式起重机不用支腿时为3°,用支腿时为1.5°。地面应坚实平整,必要时垫枕木。

⑤起重机在转移工地前,应将转盘对正,动臂下落,扣上保险。行驶时要随时随地注意周围的地形和地物,不让动臂碰上建筑物或其他障碍物。

❷ 汽车起重机在桥梁施工中的应用

用预制梁吊装施工法的预制梁吊装设备有很多,因汽车起重机本身有动力、架设迅速、可缩短工期,不需要架设桥梁用的临时动力设备,不需要如其他方法架梁时所必需的技术工种,故在中、小跨径预制梁的架设安装时可以采用。

(1)用单汽车起重机安装

单汽车起重机安装预制梁的适应条件是,只要能进入一台吊车的位置,与其他方式方法相比较,比使用大型安装机械能加快工程进度;对于安装地点分散、安装阶段工序比较复杂的情况,单汽车吊安装是有利的。当然,停放吊车位置的地基应具有足够的承载力。

预制梁安装的步骤是:修筑运梁道路;清理停放吊车位置的场地;布置吊车;运进安装的梁,并将钢丝绳挂到梁上(钢丝绳与梁面的夹角不能太小,一般以45°~60°为宜,否则,应使用起重横梁);最后用吊车起吊梁,安装到支座上。图5-16为单汽车起重机架设法。

(2)双汽车起重机安装

双汽车起重机安装预制梁,是在桥墩附近布置两台起重机,把平板车运来的梁用两台起重机吊起,安装到支座上的施工方法。

与单汽车起重机安装相比,双汽车起重机安装一般是在主梁质量较大或者构件跨度特长,一台起重机架设有困难时采用。

双汽车起重机安装步骤与单汽车起重机安装步骤基本相同。不过要特别注意两机的互相配合,因此,现场指挥是特别重要的。图5-17为双汽车起重机安装预制梁示意图。

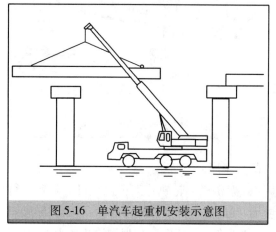
图5-16　单汽车起重机安装示意图

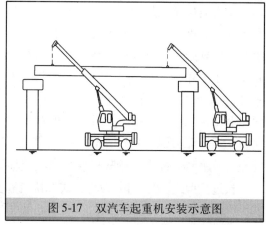
图5-17　双汽车起重机安装示意图

五 架桥机械施工

架桥机是将桥梁预制钢筋混凝土(或预应力混凝土)梁片(或梁段)吊装到桥梁支座上的专用施工机械。近几年来,我国高速公路发展很快,由于地理情况的原因,修建的高速公路中高架桥路段相对较多。为适应高架桥梁片架设的需要,架桥机作为施工机械的一个门类,在未来的高等级公路建设中起着至关重要的作用。

架桥机属于起重机范畴,因为其主要功能是将梁片提起,然后运送到位置后放下。但其与一般意义上的起重机有很大的不同。其要求的条件苛刻,并且需要在梁片上走行,或者称为纵移。架桥机分为架设公路桥、常规铁路桥、客专铁路桥等几种。

1 架桥机的分类

我国目前的公路架桥设备虽说形式各异,但概括起来可以分为导梁式架桥设备、缆索式架桥设备和专用架桥机三类。

(1)导梁式架桥设备

这类架桥设备是利用贝雷架(或万能杆件、战备军用桁梁)拼装成的导梁作为承载移动支架,再配置部分起重装置与移动机具来实现架梁。

(2)缆索式架桥设备

这类架桥设备是利用万能杆件,或者圆木拼成索塔架式人字形扒杆,用架设的钢丝绳组成吊装设备和行走装置,将梁架设在墩台上,直接就位或横移就位。

(3)专用架桥机

专用架桥机是在导梁式架桥设备基础上,通过对其结构和起吊、行走设备进行改善而发展起来的专用施工机械。

根据纵导梁形式,架桥机可分为单导梁式架桥机和双导梁式架桥机,如图5-18所示。这两类架桥机是利用拼装成的导梁作为承重移动支架,再配置部分起重装置与移动机具来实现架梁。双导梁结构形式目前在公路架桥中应用最为广泛,其导梁的承载能力强,整机横向稳定性能较好。单导梁型架桥机具有结构紧凑,利用系数较高,对曲线及斜交桥梁适应能力强,容易实现架涉外边梁等特点。其横移一般靠导梁整机横移来实现移梁、落梁工序。

图5-18 双导梁式架桥机示意图

按过孔形式,架桥机分为轮轨式架桥机和步履式架桥机。轮轨式架桥机整机大悬臂轨行式为纵移方式,对整机性能来说具有重心低、质量小、架设曲线桥半径较小等优点,但其最大不利之处则是在悬臂纵移过程中,固定端处会有较大的垂直力作用在已架裸梁梁片的中部,对梁片可能造成危害。同时,还要铺设纵移轨道(横移轨道自带),从而增加了施工成本和劳动强度。而步履式纵移方式的公路架桥机在纵移和架梁时,架桥机的施工载荷只作用在已架裸梁的端头和桥台上,改善了梁体受力状况,对梁片的结构形式及中部受力情况无特殊要求,且无需铺设纵移轨道。但其缺点是结构质量大、成本高、架设曲线桥半径也较大,重心相对高一些,因而在使用中受到一定的限制。随着高速公路桥梁架桥施工的需要,轮轨式架桥机正逐步被步履式架桥机所取代。因此,目前中国公路用架桥机通常采用步履式导梁架桥机。

❷ 架桥机的组成及结构原理

以单导梁架桥机为例说明架桥机的组成,架桥机主要由主梁、前后吊梁小车、运梁车、液压顶升装置、前支腿、中支腿、后支腿、横移轨道以及电气系统、液压系统、安全装置及配套的前后运梁车及发电车等组成,如图5-19所示。

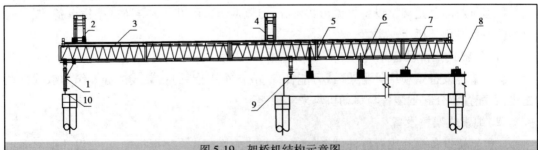

图5-19 架桥机结构示意图

1-前支腿;2-前吊梁小车;3-主梁;4-后吊梁小车;5-中支腿;6-液压顶升装置;7-前运梁车;8-后运梁车;9-中横移轨道;10-前横移轨道

架桥机的主梁一般为双轨三角刚架结构,长度约为架桥机能架设最大跨度的 2 倍,在双轨三角刚架的前端和后端连接成为整体。起重小车运行在承载梁上面的轨道上,通常采用电动机驱动。运梁车可根据施工需要制作,用电动机驱动或内燃机驱动,运行在专用的轨道上,其上配备有大吨位卷扬机。前支腿固定在承载梁的前端,它上面通常配有液压顶升装置,在架桥机过跨时收回,以免由于支撑梁悬臂挠度的影响而撞上桥墩,在架桥机过跨就位后靠它来支撑。前支腿上面也带有可以横向移动的驱动机构。中支腿和梁体之间可以相对运动,一般它们之间用齿条连接比较方便可靠。架桥机过跨主要由中支腿支撑来实现,中支腿支撑具有纵向和横向移动的功能。

3 架桥机在桥梁施工中的应用

1)双导梁式架桥机的架梁作业过程

(1)运梁车运梁,如图 5-20a)所示。

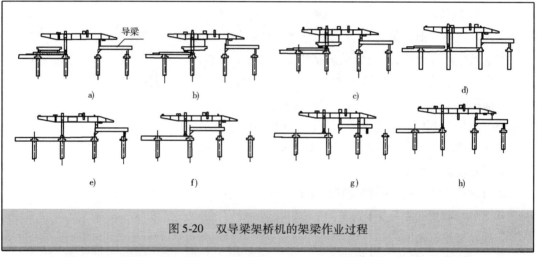

图 5-20 双导梁架桥机的架梁作业过程

①运梁车运输箱梁至跨墩龙门吊提梁位置;

②运梁车载梁行至架桥机尾部,停止、制动;

③运梁车喂梁之前,后支腿千斤顶顶起后支腿,使车轮悬空,架桥机前、后支腿分别锚固在梁和墩上。

(2)前吊梁小车吊梁前行,如图 5-20b)所示。

①前吊梁小车吊起梁体前端;

②前吊梁小车拖梁和运梁车上后移梁台车配合,前移梁体;

③将梁体前端行至架桥机主梁 1/2 处。

(3)后吊梁小车吊梁前行,如图 5-20c)所示。

①梁体继续前移,梁体后端至架桥机尾部;

②后吊梁小车吊起梁体后端;

③前后吊梁小车共同前移梁。

(4)落梁就位,如图 5-20d)所示。

①前后吊梁小车行至架桥机架梁梁位上方;
②落梁至距离支座顶面200mm处;
③前后左右调整梁体位置,梁体就位;
④架桥机准备过孔。

(5)架桥机过孔准备,如图5-20e)所示。
①于桥面铺设架桥临时轨道;
②解除架桥机后支腿台车下部油缸使其悬空,走行轮着力于钢轨上;
③利用辅助支腿和前油缸,使前支腿离开墩面悬空。

(6)架桥机过孔前移,如图5-20f)所示。
①开动辅助支腿和后支腿车电动机,使架桥机前移;
②架桥机前移至设计位置;
③调整前支腿,支平主梁。

(7)调移下导梁,如图5-20g)所示。
①前吊梁小车前移吊起导梁前端,辅助支腿后扣轮吊起导梁后端;
②前吊梁小车前移,推动导梁在辅助支腿引导下前移;
③导梁重心移至辅助支腿后方1m处停止前移,辅助小车吊导梁;
④前吊梁小车和辅助小车吊导梁同时前移。

(8)架桥机过孔完毕,进入下一循环,如图5-20h)所示。
①前吊梁小车行至前支腿附近停止;
②解除前吊梁小车悬臂;
③辅助小车继续拖动导梁前移到位;
④支平、调整、放稳导梁;
⑤拆除架桥机临时轨道;
⑥全面检查,架桥机准备架梁。

2)在双导梁式架桥机架梁过程中应该注意的问题

(1)架桥机在工作过程中要加固稳定。

(2)架桥机在吊梁、送梁、落梁的过程中不能出现急停,速度要均匀,以保证梁体的安全。

(3)在落梁时要准确,避免反复起落,增加不安全因素。

3)在双导梁式架桥机过孔过程中应该注意的问题

(1)架桥机固定的位置要与梁体架设的位置相同。

(2)导梁支腿的位置要不影响架梁。

4)单导梁架桥机的架梁作业过程

单导梁架桥机的架梁过程如下:

(1)首先在要架设的桥头组装架桥机,整机组装完毕后,将两台吊梁小车开至架桥机尾部配重,起动后走行台车,架桥机自行过孔,如图5-21a)所示。

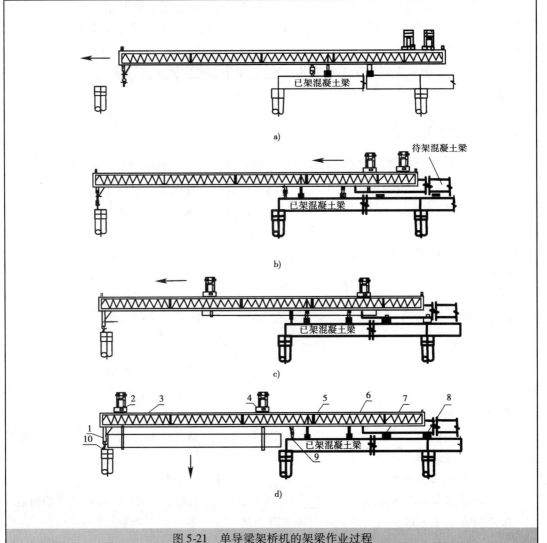

图 5-21 单导梁架桥机的架梁作业过程
a)过孔状态;b)送梁状态之一;c)送梁状态之二;d)吊梁状态
1-前支腿;2-前吊梁小车;3-主梁;4-后吊梁小车;5-中支腿;6-液压顶升装置;7-前运梁车;8-后运梁车;9-中横移轨道;10-前横移轨道

(2)架桥机过孔前支腿到位后,铺设前横移导轨,将前走行台车落在前横移导轨上。利用液压顶升装置将架桥机后部顶起,将后走行台车转向90°。铺设后横移导轨,将后走行台车落在后横移导轨上。

(3)架桥机定位后,起动运梁车,将混凝土梁送至架桥机,前运梁车接近架体时,用前吊梁小车吊起混凝土梁前端,起动前吊梁小车和后运梁车将混凝土梁往前运送,如图5-21b)所示。

(4)待混凝土梁全部送至架桥机内时,用后吊梁小车吊起混凝土梁后端,同时起动前后吊梁小车,将混凝土梁纵向运送过孔,如图5-21c)所示。

(5)待混凝土梁纵向到位后,停止运行,起动起升装置将混凝土梁下降,至接近支座。起动架桥机前后台车,架桥机吊梁横移,待横移基本到位后,利用小吊梁小车将混凝土梁横移定位,放置梁到桥墩上,如图5-21d)所示。

(6)归位架桥机重新回到运梁轨道的位置,运梁小车再次到梁场运梁。

单元小结

1. 桩工机械、水泥混凝土机械、起重机械与架桥设备的主要类型和结构特点。
2. 桩工机械、水泥混凝土机械、起重机械与架桥设备工作装置的基本工作原理。
3. 桩工机械、水泥混凝土机械、起重机械与架桥设备的施工作业方式。
4. 桥梁工程机械的主要生产率计算。
5. 桥梁工程机械的选用与使用。

自我检测

一、填空题

1. 用于完成预制桩的_____入、_____入、_____入、拔出或灌注桩的成孔等作业的机械称为桩工机械。
2. 施工预制桩主要有三种方法:_____法、_____法和_____法。
3. 旋转式钻机由带转盘的_____(履带式或轮胎式)、钻杆回转机构、_____、工作装置(钻杆和钻头)等组成。
4. 水泥混凝土机械主要有_____、_____、_____等。
5. 液压活塞式混凝土泵主要由_____、_____、_____、液压控制系统和输送管等组成。
6. 混凝土泵车可以一次同时完成现场混凝土的_____和_____作业。
7. 混凝土泵车泵送机构是通过_____的转换来完成混凝土的_____与_____动作的。
8. 起重机械以重复的工作循环完成_____、_____、_____及多种作业兼作的吊装工作。
9. 自行式起重机按行走装置的不同,分为_____起重机、_____起重机和_____起重机。
10. 架桥机根据纵导梁形式可分为_____式架桥机和_____式架桥机。

二、选择题

1. 因钻机经常是在满负荷下工作,而且常常由于土质的变化或操作不当(如钻进过量)而过载,所以长螺旋钻孔机大都采用_____驱动。
   A. 电力　　　B. 液压　　　C. 机械　　　D. 柴油
2. 液压活塞式混凝土泵工作时,两个混凝土缸_____完成吸入与排出混凝土的工作过程。

A. 同时 　　　　B. 交替 　　　　C. 一个工作、一个不工作

3. 混凝土泵车的泵送机构是通过_____的转换来完成混凝土的吸入与排出动作的。

A. 料斗 　　　　B. 分配阀 　　　C. 液压泵 　　　D. 液压油缸

4. 轮胎起重机的最高行驶车速一般不超过_____。

A. 10km/h 　　　B. 30km/h 　　　C. 50km/h 　　　D. 70km/h

5. 架桥机主梁的长度约为架桥机能架设最大跨度的_____。

A. 1 倍 　　　　B. 2 倍 　　　　C. 3 倍 　　　　D. 4 倍

三、判断题

1. 压入法采用打桩机靠桩锤冲击桩头，把桩压入土中。　　　　　　　　　　（　　）
2. 液压桩锤由液压缸提升或驱动锤体产生冲击力沉桩，它具有冲击频率高、冲击能量大、公害少等优点。　　　　　　　　　　　　　　　　　　　　　　　　　　　　　　（　　）
3. 机械式振动器由两根带有偏心块的高速轴组成。两轴的转向相同、转速相等。
　　　　　　　　　　　　　　　　　　　　　　　　　　　　　　　　　　　（　　）
4. 采用挤土的方法一般只适于直径为 50cm 以上的桩。　　　　　　　　　（　　）
5. 长螺旋钻孔机采用电力驱动的原因是，电动机适合于在满载工况下运转,同时具有较好的过载保护装置。　　　　　　　　　　　　　　　　　　　　　　　　　　　　　（　　）
6. 混凝土泵的选用中，优先选用固定式混凝土泵。　　　　　　　　　　　（　　）
7. 年产 15 万 m^3 左右的混凝土搅拌站，需装备 2～3 辆混凝土泵车。　　　（　　）
8. 起升机钢丝绳放出后，钢丝绳在卷筒上的余量不得少于一圈。　　　　　（　　）

四、问答题

1. 混凝土泵分配阀有哪几种形式？各有何特点？
2. 常用的轻小起重设备主要有哪些品种？
3. 叙述龙门起重机的类型和特点。
4. 叙述起重机械安全使用的注意事项。
5. 叙述双导梁式架桥机的架梁作业过程及要求。

单元 6

路面机械施工

学习目标

1. 能根据路拌、厂拌稳定土路面施工程序施工。
2. 能根据沥青混凝土路面的机械施工程序合理选用机械,并能组织施工。
3. 能根据水泥混凝土路面的机械施工程序合理选用机械,并能组织施工。

学习指南

本单元将重点讲述路面机械施工的主要内容和方法。学习流程如下:

稳定土路面机械的认识 → 稳定土路面机械化施工 → 黑色路面机械的认识 → 沥青混凝土的拌制要求 → 沥青混凝土路面机械化施工

教学建议

本单元的学习重点是路面机械的认识、稳定土路面机械化施工及沥青混凝土路面机械化施工。其中,施工作业方式应结合路面工程施工实际,在了解路面机械特点的基础上,能合理地组织路面机械化施工。

路面机械按路面结构的施工进行分类,有:面层施工机械、基层施工机械、垫层施工机械及沥青加热处理设备、料采集和处理设备;按路面材料的不同,其施工机械分为:稳定土路面机械、水泥混凝土路面机械、黑色路面机械。

公路的路面主要分为沥青混凝土路面和水泥混凝土路面。随着我国公路等级的不断提高,沥青路面已成为高等级道路路面中占主要地位的路面结构之一。水泥混凝土路面是路面的基本形式之一,它具有沥青混凝土路面不同的力学性能和使用品质。

沥青混凝土路面施工中,沥青混合料采用拌和设备进行拌和,热拌沥青混合料采用较大吨位的自卸汽车进行运输,由沥青混合料摊铺机将拌制好的沥青混合料按一定技术要求均匀地摊铺在路面基层上,构成沥青混凝土基层或面层。由三轮式静力光轮压路机、轮胎压路机和振动压路机完成沥青混合料的碾压施工。

水泥混凝土路面施工中,机械化施工是混凝土路面工程质量的重要保证,特别是高速公路、一级公路,应尽可能安排滑模摊铺机和计算机控制的强制式混凝土楼进入主体工程施工,其他等级公路也应尽可能提高机械化施工的比例。根据公路等级的不同,混凝土路面的施工应配备的机械设备见表6-1。

与公路等级适应的混凝土路面机械设备 表6-1

摊铺机械设备	高速公路	一级公路	二级公路	三级公路	四级公路
滑模摊铺机	√	√	√	△	○
轨道摊铺机	△	√	√	√	○
三辊轴机组	○	△	√	√	√
小型机具	×	○	△	√	√
碾压混凝土机械	×	○	√	√	△
计算机自动控制强制搅拌楼(站)	√	√	√	△	△
强制搅拌楼(站)	×	○	△	√	√

符号含义:√——应使用;△——有条件使用;○——不宜使用;×——不适合使用

某高速公路是省际高速公路中的一段,主线全长127km,其中一段51km根据交通特点设计为水泥混凝土路面,其余路段为沥青混凝土路面。该段水泥混凝土路面为平原微丘区双向六车道高速公路,设计行车时速为120km/h,面板厚度为28cm,该段水泥混凝土路面采用水泥混凝土路面滑模施工技术进行摊铺。

该工程承建公司在沥青混凝土路面工程施工中,主要使用的沥青混凝土路面工程机械见表6-2。

沥青混凝土路面工程施工机械 表6-2

序号	机械设备名称	型号规格	单位	数量
1	间歇式沥青拌和设备	新泻2000	台	2
2	自卸汽车	15t以上	辆	10
3	沥青混凝土摊铺机	ABG423型	台	2
4	双钢轮压路机	DD110、CC501	台	2
5	轮胎压路机	YL20、YL25	台	2

该工程项目沥青混凝土路面施工现场如图 6-1 所示。

该工程承建公司在水泥混凝土路面工程施工中，主要使用的水泥混凝土路面工程机械见表 6-3。

水泥混凝土路面工程主要施工机械　　　　表 6-3

工作内容	机械设备名称	机型及规格	数　量
搅拌	混凝土拌和楼	混凝土供应量 300m³/h	1 台
	装载机	2~3m³	2 台
运输	厂拌混凝土自卸车	15t 以上	10 台
摊铺	滑模摊铺机	摊铺宽度 7.5~12.5m	1 台
	布料机、轮胎式挖掘机、吊车等布料设备		各 1 套
	手持振捣棒、整平梁、模板		各 1 套
抗滑	拉毛养生机	与滑模摊铺机同宽	1 台
切缝	软锯缝机、常规锯缝机		各 1 套
磨平	水磨石磨机	需要处理欠平整部位时	2 台
灌缝	灌缝机或插胶条工具		2 台
养生	压力式喷洒机		2 台
	洒水车	4.5~8t	2 台

该工程项目水泥混凝土路面施工现场如图 6-2 所示。

图 6-1　沥青混凝土路面施工现场

图 6-2　水泥混凝土路面施工现场

6.1 稳定土路面机械

在如图 6-3 所示公路施工中,为了提高道路的整体强度、水稳定性以及使道路具有良好的扩散应力的特性,常把半刚性材料稳定土作为高等级公路的基层或底基层及低等级路面的面层。

稳定土由土和稳定剂拌和而成。稳定剂主要包括无机物(石灰、水泥、粉煤灰等)和有机物(液态沥青、乳化沥青和其他化学剂)两大类。

公路施工中常用的稳定土有如下几种:

图 6-3 公路施工

(1) 石灰稳定土。石灰稳定土一般可以用于二级或二级以下公路路面的基层。但石灰稳定土的收缩裂缝多、水稳定性较差,不应做高速公路或一级公路的基层,必要时可以用做底基层。在冰冻地区的潮湿路段以及其他地区的过湿路段,也不宜采用石灰稳定土做基层,石灰稳定细粒土也不得用做二级公路高级路面的基层。石灰稳定土结构层的施工最小厚度为 15cm,结构层适宜的厚度为 16~20cm。

(2) 水泥稳定土。在粉碎的或原来松散的土中,掺入足量的水泥和水,经拌和、摊铺、压实及养生后得到的混合料,当其抗压强度符合规定的要求时,称为水泥稳定土。水泥稳定土可用于各级公路路面结构的基层和底基层,水泥稳定土结构层的施工最小厚度为 15cm,结构层适宜的厚度为 16~20cm。

(3) 石灰工业废渣稳定土。一定数量的石灰和粉煤灰(或石灰和煤渣)与其他集料相结合,加入适量的水(通常为最佳含水率),经拌和、摊铺、压实及养生后得到的混合料,当其抗压强度符合规定要求时,称为石灰工业废渣稳定土,简称石灰工业废渣。

用石灰、粉煤从稳定细粒土(含砂)得到的混合料简称二灰土;用石灰、粉煤灰稳定砂砾得到的混合料简称二灰砂砾;用石灰、粉煤灰稳定碎石得到的混合料简称二灰碎石;用石灰、粉煤灰稳定矿渣得到的混合料简称二灰矿渣。

石灰工业废渣稳定土结构层适用于各级公路的基层和底基层,但二灰土不能作为高级路面的基层,只能做底基层。该结构层施工最小厚度为15cm,适宜的厚度为16~20cm。

用来完成把土和稳定剂进行破碎、撒铺、拌和及压实等项工作的机械称为稳定土路面机械。这些机械包括撒砂机、撒灰机、洒水机、稳定土拌和机和压实机械等。

稳定土路面施工一般有路拌法和厂拌法两种,机械主要有路拌稳定土拌和机和稳定土厂拌设备。厂拌法是将各种有关的材料集中在拌和厂搅拌均匀,然后运到现场摊铺碾压成型,材料的配合比较路拌法精确。它使用的机械有:稳定土厂拌设备、运输车辆、摊铺机、压路机、平地机及装载机等。

路拌法是将土、无机结合物、细料(砂、土)、集料(破石、炉渣)等筑路材料按施工配合比分层摊铺在土基层或下承层上面,用拌和机将各种材料就地拌和均匀,然后压实成型。路拌法使用的施工机械有:粉料撒布机、稳定土拌和机、洒水车、平地机和压路机等。

一 路拌稳定土拌和机的认识

① 路拌稳定土拌和机的分类

路拌稳定土拌和机按其行走方式分为轮胎式、履带式和复合式;按其移动方式分为自行式、半拖式和悬挂式;按其动力的传递形式分为机械式、液压式和混合式;按其转子的数量分为单转子和多转子;按其拌和的方向分为正转和反转。

② 路拌稳定土拌和机的组成与原理

路拌稳定土拌和机如图6-4所示,一般由基础车、工作装置及操纵机构等部分组成。基础车为轮胎式或履带式,工作装置悬挂在机架的后部,拌和转子由径向柱塞油马达直接驱动,拌和转子可正反向旋转。这种拌和机不但可以适用于恶劣的稳定土拌和工况,而且能够直接破碎旧沥青混凝土路面和硬路基。另外有一自动配比系统,可以根据施工中每单位拌和料上所需的添加剂数按比例自动添加沥青或水等添加剂。

图6-4 徐工 XL250 型稳定土拌和机

稳定土拌和机的主要功能是对土壤进行破碎,并使土壤与稳定剂均匀拌和,这一过程是在由转子罩壳构成的工作室内,通过转子的高速旋转来完成的。转子正转时,高速旋转的刀具从土层上切下一块很薄的月牙形土壤,并把它抛向罩壳;转子反转时,高速旋转的刀具从沟底向上切削土壤,并将切下来的土壤沿机械前进方向向前抛,在转子前面形成长条形土堆。整个拌和过程是切削和拌和两个阶段相互交织在一起,往往同时发生。

二 稳定土厂拌设备的认识

1 稳定土厂拌设备的分类

根据生产率的大小,稳定土厂拌设备分为 200t/h 以下的小型、200~400t/h 的中型、400~600t/h 的大型、600t/h 以上的特大型;根据设备布置和机动性,分为整体式、模块移动式和固定式;根据设备的拌和工艺,分为非强制性跌落式、强制间歇搅拌式和强制连续搅拌式,强制连续式又分为单卧轴强制搅拌式和双卧轴强制搅拌式。目前应用最为广泛的是双卧轴强制搅拌式。

2 稳定土厂拌设备的组成和工作原理

稳定土厂拌设备如图 6-5 和图 6-6 所示,一般由集料配料机组、结合料(稳定剂)供给系统、斜置集料皮带输送机、供水系统、搅拌机、混合料储仓、堆料皮带输送机七部分组成。

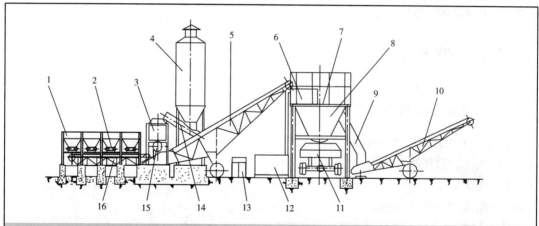

图 6-5 稳定土厂拌设备
1-配料料斗;2-皮带给料机;3-小粉料仓;4-粉料筒仓;5-斜置集料皮带输送机;6-搅拌机;7-平台;8-混合料储仓;9-溢料管;10-堆料皮带输送机;11-自卸车;12-供水系统;13-控制柜;14-螺旋输送机;15-叶轮给料机;16-水平集料皮带输送机

集料配料时,利用装载机或其他上料机具,将需要拌和的不同粒径的集料,分别装进不同的配料料斗内,每个配料料斗下都设有皮带给料机,皮带给料机由调速电动机驱动,按施工技术要求的配合比进行配料;配好的物料落到水平集料皮带输送机上,由其输送到斜置集料皮带输送机上。

结合料通过运输车上的气力输送装置输送到粉料筒仓中,粉料筒仓的出口与螺旋输送机的进料口相连接,进入螺旋输送机的结合料被输送到小粉料仓中;小粉料仓的出口装有叶轮给料机,叶轮给料机由调速电动机驱动,按施工技术要求的配合比进行配料;配好的粉料落到斜置集料皮带输送机上。

供水系统的作用是向搅拌机中喷水,以控制和调节被拌和混合料的含水率。

搅拌机多采用双轴强制连续搅拌式。当搅拌轴旋转时,由斜置集料皮带输送机送入搅拌机的各种物料,在旋转叶浆的作用下,一边被拌和,一边被推向出料方向,这样可保证连续进料、搅拌和出料。

混合料储仓暂时存放拌和好的成品混合料,当混合料储仓装满拌和好的成品混合料时,可用手动控制液压系统打开放料门,将混合料卸入自卸车运往施工工地。

当自卸车不足或需要堆料时,放下混合料储仓内的液动导料槽,使搅拌机拌和好的成品混合料通过导料槽卸入大溢料管,流进堆料皮带输送机中,由堆料皮带输送机进行堆料存放,使用时再运往施工工地。

图6-6　XC500L型稳定土厂拌设备

三、稳定土路面施工

1 路拌稳定土路面施工程序

路拌稳定土路面施工程序如下:
(1)现场清理和测量放线。
(2)路床修整。
(3)路拌二灰土基层施工。
①原材料摊铺。首先测试整型后路床铺土层的干密度和松散系数,计算出铺层厚度。按此厚度进行排料、打网格、倒土、摊铺、整平、稳压。铺土层应包括路肩和中央隔离带用土,在此基础上就可以摊铺粉煤灰。
②混合料拌和。拌和由两侧向中间进行,控制拌和速度在6m/min,若拌和后大块较多,要拌和第二遍。每次拌和应由专人随机检查,挖检拌和深度。
③现场取样。拌和完毕后,按取样频率取样,测定混合料的石灰剂量、含水率,并做抗压强度试验。
④洒水碾压。先用凸块压路机振压一遍,然后洒水,再用平地机平整,光轮压路机、振动压路机碾压,再用平地机精平,光轮压路机碾压最后一遍。
⑤洒水养生。

2 厂拌稳定土路面施工过程

厂拌稳定土路面施工过程如下:

（1）拌和运输。
（2）摊铺和整型。
（3）碾压。
（4）养生。
（5）取样和试验。

6.2 黑色路面机械

用来完成沥青混凝土拌制、铺筑工作的机械称为黑色路面机械，主要有沥青洒布机、沥青混凝土拌和机和沥青混凝土摊铺机等。沥青混凝土黑色路面如图 6-7 所示。

图 6-7　黑色路面

一　沥青洒布机的认识

1　沥青洒布机的用途和分类

沥青洒布机在以贯入法、表面处治法修筑路面，稳定土壤以及路拌沥青混合料的工程中，供运输、均匀洒布热态沥青、冷态沥青或冷态煤焦油之用。沥青洒布机可按用途、运行方式及沥青泵的驱动方式等分类。

按用途,沥青洒布机分为筑路用、修路用两种。在修路工程中所应用的沥青洒布机的沥青料箱容量一般不超过400L,而在筑路工程中沥青洒布机的沥青料箱容量为300~20 000L。

按运行方式,沥青洒布机分为自行式、拖式和半拖式三种。自行式沥青洒布机安装在汽车底盘上;拖式、半拖式采用汽车或专用单轴牵引车牵引。

按沥青泵的驱动方式,沥青洒布机分为沥青泵由汽车上的发动机来驱动的和由单独设置的另一台发动机来驱动的两种。而后者可以在很大范围内调节沥青的洒布量。国产沥青洒布机除了各使用部门自制的简易拖式外,都为不带专用发动机的自行式沥青洒布机。

② 自行式沥青洒布机的构造

如图6-8所示,自行式沥青洒布机除将结合料以一定的压力按规定的量洒布在铺砌层上外,还应能完成下列主要工作:用沥青泵从沥青熔化池中将热态沥青吸入储料箱;将沥青迅速运往工地,并保持其工作温度;如果温度已降低,能将沥青重新加热至工作温度(150~170℃);能抽空喷油管和传输沥青。

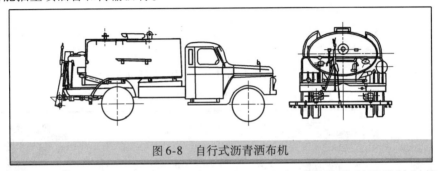

图6-8 自行式沥青洒布机

根据上述工作任务,现代自行式沥青洒布机是在汽车上装有能保温的储料箱、加热系统、传动系统、循环—洒布系统、操纵系统以及检查、计量仪表设备等。

其中,沥青储料箱是用钢板焊接而成的椭圆形长筒,箱体外包以50mm厚的由玻璃绒或石棉制成的隔热层,用以保温和隔热,可使箱内的热态沥青在外界温度为12~15℃时,冷却速度保持每小时2℃左右。

加热系统用以加热沥青,使其具有工作所需的温度。它由一个燃料、两个固定喷灯、一个手提喷灯、两个U形火管和带滤清器的油管系统所组成。

传动系统除了传递动力使车辆行驶外,还要驱动沥青泵进行工作。

沥青泵除直接由汽车变速器和分动箱来驱动外,还可以通过洒布机后部特设的发动机来驱动。循环—洒布系统是由沥青泵、全部循环—洒布管道和大、小"三通阀"三部分组成。沥青泵一般为低压齿轮泵,循环—洒布管道是用不同长度和规格的无缝钢管制成,其用途是用来输送高温液态沥青。洒布管由一根2m长的中央固定管(中间用隔板将它分成左右两段)和6根装配式的接长管组成,它可以根据路面施工的宽度,调节接长管的根数来适应1~7m宽的路面喷洒液料。三通阀是用来控制液态沥青在管道中的流动方向。分别操纵这些三通阀到不同位置,再配合沥青泵的正反旋转,就可以完成沥青洒布机吸油、出空、转输、全洒布、循环、手提洒布、右洒布、左洒布、抽空和小量全洒布等十种作业。

操纵机构包括三通阀的拨动、洒布管的提升、下降、水平移动和回转，以及驱动齿轮泵的发动机和减速器（对后置专用发动机驱动齿轮泵的洒布机而言）等操纵部分。这些操纵都集中在车后的司机操纵台上，通过手轮与操纵杆进行。

3 沥青洒布机的使用技术

为了保证沥青洒布机的正常工作，在每次洒布完毕之后，都将循环—洒布管道中的残余沥青抽回储料箱内。若当天不再使用，还要用柴油或煤油清洗储料箱、沥青泵和管道，以防沥青凝固在各处影响下次使用。在每次使用前都要检查沥青泵，若发现有凝固现象，需用手提喷灯烤化，直到泵的齿轮灵活转动为止。

为了提高沥青的洒布质量，需做到以下几点：
(1)沥青洒布机要稳定行驶（速度可根据施工要求而定）。
(2)要保持沥青的适当温度。
(3)要选好喷嘴的离地高度。
(4)要保持稳定的洒布压力。
(5)在洒布作业时，要注意前后两次喷油的接缝。

沥青洒布机在加注或洒布液态沥青时，由于温度很高，必须注意安全，防止烫伤或跌倒。使用固定式喷灯时，储料箱内的沥青液面应高于火管。在洒布过程中，不应使用喷灯，以确保安全。

二 沥青混凝土拌和机的认识

沥青混凝土路面的材料是以碎石、砂、石粉和沥青等材料经过合理选配、加热、拌和而成的混合料。混合料的材料规格、比例、加热温度和拌和均匀性等都要求很严，因此，必须用专用设备来拌制。沥青混凝土拌和机是拌制沥青混凝土的专用设备，也是沥青路面施工的关键设备。

1 沥青混凝土拌和机的分类

沥青混凝土拌和机的种类较多，有多种分类方式。图6-9为LOC240沥青搅拌机。

沥青混凝土拌和机按生产能力分类，有40t/h以下的小型、40~350t/h左右的中型、400t/h以上的大型沥青拌和机。

沥青混凝土拌和机按移动情况分类，有移动式、半移动式和固定式，其中移动式的设备安装在车上，可以随车移动到不同的地点进行施工；半移动式的设备可以分为若干模块，随车移动到施工现场再拼装；固定式不可

图6-9 LOC240沥青搅拌机

以移动,即沥青厂拌设备。

　　沥青混凝土拌和机按生产的工艺流程分类,有间歇强制式(图6-10)、连续滚筒式(图6-11)和综合作业式。其中,间歇强制式能够保证各种矿料的级配,也可以根据需要随时改变级配即油石比,拌出的料质量好,用于高等级公路;连续滚筒式因连续工作,生产效率高,但各种料的配合比不够精确,用于普通公路;综合作业式的工艺流程中砂石料的供给与烘干加热过程是连续的,而砂石料与沥青的称量、拌和以及成品出料是间断的,综合作业式粒料的配比精确,燃料的消耗率低,所以新式沥青拌和机大都采用综合作业式。

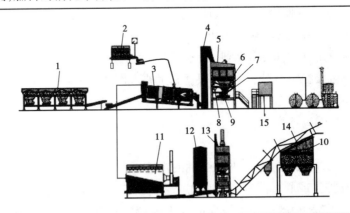

图6-10　间歇式沥青混合料搅拌设备
1-冷集料配料装置;2-再生料配料装置;3-干燥滚筒;4-热集料提升机;5-振动筛;6-热集料仓;7-集料称量斗;8-粉料称量斗;9-搅拌器;10-热成品料仓;11-布袋除尘器;12-粉料提升机;13-填加粉料罐;14-导热油炉系统;15-控制室

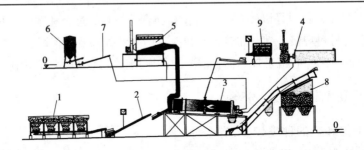

图6-11　连续式沥青混合料搅拌设备
1-冷集料配料装置;2-输料皮带机;3-烘干加热搅拌滚筒;4-沥青计量装置;5-布袋除尘器;6-粉料罐;7-粉料计量系统;8-热成品料仓;9-再生料配料装置

　　沥青混凝土拌和机按拌和方式,分为强制拌和式和自由拌和式两种。强制拌和式的特点是砂石料的烘干、加热及与热沥青的拌和,是先后在不同的设备中进行的,拌和是利用旋转的叶桨,将热砂石料和沥青强制搅拌,拌和质量好,目前运用较为广泛。自由拌和式的特点是砂石料的烘干、加热及与热沥青的拌和,是在同一滚筒中进行的,拌和是依靠砂石料在旋转滚筒内的自由跌落实现与沥青的裹敷。其生产工序有同期进行的,有连续进行的。

❷ 沥青混凝土拌和机的组成与工作原理

(1) 沥青混凝土拌和机的组成

沥青混凝土拌和机主要由冷集料的定量供给和输送装置、集料的加热和烘干装置、热集料转输和筛分装置、矿料的储存和定量供给装置、热集料与矿粉临时储仓、沥青定量供给系统、矿料各组成的精确称量装置、搅拌器、成品料储仓、除尘设备等组成。

(2) 沥青混凝土拌和机的工作原理

湿砂石料在给料器内初配后,由冷料升运机连续供入烘干筒内,经过烘干与加热后的砂石料经升运机送入筛分机内,筛分成几种规格的热砂石料分别储存在热料储仓的各斗内。此储仓分隔成四个斗,三个斗供储存不同规格的碎石和砂子,另一个斗供储存由封闭式矿粉升运机连续送来的矿粉。储存在各个热储料仓中的矿料,分别卸入矿料称量斗内,按质量比例称好一份后卸入拌和器内。与此同时,热沥青也由沥青量桶称好后由沥青泵打入拌和器内,喷洒在矿料上。各类配料就在拌和器内按份拌和后卸出。此过程周而复始地进行。

❸ 沥青混凝土拌和机的拌制工序和工艺流程

(1) 拌制工序

①冷集料按级配定量供给,即集料的粗配与供给;

②冷集料烘干并加热到工作温度433～473K(160～200℃);

③热集料筛分、存储并按质量比例第二次精确称量、供给;

④将沥青熔化、脱水,并加热到393～433K(120～160℃);

⑤矿粉定量供给;

⑥沥青按容量或质量称量、供给;

⑦各种配料均匀搅拌;

⑧混合料成品出料和暂时储存。

以上工序,除了沥青熔化、脱水和加热在沥青储仓和专用加热器中进行外,其余工序由沥青混凝土搅拌设备完成。

(2) 工艺流程

工艺流程如图6-12所示。

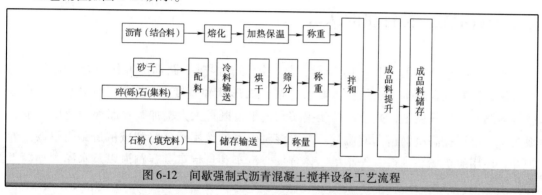

图6-12 间歇强制式沥青混凝土搅拌设备工艺流程

目前对沥青混合料的搅拌工艺有振动搅拌和无尘搅拌两个改进方向。振动搅拌工艺过程所采用的各组成除了搅拌器外,其他与传统式搅拌工艺相同。振动搅拌采用了带振动壳体与轴的间歇作业的叶桨式搅拌器,叶桨在旋转的同时与振动器壳体一起振动,可使混合料中材料产生很大的加速度,以破坏沥青的凝聚,有利于沥青裹覆在矿料表面上。无尘拌制沥青混合料有两种方法:一是集料被烘干、加热之前,先用双轴叶桨搅拌器将冷集料与热沥青按份搅拌,制成半成品料,然后再进行加热活化、热拌成成品料,此种拌制方法是将沥青裹覆在湿集料上;二是集料在一个干燥搅拌筒内被烘干、加热后,加入热沥青并搅拌成成品料,这种拌制方法使沥青在同一容器内裹覆在热集料上。

❹ 使用中注意事项

(1) 工作前的准备

拌和机在工作前需进行全面的检查。如检查各部紧固螺钉是否松动;拌和机内是否有余料;皮带是否跑偏;各机组及辅助设备安装是否正确;沥青管接头是否漏气;电气系统是否完好等。对于移动式拌和机就位后还需放下前后支腿,将平板车抬起,并保持水平位置,使轮胎卸荷。各部就绪后,按顺序起动主机,先使其空转运行,空载运行正常后,进行点火试验。

(2) 运转中的有关规程

由于沥青混凝土拌和机是由两个机组和辅助设备配套工作的,故运转时必须按其规程进行。拌和机的起动应按运料流程的程序进行。当烘干筒达到一定的温度后才能起动冷料输送机和配料给料装置,并保持供料均匀。拌和机在正式拌和成品前,为了预热壳体,要用热砂石料预拌 2~3 次。砂石料与石粉在拌和机内应预先干拌 10~15s 后再喷入沥青拌和。在工作中,应向料斗和料仓均匀供料,以防满仓或串仓。

(3) 停机、清洗

拌和机在停机时,应将烘干筒、料斗仓以及拌和机内料卸空。每次工作完毕后必须立即用柴油清洗沥青系统,以防沥青堵塞管路和卡死沥青泵。

三 沥青混凝土摊铺机的认识

沥青混凝土摊铺机如图 6-13 所示,是摊铺沥青混凝土路面的专用机械。它可将已拌制好的沥青混合料按一定的技术要求(横断面形状和厚度),迅速而均匀地摊铺在已整好的路基或底基层上,并予以初步捣实和整平。既可大大增加铺筑路面的速度和节省成本,又可以提高所铺路面的质量。沥青混凝土摊铺除用于公路和城市道路的建设、养护外,还用于机场、港口、停车场、体育场、汽车和自行车竞赛跑道以及水库大坝等工程施工。

图 6-13　RP1350 沥青摊铺机

1 沥青混凝土摊铺机的分类

沥青混凝土摊铺机大多数采用自行式,可以按其行走方式、摊铺宽度、动力传递、熨平板加热方式等进行分类。

沥青混凝土摊铺机按其行走方式,可分为轮胎式和履带式,如图 6-14、图 6-15 所示。

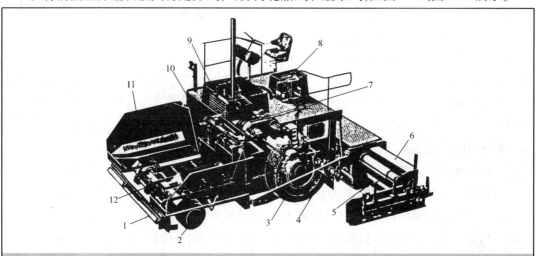

图 6-14　轮胎式沥青混凝土摊铺机

1-推滚;2-前轮;3-驱动轮;4-螺旋摊铺器;5-夯实板;6-熨平板;7-传动系统;8-操纵台;9-发动机;10-料斗闸门;11-料斗;12-刮板输送器

沥青混凝土摊铺机按其摊铺的宽度,分为小型、中型和大型,其中小型摊铺机的最大摊铺宽度一般为 3.6m 左右,用于路面养护和低级路面的摊铺;中型摊铺机的最大摊铺宽度为 4~6m,主要用于二级以下公路路面修筑和养护作业;大型摊铺机的摊铺宽度为 6~10m,主要用于高等级路面施工;超大型摊铺机的摊铺宽度为 10~12m,主要用于高速公路的施工,路面纵向接缝少,整体性能好。

沥青混凝土摊铺机按其行走的动力传递方式,分为机械传动和液压传动两种,机械式摊铺机的行走、供料、分料等均采用机械传动,液压传动式摊铺机的行走、供料、分料、熨平板和夯实板的振动、熨平板的延伸等均采用液压传动。

沥青混凝土摊铺机按熨平板的加热方式,分为电加热、液化石油气加热和燃油加热三种。

② 沥青混凝土摊铺机的构造

沥青混凝土摊铺机如图 6-15 所示,是在一台特制的轮胎式或履带式基础车上装设了供料设备(料斗、刮板输送器和闸门)、工作装置(螺旋摊铺器、夯实板和熨平板)以及操纵机构等部件。

一般沥青混凝土摊铺机主要由发动机、传动系统、料斗、刮板输送器、螺旋布料器、熨平装置以及自动找平机构等所组成。闸门有左右两扇,可以分别上下升降,以控制向后输送料的多少。闸门开启的大小有标志,驾驶人员可在驾驶室内观察到。

螺旋摊铺器是由两根大螺距、大叶片螺旋方向相反的螺杆组成,它们同向旋转时能将混合料自中间向两侧摊移。

夯实板是左右两块矩形板,由液压驱动的偏心轴来驱动作上下振动,对所铺混合料进行初步振实。

熨平板紧贴在夯实板之后,分左右两块,由竖板与箱形纵截面的底座组成,用来熨平

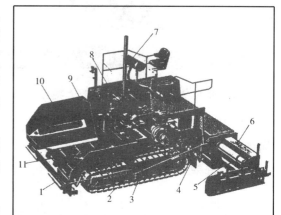

图 6-15　履带式沥青混凝土摊铺机
1-推滚;2-履带行走装置;3-传动系统;4-螺旋摊铺器;5-夯实板;6-熨平板;7-操纵台;8-发动机;9-料斗闸门;10-料斗;11-刮板输送器

混合料并做成所需路拱。箱形底座中装有电加热器(远红外加热器),以便冬季施工时加热混合料。螺旋摊铺器、夯实板与熨平板三者的左右外侧都可接加长段,以便摊铺更宽的路面。

自动找平装置是利用安装在熨平板上的纵向和横向控制器,并以事先设置好的滑杆、钢丝、铺设好的路面和路肩为基准。在摊铺工作中,横向传感器能随时检查出路基的不平整度及其所引起的熨平装置上检验部位的高度偏差和水平偏差,从而产生电信号,再将电信号转化为操作系统液压缸活塞的位移信号,从而带动机两侧的大臂梁的牵引点上下移动,以抵消高度偏差,自动调平。

料斗置于机械前面,用来接受汽车卸下的混合料。它由底板与左右侧壁组成,前面是空的,后面以闸门作为后壁,其横截面有梯形和箱形两种。料斗的两侧壁连同其毗连部分斗底都可由其下面的油缸向中央方向顶翻(或向后翻转)过去,以便将两边的料向中央倾卸。刮板输送器位于料斗下面,用来将料斗内的料不断向后输送到摊铺室内。

现代沥青混凝土摊铺机的结构得到进一步改进。目前多采用液压—机械式或全液压式传动系统来代替机械式传动系统,并装有"电—机"式、"电—液"式、"液压"式或"激光"式自动调平装置。

3 沥青混凝土摊铺机的运用技术

(1) 摊铺宽度的确定

在确定摊铺带宽度时应注意摊铺带数为整数。摊铺带宽度和摊铺机基本摊铺宽度不相等时,可以通过加长或缩短熨平板而获得。为了减少纵向接缝,应以一次摊铺宽度尽可能宽为原则,纵向接缝时,熨平板与相邻路面重叠 50mm 以上,上下层接缝应错位 30mm。使用缩短的熨平板进行施工时,尽可能在第一次摊铺时使用;使用加长宽度的熨平板时,尽可能避免反复加长、缩短;摊铺大坡度路段时,应先摊铺低的路段。

(2) 摊铺厚度和熨平板高度的调整

在摊铺机工作之前,可在熨平板底部顺行走方向放置宽为 50~100mm,长与熨平板相当,厚为摊铺层厚度加上压实下去的厚度(压实下去的厚度为摊铺层厚度的 15%~20%)的木块,然后打开液压阀,使熨平板升降油缸处于自由浮动状态。此时熨平板上的负荷均由木块支承。转动厚度手柄,使熨平板底座的前端稍稍抬起,达到与混合料相适应的角度。同时仰角还要根据混合料的种类、湿度、摊铺层厚度的不同来作相应调整。

(3) 摊铺层拱度的调整

为了达到道路横断面设计拱度要求,在摊铺机上大都设有拱度调节机构。在进行摊铺工作时,通过转动拱度调节器,以达到所需的拱度形状,并用熨平板底面拉线绳校对。在铺筑旧路面时,则将熨平板贴在旧路面上调拱。摊铺层拱度可在调整摊铺层厚度和熨平板仰角时同时进行,无特殊情况,铺筑同一摊铺带时不再调整。

(4) 振捣板振动频率的选择

为了保证沥青混凝土摊铺层有足够的密实度和平整度,振动频率与摊铺速度应匹配。摊铺机每前进 5mm,振捣板最少振捣一次以上,即摊铺机以 3m/min 工作速度施工,振捣板的振动频率不应低于 600 次/min。当摊铺厚度增大、捣固行程增大,材料集料粒径增大,混合料温度低时,应将振动频率调低一些。

(5) 摊铺层厚度均匀性的控制

摊铺层厚度均匀性是指摊铺层纵断面和横断面所具有的均匀厚度。

影响摊铺机纵向均匀厚度的主要因素有:摊铺机的行驶速度、料斗混合料数量和轮胎气压等。摊铺机在摊铺过程中,其速度要保持恒定。当摊铺机刮板输送器供料能力一定时,如果摊铺机速度时快时慢,进入摊铺室内的混合料就时多时少,结果使摊铺层纵断面时薄时厚。如果料斗内料多,会使摊铺机超载和引起轮胎变形。因此,汽车卸料时应先卸下 1/4~1/3,然后再根据料斗内混合料多少卸下其余混合料。

影响摊铺层横向均匀厚度的主要因素有料斗闸门的开度和螺旋摊铺器的转速等。在摊铺混合料时,要选择合适的料斗闸门开度,料斗闸门开度合适时,摊铺室混合料的高度略高于螺旋摊铺器的中心线;同时,要掌握螺旋摊铺器的转动速度,使摊铺室的混合料高度均匀。

(6) 摊铺速度的确定

摊铺机的工作速度对路面铺层质量影响很大。当摊铺机行走速度改变时,振捣器作用于单位面积上的夯击、振动次数随之变化,导致铺层的密实度、厚度发生变化;同时将使纵断面不均匀。因此,选择合理的摊铺速度非常重要,在确定摊铺速度时应注意以下问题:

①根据拌和机的生产能力和自卸车的运输能力,合理选用工作速度,尽可能达到连续摊铺,不能使摊铺机中途停歇,也不能使成品混合料积压。

②当摊铺机的供料能力即刮板输送器的输送能力一定时,工作速度应视其摊铺宽度和厚度大小来确定,计算方法是:

$$最大摊铺速度 = \frac{刮板输送器供料能力}{摊铺宽度 \times 摊铺厚度}$$

国产摊铺机摊铺宽度为5m以下、厚度为5cm以下的路面时,其速度一般控制在3.0~6.0m/min之间。进口摊铺机工作速度一般可达8m/min。

③一般粗粒度、低黏结力的混合料,比细粒度、强黏结力的混合料的摊铺稍易一点,其工作速度可稍高一点。

④若料斗容量不大,则摊铺速度不要过大,以免供料不及时而致中途停驶。

⑤其他如交通条件、摊铺机技术状况、操作手技术熟练程度等也都对摊铺速度有影响。

当最佳摊铺速度选定后,在摊铺过程中,要保持恒定不变。必要时,调整料斗闸门以增减供料量,只在改变摊铺层厚度或宽度时,才改变摊铺速度。例如,当路基或底层有较大的不平,摊铺机难以自动找平而必须作手动调整时,可相应的改变摊铺速度。

(7)摊铺带长度的确定

一般情况下,大都用一台摊铺机进行半幅工作,如果摊铺长度定得过长,在摊铺另半幅时,则因第一条摊铺带的混合料已凝固,接合处温差大,以致难以结合而出现纵向接缝,影响路面质量;如果摊铺长度过短,则影响生产率并增加横向接缝。因此,必须确定合适的摊铺长度。

摊铺带的合适长度与施工地点的气温有关,同时还应考虑施工线路总长度、摊铺速度、混合料摊铺温度、工作环境和效能条件等。

(8)接缝的施工方法

①纵向接缝处理。施工时,两条毗连的摊铺带,其接缝处必须有一部分搭接,才能保证该处与其他部分具有相同的厚度和平整度。搭接的宽度应前后一致,搭接有冷接缝与热接缝两种。

冷接缝指新铺层与经过压实后的已铺层进行拼接。搭接重叠宽度约为3~5cm。过宽了会使接缝处压实不足,产生热裂纹。对新铺层的碾压,第一次只碾压到离前一条摊铺带边缘约20~30cm处,以后依次移过纵缝。

热接缝指在使用两台以上摊铺机并列(前后相隔5~10m)施工时两条摊铺带的拼接。接缝易处理,毗邻摊铺带的搭接宽度为2~5cm,碾压第一条摊铺带时,离其接缝边缘30cm暂不碾压,该处留待碾压第二条摊铺带时一起碾压。

②横向接缝处理。横向接缝基本上都是冷接缝。为了获得良好的横向接缝,应使接缝的边缘上下垂直,并与纵向接缝垂直。通常采用的方法是在摊铺带的尽头专门设置一条长木条。木条一般宽约15cm,厚度等于摊铺层压实后的厚度,长度比一条摊铺带的稍宽一些。

当机械摊铺到端头时,在停止供料和振动捣实的情况下,将余料向前继续铺完,然后提起熨平装置,机械驶开。这样就在端头留下一小段带有斜坡的摊铺层,趁混合料未冷凝时,用耙子在斜坡的厚端挖出一条比木条稍宽的直槽,然后将木条放入槽内,并盖上薄薄的一层混合料,使木条紧实固定,等到压实后,再将木条挖出,并将木条以外的混合料挖掉,这样就出现一条整齐而垂直的摊铺层边缘。待此边缘完全凝固后,则可作以后摊铺层的基准面。

四 沥青混凝土路面的机械施工

摊铺沥青混凝土,是修建沥青混凝土路面中繁重而重要的工作之一。按其顺序,包括清扫基层,运输混合料,摊铺混合料以及整平、压实等。采用沥青混凝土摊铺机,并配上自卸车和压路机进行联合作业,就可以完成沥青混凝土路面铺筑的全部过程,如图6-16所示。

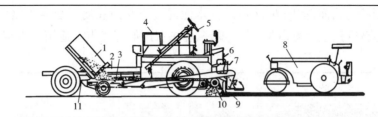

图6-16 摊铺沥青混凝土机械化工作过程
1-自卸车;2-摊铺机料斗;3-刮板输送器;4-发动机;5-转向机;6-熨平板升降装置;7-调整螺杆;8-压路机;9-熨平板;10-螺旋摊铺器;11-推滚

在摊铺混凝土混合料之前,应使用路刷清扫基层表面,然后浇洒与沥青混凝土所用沥青标号相同的透油层,其用量多少按施工要求决定。其次,检查混合料的施工温度和拌和质量,检查合格的混合料即可装车运至施工地点。

摊铺机摊铺混合料的施工工艺过程如下:

(1)自卸车自沥青混凝土拌和地点装料并运至摊铺地点,装料前需在车厢内涂抹石油或废机油、润滑油,以防止材料黏附于箱上,如运距较远或气温较低,则运输时用帆布遮盖热料,以保持其施工温度。

(2)自卸车倒车,使其后轮支靠在摊铺机前面的推滚上。倒车时方向要对正,速度要慢,特别是与摊铺机接触的一瞬间更应平稳,防止撞击摊铺机而影响摊铺质量。最好是汽车后轮在离摊铺机推滚约20~50cm处停下,变速器挂空挡。摊铺机前进时逐渐靠近自卸汽车,并推动自卸车一起前进。

(3)摊铺机不停地推着自卸车前进,此时自卸车边前移边卸料于摊铺机料斗内。

(4)摊铺机的刮板输送器将沥青混凝土送至螺旋摊铺器,并同时边前进边摊铺,其出料量可以通过调整其闸门来控制。

(5)铺下的料层由夯实板刮平并初步捣实。

(6)熨平板对已铺好的路面加以整平。

(7)压路机进行最后压实。

6.3 水泥混凝土路面机械

水泥混凝土路面是将水泥、砂、碎石和水按适当比例配合，拌和后经摊铺、振捣、整平和养生成为一块板状的路面，如图 6-17 所示。水泥混凝土路面和沥青混凝土路面相比，具有承载能力大、稳定性好、使用寿命长、平整度好、养护费用低等优点。适用于重载、高速、效能大的道路。

图 6-17 水泥混凝土路面

水泥混凝土路面机械主要有：拌和设备、输送设备、摊铺机、整面机、切缝真空脱水设备等。

一 水泥混凝土搅拌设备的认识

1 水泥混凝土搅拌设备的用途、分类

水泥混凝土搅拌设备是制作水泥混凝土的专用设备厂。其功能是将原料——水、砂、石料、水泥和附加剂等按设定的配合比分别进行送料、配料、称量、输送、搅拌、出料和储存等，以生产出满足要求的成品混凝土。

水泥混凝土搅拌设备按其生产能力，分为大、中、小型混凝土搅拌设备。大型混凝土搅

拌设备主要作为预拌混凝土的混凝土搅拌楼,生产效率达 $100\sim200\mathrm{m}^3/\mathrm{h}$,计算机控制,自动化程度高;中型混凝土搅拌设备主要是作为中小型建设工程现场使用的各种混凝土搅拌站,其生产能力为 $60\sim100\mathrm{m}^3/\mathrm{h}$;小型混凝土搅拌设备主要指那些用于零散的简易式浇筑场所,生产能力在 $30\mathrm{m}^3/\mathrm{h}$ 以下,一般手动控制的较多。

水泥混凝土搅拌设备按其拌和方式,分为自落式(图6-18)和强制式拌和设备。自落式混凝土拌和机的搅拌过程是靠滚筒体内壁上设置的刮料叶片,在随滚筒的旋转中将砂石、水泥和外掺剂等组成的集料提升到一定高度,在物料的重力作用下,沿叶片向下滑落产生的一种相互混合的运动,从而达到均匀搅拌的目的。强制式混凝土搅拌设备又可分为主轴圆盘式搅拌机、单卧轴式搅拌机和双卧轴式搅拌机,工作中都是通过安装在搅拌轴上的铲板(或叶片)对混合料强制性铲刮和翻腾搅拌,拌和激烈,时间短,质量好。

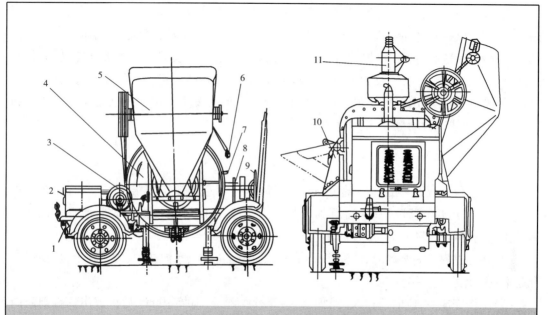

图6-18 鼓筒自落式水泥混凝土搅拌机

1-水泵;2-动力箱;3-进料提升离合器;4-搅拌鼓筒;5-料斗;6-加水控制手柄;7-进料斗上升手柄;8-进料斗下降手柄;9-出料手轮;10-出料槽;11-水箱

水泥混凝土搅拌设备按其作业方式,分为循环作业式和连续作业式两类。循环式搅拌设备的进料、拌料和出料是分批循环进行;连续式混凝土搅拌设备在进料、拌料和出料的工艺过程中是连续不断进行的。

水泥混凝土搅拌设备按其装置方式的不同,分为固定式和移动式。

水泥混凝土搅拌设备按出料方式,分为倾倒式和非倾倒式。按拌和鼓的形式,分为梨式、筒形、双锥形、盘形和槽形等。

❷ 水泥混凝土搅拌设备的主要结构

水泥混凝土搅拌设备主要由上料机构、集料上料机构、集料储存机构、供水系统、称量机构、搅拌机构、操纵机构等组成。其中，集料上料机构最常见的是皮带上料机构和斗式提升上料机构。

水泥上料形式常有螺旋输送机上料、斗式提升机上料和压缩空气上料，压缩空气上料是通过管道形式输送，并配备空压机、喂料机、除尘器等。

集料储存机构是具有一定容积的储存仓，它储存的砂、石、水泥等原料可以不间断地供给搅拌设备，保证搅拌设备工作的连续性。

供水系统常见的有定时控制、流量控制和容积控制等形式，定时控制是利用供水时间的长短来控制供水量的装置，流量控制是采用流量数字控制仪进行自动供水计量，容积式计量是用固定容器的容积变化来控制供水量。

搅拌机构常用的有双锥形搅拌机、单卧轴和双卧轴混凝土搅拌机。

操纵机构有手动、自动和微机控制等几种方式。手动控制基本上是手柄操作；自动控制是一种具有可编程序控制的自动化程度较高的控制方式；全自动控制是微机加可编程序控制的一种方式，是目前大中型搅拌设备较多采用的一种方式。其具有的主要功能是：混凝土的配合比自动调整功能，砂石含水率的自动补偿功能，对物料的粗精称量和超称处理功能，对称量、投料、搅拌和出料实行顺序自动控制功能，对可能发生的主要机电故障进行监测和报警的功能及快速自动打印、记录功能。

③ 搅拌设备的使用

（1）为了保证混合料的拌制质量，必须使碎石、砂子和水泥按要求称量准确；并在搅拌前，按要求，使用调节器调好水箱指示牌上指针的位置，以控制供水量，要严格掌握好搅拌时间，同时要求料斗卸料干净，否则会影响下一份混合料的配合比。

（2）在往进料斗内装料时，应注意装料顺序，即碎石在下、水泥在中、砂子在上，这样料斗升起不致引起水泥飞扬。

（3）工作完成后，应向搅拌鼓内倒进一些碎石或砂子，搅拌 10min 后再放出。否则鼓内的余料凝固后，很难清除。

二 水泥混凝土摊铺机的认识

水泥混凝土摊铺机是将已经搅拌好的水泥混凝土，均匀而平整地摊铺在路基上，再经振捣和光整表面等工序，使之形成符合标准、规范要求的混凝土路面。

① 水泥混凝土摊铺机的分类

目前，水泥混凝土摊铺机主要有两种，一种是轨道式摊铺机，另一种是滑模式摊铺机。摊铺机摊铺器的形式有螺旋式、回转铲式和箱式。螺旋式摊铺器是利用正反方向旋转的螺旋杆（直径约 50cm）将混合料摊开（和沥青混凝土摊铺机摊铺器相似）。回转铲式摊铺器其匀料铲回转 180°，同时，在前面的导管上左右移动，将卸下的混合料直接摊铺在路基上。箱式摊铺器是一装满混合料的钢制箱子,在机械前进时横向移动,同时箱子的下端按摊铺高度刮平混合料。

轨道式水泥混凝土摊铺机如图 6-19 所示,是由布料、振捣和抹光机等组成的摊铺列车。施工时,列车在两根轨道上行驶,这两根轨道不但是摊铺机的行驶轨道,而且还是水泥混凝土的模板。

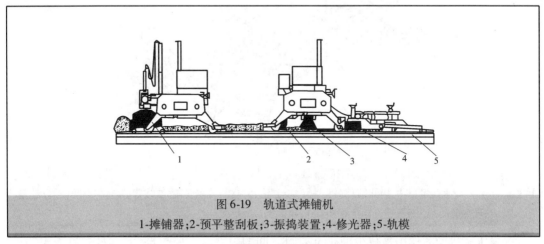

图 6-19　轨道式摊铺机
1-摊铺器;2-预平整刮板;3-振捣装置;4-修光器;5-轨模

滑模式摊铺机是连续作业式机械,如图 6-20 和图 6-21 所示,它在机架的两侧装有滑模板,对于硬性水泥混凝土进行连续的摊铺,集振实、整形于一体,结构紧凑,操作方便,可以实现自动控制。与轨道式水泥混凝土摊铺机相比,滑模式采用了全液压传动,操作系统采用电液伺服,摊铺时路面的拱度、纵坡、框架坡和弯道等均可通过调整成形板和引导机构自动实现,整个路面可以全幅施工,一次成型,生产准确,操作简单,不需铺高模板和轨道,只需架设钢丝导引拉线即可施工。近几年来,国外综合了轨道式和滑模式两者的长处,生产出了轨道滑模式水泥混凝土摊铺机,如德国的 TITAN4105/VAS512 型水泥混凝土摊

图 6-20　ZOOMLION 滑模式摊铺机

铺机。摊铺机用履带行走,被其牵引装有滑模板的整面机、修光机等在轨道上行走。该摊铺机亦可用来摊铺沥青混凝土,一机两用。

❷ 水泥混凝土摊铺机的构造

水泥混凝土摊铺机完成对混合料的均匀布料、计量整平、振捣压实和最终的光整作业等各道工序的作业,是通过专门设置的布料机构、整平机构、振捣压实机构和光整作业机构等各作业部件实现的,同时还需要机架、行走机构操纵系统和其他一些辅助机构的有机配合。

布料机构常见的有螺旋布料机构及旋转刮板式布料机构。

整平机构除了对布设的虚铺层实施揉搓挤压,还能起到填平补齐、精确计量的作用,常

见的整平机构有摆动刮板及固定刮板等。

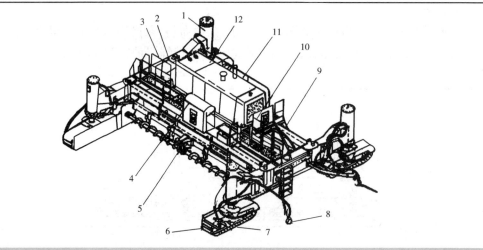

图 6-21 滑模式摊铺机

1-支腿装置；2-喷水装置；3-机架伸缩部分；4-操作控制台；5-摊铺装置；6-履带装置；7-转向装置；8-自动找平装置；9-伸缩梁；10-中间通道；11-发动机组；12-油箱组

　　振捣压实机构的作用是减少混凝土粒料之间的阻力，使其充分密实。水泥混凝土的振实机具其工作频率均为高频率，其主要结构形式有梁式振捣器和插入式振捣器。

　　光整抹面是水泥混凝土摊铺的最后一道工序，也是路面成形的重要环节，常用的有往复梁、水平修光机、滚式整平器及浮动式精确器。

　　操纵控制机构的作用，一是对摊铺机的各系统下达指令，按其作业的要求进行工作，以达到最佳的摊铺效果；二是对路面的几何形状，如路面的线形、纵横坡度、拱度和平整度进行调整和控制，使之达到设计要求。

三 切缝机的认识

　　水泥混凝土路面有横缝和纵缝之分。横缝有伸缝和缩缝两种。路面每隔 6~8m 设置一条横缝称为缩缝，一般做成假缝形式，缝宽约 1cm，缝内填塞沥青类材料，以防渗水。路面每隔 30~40cm 设置一条横缝称为伸缝，必须做成透底缝形式，缝宽 1~2cm，缝的下部填以软木或甘蔗板，上部用沥青填料封口。根据实践经验，有些地区认为伸缝的距离可以增长，甚至可以取消，可在 7m 宽的路面中间设置一条纵缝。路面宽度超过双车道时，纵缝的距离按一条车道的宽度确定。纵缝可按缩缝形式做成假缝。

　　切缝机就是专门对水泥混凝土等进行高效率切割的设备。主要用于公路路面、机场道路和广场等可以连续大面积摊铺的作业，然后再用切缝机作伸缩缝切割，使得伸缩缝笔直、光滑、美观，并可以提高工作效率。另外，切缝机还可以用于沥青混凝土、石料、陶瓷制品及路面修补作业的坑槽等方面的切割。

　　切缝机按其工作原理的不同，可分为手持式切缝机和盘式切缝机两种。目前盘式切缝机应用较为广泛。

四 水泥混凝土路面的机械施工

一般人机综合施工和全机械化施工方法按施工工艺叙述如下。

(1) 安装边模

模板是架立在路中心线(即纵缝处)及路边线处,并供水泥混凝土摊铺机行走的轨道(故又称轨模)。轨模可用金属、混凝土、钢筋混凝土或木料制成,其高度等于混凝土铺砌层的厚度。目前施工过程中大多数采用金属制的轨模。

(2) 安置钢筋

混凝土板边和板钢筋、传力杆、窨井加固钢筋等都应按设计规定安放好位置,并结扎牢固,以待摊铺混凝土。

在机械化施工过程中,钢筋和钢筋网格都是在工厂中预制的,并用专用机械设备进行铺设,但在工序上有交叉,即边摊铺混凝土边安放钢筋网格,并将钢筋网格用专用设备压入混凝土层。

(3) 摊铺水泥混凝土

在人机综合摊铺混凝土作业中,一般用拌和机械拌制混凝土,利用运输工具运达施工点并将混凝土卸入边模内,摊铺工作则大多利用人工进行。

在水泥混凝土路面机械化施工过程中,可用轨道式或滑模式水泥混凝土摊铺机来摊铺。摊铺混凝土层的厚度要据混凝土稠度而定。一般层高应比振实后的路面高度高出20%～30%,以保证对料层的振实工作。

(4) 水泥混凝土路面铺砌层的修整捣实和光面

水泥混凝土的修整、捣实和光面等作业应和摊铺作业工序紧密配合。在人机综合作业施工中,一般利用插入式或表面式振捣器来捣实,然后进行光面刷毛等工作。

在机械化施工过程中,修整和振捣水泥混凝土铺砌层表面等作业都是由整面机来完成的。整面机上设有振捣梁、振捣板、整平梁和光面器等,它和带边模的轨道式摊铺机、切缝机等组成一个摊铺列车进行作业。滑模式混凝土摊铺机整面系统装置是与摊铺机制成整体进行联合作业,只要摊铺机一通过即可完成一个行车带。

(5) 划切伸缩缝

在机械化施工过程中,可以使用切缝机在混凝土上划切而形成伸缩缝。利用手扶式切缝机切缝,应在铺砌层浇筑混凝土之后约2h,最多4h内进行划切;使用圆砂轮盘式切缝机切缝时,必须在混凝土凝固后进行,此种方法的切缝其几何形状尺寸正确,相邻板块表面平整,生产率高。使用时必须加水,并要用较大的动力。

在人工摊铺或工程量不大的情况下,可以使用预埋木板、金属制板或压缩材料制成的隔板来制成伸缩缝。使用前应涂润滑油,伸缝压缝板可起模板作用。缩缝压缝板一般宜用钢板。为便于混凝土摊铺工作的进行,压缝板可在浇筑混凝土后压入。如用木板做成压缩缝,使用前木板应浸水胀透,必须架设牢固,并保持垂直,务使振捣混凝土不走样。

(6)养生

为了防止混凝土日晒干燥和雨淋,在其表面上加盖蓄水的麻袋、湿布、草席(但不能覆盖太早,否则路面上会残留麻袋等痕迹)并经常洒水使其保持湿润状态。养生 7~10d 以后方可撤去。

(7)拆模及填缝

拆模时间根据施工期的气温及混凝土强度增长情况而定。一般日平均温度为 5℃,拆模时间可缩短半天。日平均温度为 25~30℃,路面施工 24h 后即可拆模。填缝工作一般在养生期满后进行,填缝时采用填缝机。

(8)开放交通

一般,混凝土强度达到 40% 时允许行人通过,强度完全达到设计要求时正式开放交通。特殊情况下,混凝土强度达到 90% 以上也可开放交通。

单元小结

1. 路拌稳定土拌和机的分类、组成与原理。
2. 路拌稳定土路面施工程序施工。
3. 稳定土厂拌设备的分类、组成和工作原理。
4. 厂拌稳定土路面施工过程。
5. 沥青洒布机的用途、分类、构造、使用技术。
6. 沥青混凝土拌和机的分类、组成与工作原理。
7. 沥青混凝土拌和机的拌制工序和工艺流程施工。
8. 沥青混凝土拌和机使用注意事项。
9. 沥青混凝土摊铺机的分类、构造、运用技术。
10. 沥青混凝土路面的机械施工程序。
11. 水泥混凝土搅拌设备的用途、分类、主要结构。
12. 搅拌设备的分类、构造。
13. 水泥混凝土摊铺机的分类、构造。
14. 切缝机的用途。
15. 水泥混凝土路面的机械施工程序。

自我检测

一、填空题

1. 路面机械按路面结构的施工进行分类,有_____机械、_____机械、垫层施工机械及沥青加热处理设备、料采集和处理设备;按路面材料的不同,其施工机械分为:稳定土路面机械、_____路面机械、_____路面机械。

2. 稳定土路面施工一般有路拌法和厂拌法两种,机械主要有_____和稳定土厂拌设备。

3. 厂拌法是将各种有关的材料集中在_____搅拌均匀,然后运到现场摊铺碾压成型,材料的配合比较路拌法精确。它使用的机械有:稳定土厂拌设备、运输车辆、摊铺机、压路机、平地机及装载机等。

4. 路拌稳定土拌和机一般由基础车、工作装置及操纵机构等部分组成。基础车为_____或履带式,工作装置悬挂在机架的后部,拌和转子由_____直接驱动,拌和转子可正反向旋转。

5. 沥青洒布机在以_____、_____修筑路面,稳定土壤以及路拌沥青混合料的工程中,供运输和均匀洒布热态沥青或冷态沥青或冷态煤焦油之用。

6. 沥青混凝土拌和机按生产的工艺流程分类,有_____式、_____式和_____作业式。

7. 沥青混凝土摊铺机是在一台特制的轮胎式或履带式基础车上装设了料斗、闸门供料设备、螺旋摊铺器、_____和_____工作装置以及操纵机构等部件。

8. 水泥混凝土搅拌设备主要由上料机构、_____机构、集料储存机构、供水系统、称量机构、搅拌机构、_____机构等组成。

9. 水泥混凝土摊铺机主要有两种,一种是_____摊铺机,另一种是_____摊铺机。

10. 沥青混凝土拌和机主要由_____的定量供给和输送装置、集料的_____装置、热集料传输和筛分装置、_____储存和定量供给装置、热集料与矿粉临时储仓、沥青定量供给系统、矿料各组成的精确称量装置、搅拌器、成品料储仓、除尘设备等组成。

二、选择题

1. 稳定土由土和稳定剂拌和而成。稳定剂有哪些?_____
   A. 石灰　　　　B. 水泥　　　　C. 粉煤灰　　　　D. 液态沥青

2. 在沥青混凝土路面施工自卸车倒车时,汽车后轮离摊铺机推滚约_____处停下,变速器挂空挡。摊铺机前进时逐渐靠近自卸汽车,并推动自卸车一起前进。
   A. 20～50cm　　B. 10～30cm　　C. 20～30cm　　D. 10～50cm

3. 纵向冷接缝搭接重叠宽度约为_____cm。
   A. 3～5　　　　B. 1～5　　　　C. 3～8　　　　D. 1～8

4. 自行式沥青洒布机沥青的工作温度是_____。
   A. 120～170℃　B. 120～150℃　C. 150～170℃　D. 130～170℃

5. 摊铺机的工作速度应视其_____和厚度大小来确定。
   A. 摊铺宽度　　B. 摊铺长度　　C. 摊铺材料

6. 沥青混凝土拌和机冷集料烘干并加热到工作温度_____。
   A. 160～220℃　B. 160～200℃　C. 100～200℃　D. 100～220℃

7. 沥青混凝土拌和机将沥青熔化、脱水,并加热到_____。
   A. 100～160℃　B. 120～160℃　C. 120～200℃　D. 100～200℃

8. 沥青混凝土拌和机在正式拌和成品前,为了预热壳体,要用热砂石料预拌_____次。

砂石料与石粉在拌和机内应预先干拌 10~15s 后再喷入沥青拌和。
   A. 2~8   B. 3~8   C. 2~3   D. 2~5
9. 影响摊铺机纵向均匀厚度的主要因素有：_____、_____和轮胎气压等。
   A. 摊铺机的行驶速度   B. 料斗混合料数量   C. 摊铺宽度   D. 摊铺长度
10. 水泥混凝土摊铺机的摊铺器的形式有_____、回转铲式和箱式。
   A. 螺旋式   B. 渐开线式

三、判断题

1. 路拌法使用的施工机械有：粉料撒布机、稳定土拌和机、洒水车、平地机和压路机等。（ ）

2. 强制拌和式的特点是砂石料的烘干、加热及与热沥青的拌和，是先后在不同的设备中进行的，拌和是利用旋转的叶桨，将冷砂石料和沥青强制搅拌，拌和质量好，目前运用较为广泛。（ ）

3. 沥青混凝土拌和机当烘干筒达到一定的温度后才能起动热料输送机和配料给料装置，并保持供料均匀。（ ）

4. 路拌稳定土拌和机转子正转时，高速旋转的刀具从土层上切下一块很薄的月牙形土壤，并把它抛向罩壳；转子反转时，高速旋转的刀具从沟底向上切削土壤，并将切下来的土壤沿机械前进方向向前抛，在转子前面形成长条形土堆。整个拌和过程是切削和拌和两个阶段相互交织在一起，往往同时发生。（ ）

5. 沥青混凝土拌和机每次工作完毕后必须立即用汽油清洗沥青系统，以防沥青堵塞管路和卡死沥青泵。（ ）

6. 大型摊铺机的摊铺宽度为 2~8m，主要用于高等级路面施工；超大型摊铺机的摊铺宽度为 10~12m，主要用于高速公路的施工。（ ）

7. 在确定摊铺带宽度时应注意摊铺带数为整数。摊铺带宽度和摊铺机基本摊铺宽度不相等时，可以通过加长或缩短熨平板而获得。（ ）

8. 振捣板的振动频率不应低于 500 次/min。当摊铺厚度增大、捣固行程增大，材料集料粒径增大，混合料温度低时，应将振动频率调低一些。（ ）

9. 水泥混凝土摊铺机整平机构有摆动刮板及固定刮板等。（ ）

10. 路面每隔 10~20cm 设置一条横缝称为伸缝，必须做成透底缝形式，缝宽 3~5cm，缝的下部填以软木或甘蔗板，上部用沥青填料封口。（ ）

四、问答题

1. 简述路拌稳定土路面施工程序。
2. 简述厂拌稳定土路面施工过程。
3. 简述沥青混凝土路面的机械施工过程。
4. 简述水泥混凝土路面的机械施工过程。

单元 7

养护机械施工

 学习目标

1. 了解各日常养护机械的种类与用途。
2. 了解各日常养护机械的运用技术。
3. 了解各路面修理机械的种类与用途。
4. 了解各路面修理机械的运用技术。

 学习指南

本单元将重点讲述养护机械施工的主要内容和方法。学习流程如下：

日常养护机械的认识 → 日常养护机械的运用 → 路面修理机械的认识 → 路面修理机械的运用

 教学建议

本单元的学习重点是日常养护机械和路面修理机械的认识及运用。其中，日常养护机械和路面修理机械的运用应结合养护工程施工实际，在了解养护机械特点的基础上，能合理地组织养护机械施工。

高速公路的养护有与普通公路完全不同的特点和要求,维持高速公路的高品质的服务水准——快捷、安全、舒适,需要及时和高效、全面和完美、可靠和优质的养护工作,这些都离不开现代性能良好、品种齐全的养路机械。公路养护机械主要有路容保洁、路面养护维修、桥—隧养护维修、机电(包括交通工程)设施维护等类型。

路面的养护是一个系统工程,在配置养护机械的过程中,应当树立系统化的思想,遵守系统原理。必须从整个路面养护作业的全局出发,制订养护机械配置方案,以养护作业系统整体目标为依据。首先要考虑工程上的适用性,在选型的过程中,要根据需养护路面的情况以及工作环境合理地选择机械。例如,在此讨论的是沥青路面的养护,那么选择的设备必须主要是为沥青路面服务的。另外,我国地域辽阔,各地地理与气候条件变化大,在选型中也要作充分的考虑。其次要考虑技术上的先进性,一台性能和技术都很先进的设备,其生产能力数倍于一台相对落后的机型。选用先进设备,其生产效率高,故障率低,需要人工维护的时间少,作业质量一般也有保证。最后还要考虑经济上的合理性,在选择机械的过程中,要根据自己单位的经济承受能力,优先配置一些对养护工作影响比较突出的设备,之后再根据自己单位的资金状况不断更新改进,使设备的装备水平逐步提高。同时应考虑本单位作业人员的技术水平,以避免花高价购置的设备无人能操纵,从而造成资源的浪费,加大了养护工程的成本。

某水泥混凝土路面,长 3 000m,宽 12m,年久失修,出现如图 7-1 所示的一系列病害,现将该路面进行维修。

图 7-1 水泥混凝土路面病害

需要的主要机具有:破碎机、水泥路面修理车、切缝机、压路机等。

某一沥青路面出现了车辙病害,如图 7-2 所示。

现对该路段进行维修,需要经过以下过程,如图 7-3 所示。

(1)先铣刨车辙路段的表层;

(2)然后对铣刨过的路段清渣除尘;

(3)洒透层油;

(4)再摊铺新沥青混合料;

(5)碾压成型。

需要的主要机具有：路面铣刨机、沥青洒布机、自卸车、沥青混凝土摊铺机、压路机等。

图 7-2 车辙病害处理前的状态

图 7-3 车辙病害维修过程
a）铣刨车辙路段的表层；b）洒透层油；c）摊铺新沥青混合料；d）碾压成型

7.1 日常养护机械

公路路基和路面经过长期使用,以及寒暑、雨雪、冰冻等自然因素的影响,其路基会发生坍陷;沥青路面会发生泛油、起包、脱皮、麻面、龟裂和裂缝,甚至出现坑槽、波浪纹和车辙等损坏,水泥路面则主要有沉陷、碎板、坑洞、板角断裂、拱起、错台、唧泥、裂缝等损坏,从而使交通不畅,运输成本增加,并加速公路的损坏。为了保持公路的通行能力,延长公路的使用寿命,使巨大的基建投资不致过早地损耗,必须十分重视公路的维修和养护工作。公路维修与养护工作按其工作性质,分为小修、大中修和改建三类。在完成这些工程时,根据养护工程的特点,还应配备适用于维修与养护的专用机械。这些机械按其主要从事的工作不同,可分为日常养护机械和路面修理机械两类。

日常养护机械主要用于道路的维护,如清扫、洒水、撒砂、除雪、沥青路面罩面等,如图7-4所示。常用的机械有:洒水机、撒砂机、回砂机、搅浆机、石屑撒布机、沥青洒布机、稀浆封层机、清扫机、扫雪机和养路车等。

图7-4 路面的日常养护

一、洒水机的认识

1 洒水机的用途

洒水机的用途是向路面上洒水和冲洗路面,以达到除尘和清洁路面的作用,如图7-5所示。此外,还用来浇灌绿化用的花草树木,提供工程用水,以及熄灭火灾等。为了扩大洒水机的用途,在其上悬挂雪犁和扫刷,可在冬季进行扫雪。

图 7-5 洒水机
1-底盘;2-水箱;3-管路系统;4-水泵;5-扫刷;6-喷嘴

② 洒水机的分类

洒水机按其用途分为喷洒式、冲洗式和喷洒—冲洗式;根据底盘形式分为汽车式、半拖挂式和拖挂式;按水箱容量可称为某立方米(吨)的洒水机,如黄河 JN150 汽车底盘的 $8.4m^3$ 洒水机;按洒水功能区分,有前喷、后喷和侧喷等不同喷水方式。

③ 洒水机的应用

洒水车的工作过程主要是停车吸水和行车洒水两个过程。

(1) 停车吸水

将车停至靠近水源处,连接好吸水软管,如水泵为离心泵,则需加够引水,此时将取力箱挂于工作挡,保证水泵以正常转速运转,同时打开吸水开关,将水泵入水罐内,即

水源——吸水管——水泵——分流阀——水管——水罐

(2) 行车洒水

洒水车到达洒水地点后,停车挂上取力箱工作挡和行车挡,然后操纵离合器等设定车速行驶,同时打开洒水开关,将水罐中的水洒向需要的地方,即

水罐——水管——水泵——分流阀——水管——喷头

洒水机前喷头位置低,靠近地面,喷洒压力较大,用于冲洗路面;后喷头位置较高,洒水面较宽,用于公路施工洒水,使用后喷头时,应关闭前喷头;使用可调喷头洒水时,洒水宽度可根据需要调整。

二 石屑撒布机的认识

① 石屑撒布机的用途

石屑撒布机是根据路面泛油情况,自动将料斗内的砂料,按其要求厚度,均匀地撒布在

路面上的机械。

② 石屑撒布机的分类与构造

石屑撒布机一般分为拖式、悬挂式和自行式三种。

石屑撒布机如图7-6所示,它一般由基础车、储料斗、砂料传送装置和撒布布料器等组成。当撒布机匀速前进时,储料斗内的砂料由传送装置输送到撒布布料器,并均匀地撒布在路面上。由自卸汽车补给砂料。

图7-6 石屑撒布机
1-储料斗;2-传送装置;3-撒布布料器

③ 石屑撒布机的施工作业

石料从自卸汽车卸入后料斗,经传送装置把石料运送到前料斗,待前后料斗装满石料后,石屑撒布机在已洒好沥青的路上一边行驶,一边撒布石料,运料汽车源源不断地输送石料,石屑撒布机就可以进行连续的撒布作业,即

自卸汽车——后料斗——传送装置——前料斗——撒布布料器——路面

三 清扫机的认识

① 清扫机的用途

清扫机的作用是清扫道路和场地。

② 清扫机的分类与结构

清扫机如图7-7所示,按工作原理的不同,分为吸扫式和纯扫式。
按动力来源的不同,清扫机分为有动力型和无动力型。
按用途的不同,清扫机分为扫路刷、清扫收集机和专用收集机三类。扫路刷只能将路面上的垃圾扫到一边,通常仅在郊外的道路上使用。在铺路和修理路面时也常用它来清扫场地。清扫收集机不但能把垃圾和尘土扫到一边,而且能自动将垃圾装入垃圾箱中运走,在城市道路清扫中应用广泛。专用收集机是专门用来收集机场上的金属和其他物品。

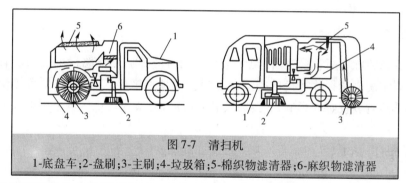

图 7-7 清扫机
1-底盘车；2-盘刷；3-主刷；4-垃圾箱；5-棉织物滤清器；6-麻织物滤清器

清扫机按其清扫作业装置的形式，可分为刷式、真空式和刷—真空组合式。

清扫机按把垃圾送入垃圾箱中的方式不同，分为机械式、空气式和空气机械式。

清扫机按清扫时洒水与否，可分为湿式和干式两种。一般刷式清扫机是湿式的，而真空式和刷—真空式清扫机则是干式的。

清扫机一般由机架、发动机、传动系统、扫地刷（主刷和副刷）、垃圾箱、垃圾输送装置和洒水系统等组成。

3 清扫机的运用技术

使用清扫机时，应使其侧盘接地方位正确和水平柱刷两端接地压力一致，从而使两端扫除效果相同。对于轻质垃圾、树叶、纸屑等，特别当数量较大时，吸口的离地间隙应大些；对于密度比较大的垃圾尘粒，吸口的离地间隙应小一些。喷水量的大小应根据路面垃圾状况来选择。

四 除雪机的认识

1 用途

除雪机用来清除道路、机场（广场）上的积雪和结冰，是寒冷积雪地区公路、城市道路、机场等养护部门必备的冬季养护机械。

2 分类

除雪机主要有转子式或犁式除雪机、除雪平地机、融雪车等。

转子式除雪机用来清除公路、城市道路、机场和广场上的积雪，并可将雪装到运输工具上去。转子式除雪机的基本工作装置是叶片转子。目前使用最广泛的是螺旋转子和综合铣刀转子式除雪机。

犁式除雪机的工作装置为装在车辆前端、中部或侧面的各种犁板式除雪装置。除雪平地机为一般自行式平地机，刮削积雪时，除雪平地机一般装有前置的V形犁或侧置的翼。

融雪机是一种能完成集雪、装雪和运雪的全能除雪机械。该机系用前滚轮旋转刮刀将地面上的积雪收集起来，通过滑雪槽送入融雪槽中，积雪在这里被加热融化成水而被排出；也可以将滑雪槽转动 90°，向道路两侧喷散除雪。

3 除雪机的运用技术

在使用除雪机除雪时,应按操作说明进行。同时应根据工作路段的雪质、雪的厚度、硬度及路面障碍情况来选择除雪机的类型及型号。对顶推拖挂式除雪机,要考虑牵引车的抗滑性能及雪雾对驾驶视野的影响,必要时安装防滑链,对梨式雪车尽量选用平头牵引车。

五 排障车的认识

1 用途

排障车如图7-8所示,是公路交通工程的重要装备之一。其功能是将公路和城市道路上发生故障而不能行驶的东西、发生肇事而损坏的车辆以及违章停放的车辆拖运移离现场,排除故障,疏通交通。

图7-8 排障车

2 分类和工作原理

排障车按作业功能分,有专用型和综合防治型;按作业能力分,有小型、中型、大型和超大型。它具有托举、起吊(拖拽)、牵引等功能。其工作原理是:利用附具将肇事车辆损坏的前桥和后桥稳固在伸缩臂上,然后托举、牵引移离肇事现场。如肇事车辆翻倒,则需利用卷扬系统起吊将其扶正后托举;如肇事车辆掉入边沟,则需利用卷扬系统拖拽、起吊将其拖到路上扶正后托举牵引。

3 排障车的运用技术

根据现场具体情况的不同,如车型的不同、前桥或是后桥的损坏等情况采用不同的排障工艺。一般来说,对载货汽车和大型客车,采用钢叉支承法;对于小客车和轻型越野车等,采用固定车轮法。

六 画线机械的认识

1 用途

路面画线机械如图7-9所示,是在公路、城市街道等路面上划出各种交通标线的机械,还可以在厂矿道路、机场、公园、广场等画停车线、分区线等其他标线,一般是在干沥青混凝土和水泥混凝土路面上以油漆涂料或热塑性材料进行画线。

② 分类

根据道路标线涂料的不同,画线机械分为常温漆画线机、加热溶剂型画线机和热熔型涂料施工机械。

③ 画线机械的运用技术

高压无气喷涂画线机在使用前,应做好涂料、稀释剂等材料的准备以及施工参数的确定

图7-9 手扶式路面画线设备

和调整等准备工作;在喷涂过程中应保持涂料的清洁。对于热熔涂料施工机械,除准备工作外,还应进行液压传动热熔釜空载试运行;在喷涂过程中使热熔涂料保持一定的加热温度。

七 养路车的认识

① 用途

养路车的作用是处理沥青路面的种种病害,并可进行路面画线、标志喷涂、草木除虫和行道树修剪等作业。

② 分类

养路车按行走方式,分为自行式和拖式;按作业方式,分为单项作业型和综合作业型。由于自行式综合作业型养路车机动灵活、功能齐全和结构紧凑,目前使用较广。

③ 自行式综合作业养路车的运用技术

自行式综合作业养路车系在解放汽车底盘上安装各种工作装置而成。配备风铲或电铲用于铲挖;配备气枪用于清扫;具有良好保温能力的混合料箱以及具有保温加热能力的沥青罐,以沥青泵配以喷嘴完成沥青喷洒和小型罩面任务;以小型夯板完成混合料填补后的夯实作业。该车还配备红外线路面加热器,不仅使旧路面易于铲挖,且可使旧料就地利用。

7.2 路面修理机械

路面修理机械用来完成公路路面较大损坏的修理,如车辙、波浪纹、松散、泛油或路面翻新、改造等工作。路面修理机械除前已述的各种施工机械外,尚有远红外加热装置、路面铣刨机、道路重铺机等。

一 路面铣刨机的认识

① 用途

路面铣刨机用于路面铣平,旧沥青混凝土路面修补、翻修,水泥混凝土路面抗滑纹理加工、切缝、开槽等施工和养护作业。

利用铣刨法,可对具有车辙、裂缝隙、坑洞、泛油等病害的沥青路面,发生断层的水泥混凝土路面,进行有效而快速的修理工作。路面铣刨法被欧洲与北美列为标准养路方法。

修复沥青混凝土路面的车辙及波浪纹时,采用铣刨法,将路面的车辙或波浪纹用铣刨机铣刨平,然后铺装一层新料或再生料的面层,这样不但可以节省大量的路面材料,同时又不会出现上述弊病。对于轻微的波浪纹,只需直接铣刨平,不需添加新面层,可立即恢复交通。

用铣刨法修补路面的坑洞有完美的效果。只要用铣刨机将坑洞切割平直,再添加新料并压实即可。

② 分类与结构

路面铣刨机如图7-10所示,按在铣刨过程中是否对路面进行加热,可分为冷铣刨和热铣刨。在铣刨过程中,对路面进行加热的为热铣刨机,反之则为冷铣刨机。

路面铣刨机由行走底盘、工作装置和操纵控制系统所组成。另外,根据施工的特殊要求,还可配装多种附加装置,如远红外线加热装置、水箱和压力洒水装置、轮子摆动装置、集料器及皮带输送装置。路面铣刨机的工作装置为装有铣刨刀具的铣刨鼓,其结构原理与路拌用稳定土拌和机的拌和鼓及刀具相类同。同时稳定土拌和机装用铣削刀具后亦可用来铣刨旧路面。

图 7-10　路面铣刨机

3 路面铣刨机的运用技术

热铣刨机作业时先对路面加热，热后进行切削，因此切削阻力小，但加热需耗费大量的热量。该机加热方式有电加热和燃烧气体加热，使用最多的是煤气喷灯远红外线加热。

冷铣刨机近些年来发展较快，虽然其配置的发动机功率较大，刀具磨损也很严重，但切削粒度均匀，可装配洒水器喷水、喷乳剂等以减少灰尘的散发量，因而适用性广。

路面铣刨机可按需要调节切削深度，并对路面进行整形，以达到所要求的平整度、拱度和横坡等。

路面铣刨机应严格按照操作说明进行。在工作前对机械进行空运转试验；在进行工作时，必须使机械处于行走状态，再使转子旋转并缓慢下降，渐渐进入工作状态；每班工作后，应检查铣削转子的刀具是否松动，若有松动应及时更换，刀头磨损严重或折断应及时更换；每班工作后，应及时清洁并润滑。

二 沥青路面修补车的认识

1 用途

沥青路面修补车是一种对路面进行综合性修理和保养的机械，可完成路面的破碎、清理、补料、压实等多种作业，主要用于沥青路面的修理和养护。

2 分类及结构

沥青路面修补车，按其汽车底盘载质量的不同，分为小、中、大三种类型；按行驶方式的不同，分为拖式、自行式两种；按传动方式的不同，分为机械传动式、液压传动式、电传动式、气压传动式及综合传动式五种。

图 7-11 为沥青路面综合养路车，该车具有开挖和破碎沥青路面、沥青混合料的保温运输、沥青混合料填补、液态沥青保温运输、沥青喷洒、路面压实等功能。

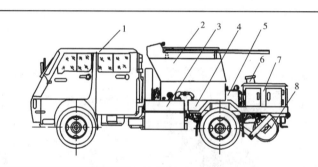

图7-11 沥青路面综合养路车
1-驾驶室;2-沥青混合保温箱;3-沥青保温箱;4-清洗油箱;5-螺旋输送器;6-电动碾压滚;7-提升油缸;8-液压控制柜

图7-12为加热型沥青路面修补车。修补车的后部有丙烷气红外线路面加热器,作业时用液压油缸将加热器放下,对旧路面进行加热,使之软化,便于工作于铲挖和填补作业。车上装有各种设备和装置,从驾驶室后部开始依次排列有:沥青箱、平台、侧卸料斗、工具箱等。

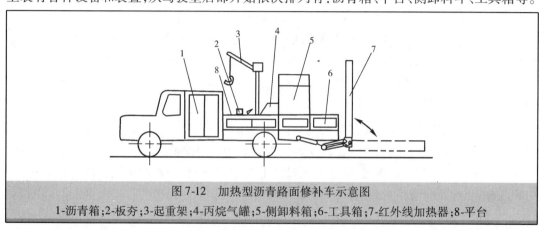

图7-12 加热型沥青路面修补车示意图
1-沥青箱;2-板夯;3-起重架;4-丙烷气罐;5-侧卸料箱;6-工具箱;7-红外线加热器;8-平台

❸ 沥青路面修补车的运用技术

沥青路面修补车在作业前,应使发动机运转和输出动力正常后再开始工作,避免发动机空转;装入混合料箱的混合料温度不能低于150℃的使用温度;行驶过程中不能对沥青罐内的沥青加热,罐内石油沥青不得低于160℃,且沥青数量应达总容量的80%;混合料拌和前拌和装置空转几分钟,拌和完后拌和装置应清洗干净。

三 水泥路面维修机械的认识

水泥路面的维修方法是根据破损的实际情况确定。维修常用的工艺有:扩缝、清缝、灌缝、凿孔、切槽、罩面、钻孔、振捣、翻修等。常用的机具有:破碎机、凿岩机、空气压缩机、高压水清洗机、切缝机、封层机、搅拌机、振捣器、挖掘机、装载机等。

多功能水泥混凝土路面维修车的底盘是利用汽车底盘改装或者直接采用工程机械底

盘,其主要特点为:采用轮式底盘,机动性好,工作装置具有一个多用途的工作臂,可完成破碎、凿毛、夯实、挖坑、抓料、钻孔等工作。

工作装置设计比较灵活,可以用来进行装载、挖掘、推土、松土、挖坑、开沟、铣刨、破碎等。如图 7-13 所示为破碎水泥路面常用的破碎工具——破碎锤,主要安装于挖掘机、装载机等工程机械上。

图 7-13 破碎机械

四 沥青路面再生机械的认识

1 用途

沥青路面再生机械是对旧沥青路面材料进行再加工并使其恢复原有形态的机械设备,适用于产生裂缝、车辙、各种变形的沥青路面的修复工程,是道路养护专用机械之一。

2 分类

常见的再生机有厂拌再生和就地再生、热再生和冷再生机械。

图 7-14 为 WIRTGEN 道路重铺机,由一次加热器、翻松器、切削器、二次加热器、分料器、整型刮刀、熨平板、水平输送带、倾斜输送带、液化气罐和料斗等组成。该机能对旧路面进行加热、切削、摊铺和整型作业。

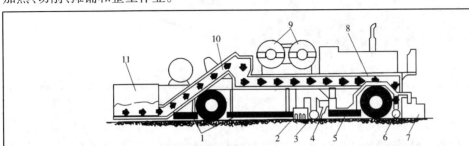

图 7-14 WIRTGEN 道路重铺机示意图
1-一次加热器;2-松翻器;3-切削器;4-整形刮刀;5-二次加热器;6-分料器;7-熨平板;8-水平输送带;9-液化气罐;10-倾斜输送带;11-料斗

3 道路重铺机的运用技术

道路重铺机在翻修旧路时,先由一次加热器将路面加热到110～130℃,使路面材料软化,由翻松器和切削器将旧路面切削破碎并由整型刮刀刮平;再经二次加热器加热,并在表面铺上由料斗经倾斜输送带和水平输送带送来的新沥青混合料,该混合料由分料器、熨平板摊平整型。最后,用配套的压实机械碾压成型,至此即完成旧路面翻修的全过程,如图7-15所示。

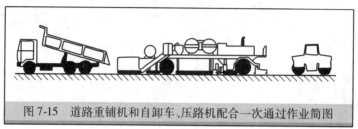

图7-15 道路重铺机和自卸车、压路机配合一次通过作业简图

在上述翻修过程中,原路面旧料和补充的新料分层铺平,一起压实,此系标准的路面重铺工艺。也有将新、旧料混合后一起铺平、压实的。有时,还可将各种改性添加剂掺入新旧混合料内,以提高再生路面的性能。还可以只将旧面料重新铺压的,故称为复原性修复法。

如图7-16所示,该设备为最先进的沥青路面养护列车——沥青路面现场热再生机组。它由两台加热车、一台加热铣刨车、一台加热复拌车及一台摊铺机、三台压路机组成,长度约百米。该车先通过数百摄氏度的热风将原路面的沥青混合料融化,然后铣刨车将路面材料刨松散,加入沥青和改性剂对其进行改性,复拌车再将旧材料收集起来,与新材料进行混合搅拌,然后重新摊铺、碾压,形成新的路面。

图7-16 沥青路面现场热再生机组

列车养护速度一般是2m/min,是以前传统铣刨工艺速度的至少3倍,且不会因天气原因留下坑洼。该工艺具有"快速、低碳、环保、循环、经济"五大优势。用传统养护方法施工的路面,由于原路是常温,新铺的沥青混凝土上下层之间融合性较差。但再生列车施工养护的路面,因原路面和新铺的沥青混凝土层是高温黏结,层间结合非常完美,不会出现新的起层和断裂,使用寿命也将有所提高。

单元小结

1. 洒水机的用途、分类与运用技术。
2. 石屑撒布机的用途、分类与运用技术。
3. 清扫机的用途、分类与运用技术。
4. 除雪机的用途、分类与运用技术。
5. 排障车的用途、分类与运用技术。
6. 划线机械的用途、分类与运用技术。
7. 养路车的用途、分类与运用技术。
8. 路面铣刨机的用途、分类与运用技术。
9. 沥青路面修补车的用途、分类与运用技术。
10. 水泥混凝土路面维修车的用途、分类与运用技术。
11. 沥青路面再生机械的用途、分类与运用技术。

自我检测

一、填空题

1. 洒水机的用途是向路面上_____，以达到除尘和清洁路面的作用。
2. 石屑撒布机是根据路面泛油情况，自动将料斗内的_____，按其要求厚度，均匀地撒布在路面上的机械。
3. 清扫机的作用是_____。
4. 除雪机用来清除道路、机场（广场）上的_____，是寒冷积雪地区公路、城市道路、机场等养护部门必备的冬季养护机械。
5. 排障车是公路交通工程的重要装备之一。其功能是将公路和城市道路上发生故障而不能行驶的东西、发生肇事而损坏的车辆以及违章停放的车辆_____现场。
6. 路面画线机械就是在公路、城市街道等路面上画出各种_____的机械，还可以在厂矿道路、机场、公园、广场等画停车线、分区线等其他标线，一般是在干沥青混凝土和水泥混凝土路面上以油漆涂料或热塑性材料进行画线。
7. 养路车的作用是处理_____路面的种种病害，并可进行路面画线、标志喷涂、草木除虫和行道树修剪等作业。
8. 路面修理机械用来完成公路路面_____损坏的修理，如车辙、波浪纹、松散、泛油或路面翻新、改造等工作。
9. 路面铣刨机用于_____，旧沥青混凝土路面修补、翻修，水泥混凝土路面抗滑纹理加工、切缝、开槽等施工和养护作业。
10. 沥青路面修补车是一种对_____的机械，可完成路面的破碎、清理、补料、压实等多种作业，主要用于沥青路面的修理和养护。

二、问答题

1. 水泥混凝土路面维修常用的工艺有哪些？
2. 水泥混凝土路面维修常用的机具有哪些？
3. 公路维修与养护工作有几种类型？
4. 日常养护机械包括哪些品种？

单元 8

施工工地常见电机控制电路

学习目标

1. 能简述塔式起重机生产率、选用方法。
2. 能叙述起动系统的电路组成及工作过程。

学习指南

本单元将重点讲述施工工地常见电机控制电路的主要内容和方法。学习流程如下：

离心泵抽水装置和水泵控制电路的认识 → 水泵的性能参数及选型配套 → 电动机与水泵的配套 → 塔式起重机的认识 → 异步电动机常用控制电路 → 塔式起重机生产率 → 塔式起重机的选用 → 工程机械电气系统认识

教学建议

本单元的学习重点是水泵控制电路、塔式起重机电气控制系统和工程机械电气系统等施工工地常见电机控制电路。其中，电机控制电路部分内容应结合压实工程实例进行学习和理解。

8.1 水泵控制电路

某工地,施工中需要抽出地下水。已知平均净扬程为21m,流量为720m³/h,进行泵型初选,其中在管路布置没有具体确定以前,损失扬程按15%的平均净扬程进行估算,如图8-1和图8-2所示。

图8-1 施工工地

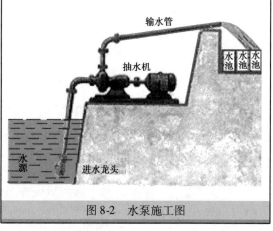

图8-2 水泵施工图

首先计算平均扬程:

$$\overline{H} = H_净 + H_损 = 21 + 0.15 \times 21 = 24.15(\text{m})$$

然后进行泵型初选:因为平均扬程为20~100m,宜首选单级离心泵。查水泵产品样本,水泵扬程符合泵站平均扬程的泵型有:IS150-125-315、IS150-125-400、IS200-150-315及IS200-150-400等型号,四种泵型的台数计算如表8-1所示。

泵型及相应台数表 表8-1

型 号	单泵流量(m³/h)	台 数
IS150-125-315	200	4
IS150-125-400	200	4
IS200-150-315	400	2
IS200-150-400	400	2

根据选型原则和选型中应考虑的问题,初选 IS200-150-315 型水泵两台或 IS200-150-400 型水泵两台。因为它的建设费和运行费可能最小,管理运行较方便。

一 离心泵抽水装置

水泵装置是由水泵、动力机、传动设备、管路及其附件所组成的组合体。只有构成水泵装置,水泵才能抽水。图 8-3 为离心泵抽水装置示意图,卧式离心泵安装于进水池水面以上。水泵运行时,进水池的水经进水管吸入泵内,动力机通过传动设备带动叶轮旋转,使水产生离心力,从叶轮甩出,经出水管流入出水池。

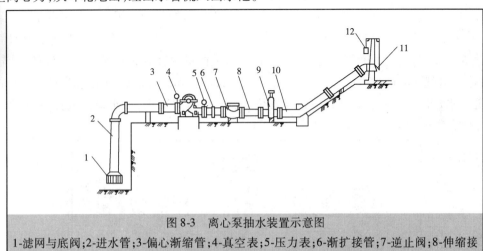

图 8-3 离心泵抽水装置示意图
1-滤网与底阀;2-进水管;3-偏心渐缩管;4-真空表;5-压力表;6-渐扩接管;7-逆止阀;8-伸缩接管;9-闸阀;10-出水管;11-拍门;12-平衡锤

1 水泵的认识

在道路桥梁工程的基础施工中,水泵的主要用途是用来排除基坑或建筑结构物中的积水,以及从江河、地下提取生产用水和生活用水。

(1)水泵的类型

水泵的类型较多,根据其工作原理与结构形式的不同,可分为三类:叶片式泵、容积式泵和其他类型泵。

叶片式泵包括离心式水泵、轴流水泵、混流水泵;容积式泵包括往复式(活塞式)泵和回转式泵;其他类型泵包括长轴井泵、潜水泵、水轮泵、射流泵、气升泵等。叶片式泵根据泵轴布置形式,可分为立式、卧式等形式。一般工业生产上所用的水泵多是离心式水泵。

常用的离心水泵又有以下几种形式:单级单吸离心水泵、双级单吸离心水泵、单级多吸离心水泵等。在路桥施工工地上,普遍使用的是单级单吸离心水泵,即一个叶轮、单面吸水。这种水泵的特点是扬程较高、流量较小、结构简单、使用方便、水泵出水口可以根据需要作上下左右的调整。

(2)水泵的型号

水泵的种类与规格繁多,为了订购和选用的方便,对不同类型的水泵,根据其口径(或叶轮直径)的大小、性能、结构等不同情况,分别编制了不同型号。

在我国,通常用首字汉语拼音大写字母表示水泵的名称、形式及特征,用数字表示水泵的主要尺寸及工作性能。例如:IS100-65-200 中,IS——单级单吸离心泵;100——吸入口直径(mm);65——排入口直径(mm);200——叶轮直径(mm)。

(3)水泵的结构

离心水泵是利用叶轮旋转时产生的离心力来抽水的,单级单吸悬臂式离心水泵,它的构造如图 8-4 所示。其主要零部件由叶轮、泵壳、密封环、泵轴、轴承等组成。在抽水前,通过潜水或用真空泵抽气的方式,使泵壳内和进水管及闸阀前的出水管内充满水,当动力机带动叶轮在泵体内旋转时,叶片使水做旋转运动,水在离心力的作用下甩向叶轮外缘,汇集到泵壳内,并从出水口输送出去。水被甩出后,在叶轮进口处形成负压;而作用于进水池水面的压力为大气压力,在此两断面压力差的作用下,水就由进水池通过进水管吸入叶轮,叶轮不停地旋转,水就不断地被甩出和吸入,这就是离心泵的工作原理。离心泵起动前一定要向泵壳内充满水,方可起动,否则将造成泵体发热、振动、出水量减少,对水泵造成损坏(简称"气蚀"),造成设备事故。

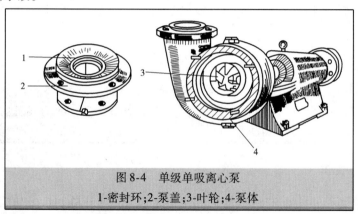

图 8-4 单级单吸离心泵
1-密封环;2-泵盖;3-叶轮;4-泵体

❷ 管路系统

离心泵抽水装置的管路系统一般由进水管、出水管、底阀、闸阀、逆止阀或拍门以及渐变接管和测量仪表等组成。

离心泵抽水装置管路系统各部分的作用如下:

(1)管道。包括进水管和出水管,是用以输送水流的设备。

(2)底阀或喇叭口。在进水管口装有底阀,用以防止水流回进水池。底阀为单向阀,在水泵充水排气后泵起动,阀门向上推开,开始吸水,底部有滤网,底阀因水头损失大,对于吸入口径大于 300mm 的离心泵建议不用底阀,用真空泵抽气充水,此时,可在进水管口装上喇叭口。

(3)闸阀。一般装在出水管上,作用主要是:关闭闸阀起动时,可降低起动功率;关阀停机或检修,可截断水流;抽真空时关闭闸阀,可隔绝外界空气;对于小型抽水装置,可以用来调节水泵的功率和流量。

(4)逆止阀。安装在出水管路上,其作用是因事故停机时,可自动关闭阀门,阻止出水管中水倒流和机组转子反转。但是安装了逆止阀,由于阀门突然关闭,会产生很大的水锤压力。因此,对中、低扬程泵站可不装逆止阀,而在出水管口安装拍门等,用来防止出水池水倒流。对高扬程的泵站,目前多用缓闭逆止阀。

(5)渐变接管。也称大小头,用以改变管中流速,连接两个不同管径的管道。

(6)伸缩接管。安装在出水闸阀的一侧,用以调节由于温度变化引起管道的伸缩,另用以拆装管件。

(7)测量仪表。包括真空表和压力表,分别安装在水泵进口和出口法兰处,用以测定水泵进口处真空度和水泵出口处的压力。

二 水泵控制电路

水泵动力机,常采用的有电动机和柴油机。电动机容易起动,操作简便,运行可靠,管理方便,成本较低,便于自动化。但是输电线路及其他附属设备的投资较大,功率受电源电压影响较大。柴油机不受电源限制,机动灵活,适应性强,但运行时易发生故障,噪声较大,对环境有一定污染,使用操作、维护保养等技术要求较高。

1 水泵控制电路

在施工工地,以异步电动机为动力机的水泵控制电路一般为常见三相异步电动机电路控制电路,包括电度表、熔断器、开关、热继电器、接触器、异步电动机等常用的电气设备。

上述电器中,熔断器、热继电器属于保护器件;闸刀开关、接触器、起动按钮、停止按钮属于控制器件;电度表为仪表类器件。一般常见异步电动机电路主要由异步电动机、保护器件、控制器件、仪表类器件四大部分组成,如图8-5所示。

图8-5a)为该电路的实体连接图。电度表1的三根端线与外电源相接。合上闸刀开关2,按下起动按钮5,接触器动作,接通电动机主电路,电流经电度表、闸刀开关、熔断器、接触器主触头、热继电器后流入电动机,电动机旋转,将电能转变为机械能,驱动作业机械工作,从而实现了从电能到机械能的转化。

为了简单、清晰、明了地表达电路原理,常采用电气原理图。图中以各种符号代表电气元器件和设备,这些符号由国家标准规定。在电气原理图中,为了画图和识图的方便,同一电器的各个部分(如接触器的触头和线圈)不是画在一起,而是根据需要分散在电路各处,并以相同的符号标注(或在相同的符号上加注下标)。

图8-5b)为单转向直接起动的异步电动机控制电路的电气原理图。图中PJ表示电度表,它显示设备消耗电能的数量;QS表示闸刀开关,其作用是通、断主电路;FU表示熔断器,其作用是短路保护和过载保护;FR表示热继电器,起过载保护作用;KM代表接触器,控制主电路的通断;SB_1代表停止按钮;SB_2代表起动按钮;M代表电动机。

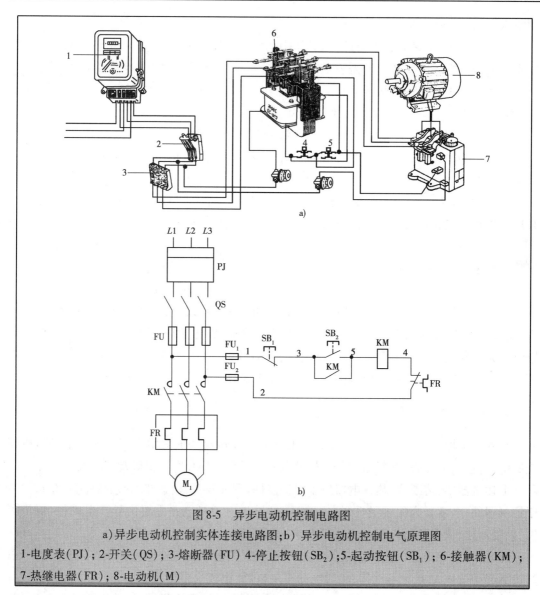

图 8-5　异步电动机控制电路图
a) 异步电动机控制实体连接电路图；b) 异步电动机控制电气原理图
1-电度表(PJ)；2-开关(QS)；3-熔断器(FU) 4-停止按钮(SB₂)；5-起动按钮(SB₁)；6-接触器(KM)；
7-热继电器(FR)；8-电动机(M)

电气原理控制电路是用导线将电机、电器、仪表等电器元件连接起来，并实现某种要求的电气线路。电气原理控制电路应根据简明、易懂的原则，用规定的方法和符号来绘制。

下面以异步电动机控制电路为例，介绍各常用电器的作用、工作原理、组成部分和使用条件等。

❷ 低压电器

为了提高劳动生产率，改善劳动条件，实现生产过程的自动化，施工工地的生产机械一般都采用电动机作为动力。因此，需要各种电器与电动机组成电力动力控制系统，以便对施工机械进行方便而准确的控制。

为了使电动机运转符合生产机械的要求，实现起动、正反转、调速与制动等，就必须具有正确、可靠、合理的控制线路,并且控制线路还要对电机过载及线路短路进行自动保护。

在控制系统中,按照电器的作用可分为控制电器和保护电器两类。闸刀开关、按钮和接触器等是用来控制电动机的起动和停止的电器,称为控制电器;熔断器用来保护电源,防止线路短路;热继电器用来保护异步电动机,防止其在过载状态下运行,这些电器称为保护电器。

另外,按照电器的动作方式,可分为手动电器和自动电器两类。通过人手操纵而动作的电器,如闸刀开关、按钮等为手动电器,而能按照信号或某个物理量变化而自动动作的电器,如接触器、热继电器等为自动电器。

控制用电气元件一般采用低压电器。主要是通过分断或接通主电路来达到控制、保护、调节电机起动、停止、正反转和调速等目的。下面介绍各常用电器的作用、工作原理、组成部分和使用条件等。

1) 控制器件

控制器件包括各类开关和接触器,其作用是根据工作需要接通、断开电路,以便实现控制自动化甚至远距离控制。下面逐一介绍常用的控制器件。

(1) 开关

开关的作用是直接控制电路的通断,常见的开关有刀开关、铁壳开关、按钮开关和低压断路器,其外形和表示符号分别如图8-6a)、b)、c)和d)所示。下面分别作一个简单的介绍。

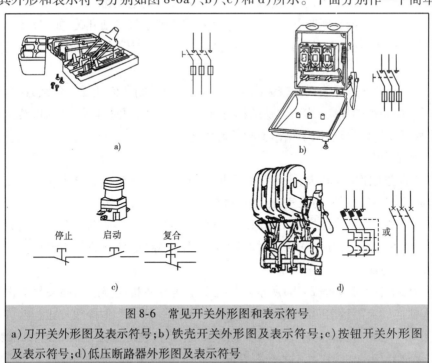

图8-6 常见开关外形图和表示符号
a)刀开关外形图及表示符号;b)铁壳开关外形图及表示符号;c)按钮开关外形图及表示符号;d)低压断路器外形图及表示符号

①刀开关。如图8-6a)所示,刀开关一般由防护外壳、绝缘底板、电源进线座、负载接线座、静触头及三个(或两个)刀片式动触头和熔断丝组成。这种开关具有一定的分断能力,兼有通、断和保护电路的功能。

刀开关可用在主电路中,其额定电压一般不超过500V,额定电流分很多等级,实际选用时应注意,使用电压不能超过额定电压值,使用最大电流应略低于额定电流值。

普通刀开关的主要优点是结构比较简单,使用成本低;缺点是用在容量较大的电动机电路或其他感性负载电路中时,静触头和刀片间会产生很强的电弧,容易将刀片和静触头烧蚀,影响开关的使用寿命,甚至危及操作人员的安全。

②铁壳开关。如图8-6b)所示,其表示符号与刀开关相同。铁壳开关由刀开关、熔断器和密封的钢外壳组成。开关内装有加速弹簧,能提高开关的断开速度,以减轻拉弧现象。操作机构带有机械互锁装置,使盖子打开时手柄不能合闸,手柄合闸时盖子不能打开,从而达到安全使用的目的。

铁壳开关也可用在主电路中,其选用原则与刀开关相同,都同时受到额定电压和额定电流的限制。

与刀开关相比,铁壳开关的主要优点是使用安全可靠、寿命较长,更能适用于电流较大的场合;其缺点是结构较复杂,价格比刀开关高。

③按钮开关。按钮开关的特点是结构简单,尺寸小,能允许通过的电流较小。因此,在一般电流较小的日常照明电路中,可用来直接控制电路的通、断;或者用在动力电路的控制电路中起间接控制主电路的功能。如图8-6c)所示电路中的起动按钮开关和停止按钮开关,用在控制电路中控制接触器,并靠接触器的动作,间接控制主电路。

④低压断路器。低压断路器又称自动空气断路器或空气自动开关,如图8-6d)所示。它既能通过人工操作控制电路的通断,又具有过载、短路和欠压保护功能,在线路发生故障时能自动切断电路。

低压断路器的优点是能切断较大的短路电流,可以控制任何性质的负载,还具有低压保护功能,所以应用范围较广;其缺点是结构复杂,价格较高,同时,操作次数和操作频繁程度都会影响其寿命,所以只应用于操作不频繁的场合。

(2)交流接触器

电动机的主电路电流较大,主电路的通断,一般是通过交流接触器来完成。交流接触器既能频繁通、断电路,此外,还能实现远距离控制。

①交流接触器的基本结构和工作原理。交流接触器的外形如图8-7a)所示,它主要由电磁机构和触头两大部分组成。电磁机构的作用是操纵静、动触点的分、合动作,它由励磁线圈、铁芯和衔铁组成。

交流接触器各触头如图8-7b)所示。与三个主接线柱相连接的动触头与上铁芯固连在一起,随上铁芯的上下运动而断、通电路。静触头与另一侧三个主接线柱相连接,动、静触头的开、闭实现了电源和负载的断、通。起动按钮和停止按钮与励磁线圈相连接,接入控制电路。交流接触器与起动按钮和停止按钮共同组成通、断主电路的控制电路。

当按下起动按钮接通控制电路,主电路接通电源,电动机开始运转。此时,与起动按钮并联的常开辅助触头接通并自锁,即使手离开起动按钮,仍保持控制电路的接通,电动机持续运转。若按下停止按钮,控制电路断开,主电路断开。

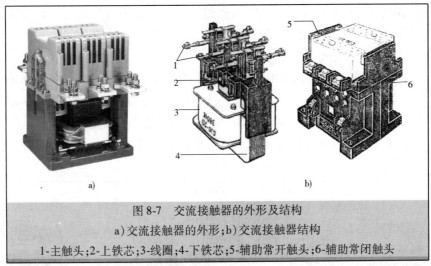

图 8-7 交流接触器的外形及结构
a)交流接触器的外形；b)交流接触器结构
1-主触头；2-上铁芯；3-线圈；4-下铁芯；5-辅助常开触头；6-辅助常闭触头

接触器在接线圈中标注的基本文字符号为"KM"。线圈、主接点、辅助接点都是采用同一文字符号，其图形符号如图 8-8 所示。图 8-9 是表示交流接触器主触头、线圈、辅助触头在控制电路中基本作用的示意图。在该图中，主触头串接在 380V 主电路中，用来接通或分断用电设备，线圈接在 220V 控制电路中，辅助接点可接在 6.3V 信号灯电路中。可以看出，主触头、线圈、辅助触头可以分接在不同电压等级的不同控制回路中。

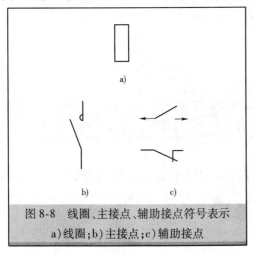

图 8-8 线圈、主接点、辅助接点符号表示
a)线圈；b)主接点；c)辅助接点

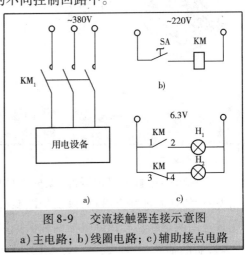

图 8-9 交流接触器连接示意图
a)主电路；b)线圈电路；c)辅助接点电路

② 使用维护。在使用和维护中，应做到以下几点：

a. 检查接触器铭牌及线圈上的技术数据是否符合实际使用要求；

b. 擦净铁芯端面的防锈油，以免油垢黏滞而造成断电不释放；

c. 检查接线是否正确无误；

d. 在主触头不带电情况下，先使电磁线圈通电分、合数次，确认动作可靠后，方能投入使用。

(3)凸轮控制器的使用和基本结构

交流凸轮控制器是一种手动转换开关,在施工起重机械中得到运用。其功能是控制小型交流电动机的起动、停止、调速、反转及制动,也可以用于有同样要求的其他电力拖动系统中。

交流凸轮控制器的结构如图 8-10 所示,其主要由触头、凸轮、触头杠杆、方轴、弹簧、滚子、手轮和灭弧罩组成。工作时,方轴带动凸轮转动,使滚子落入凸轮的凹部,从而达到使触头闭合的目的;当凸轮凸出部分顶住滚子时,就会使触头断开,触头断开时产生的电弧由灭弧罩熄灭。在方轴上装有不同形状的凸轮,可使一系列的触头按规定的顺序接通、分断电路。

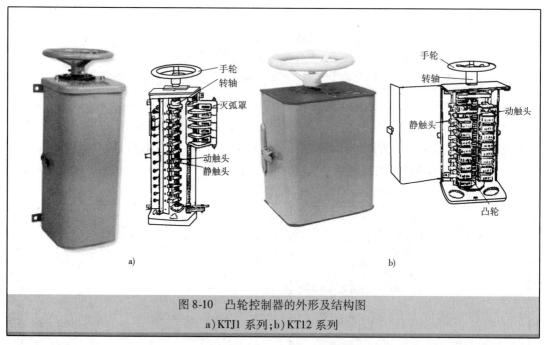

图 8-10 凸轮控制器的外形及结构图
a) KTJ1 系列；b) KT12 系列

2) 保护器件

在第一节中接触了保护器件,保护器件的作用是当用电设备或线路出现短路或其他异常情况时,能适时地断开电路,既保护电源,也防止设备或线路故障的扩大和蔓延,本节主要介绍最常用的熔断器和热继电器两种保护器件。

(1) 熔断器

常用的熔断器有管式熔断器、插入式熔断器、填料式熔断器和螺旋式熔断器四种,其外形如图 8-11 所示。在电流不很大的电路及控制电路中,多用螺旋式熔断器或插入式熔断器;照明电路中多用插入式熔断器;电流较大的电路中管式熔断器运用较多。

熔断器由熔体、绝缘材料和绝缘外壳等组成,也是一种过载和短路保护用的电器。当通过的电流大于熔体的额定值时,由于电流的热效应,熔体便熔化而切断故障部分和电源的通路。其中的熔体是由熔点很低的金属丝或金属片制成。这里重点介绍熔断器的参数、不同熔断器的基本情况及熔断器的选择原则。

①熔断器的主要参数。熔断器的主要参数有额定电压、额定电流和极限分断能力。额

定电压指熔断器的正常工作电压;额定电流分为熔断器的额定电流和熔体的额定电流。熔体的额定电流值不能超过熔断器的额定电流值。熔断器的额定电流分为多个等级,各个等级具体参数如表 8-2 所示。

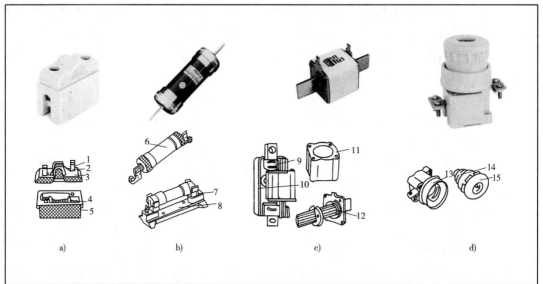

图 8-11　熔断器外形图
a)插入式 RC1A 系列;b)管式 RM0 系列;c)填料式 RT0 系列;d)螺旋式 RL1 系列
1-动触点;2、12-熔体;3-瓷插件;4-静触点;5、10-瓷底座;6、14-熔断管;7、9-弹簧夹;8、13-底座;11-管体;15-瓷帽

熔断器额定电流等级　　　　　　　　　　　　　　表 8-2

熔断器的额定电流(A)	熔体的额定电流(A)	熔断器的额定电流(A)	熔体的额定电流(A)
10	2、4、6、10	200	100、125、150、200
25	15、20、25	400	200、250、300、350、400
60	30、35、40、50、60	600	400、430、450、500、550、600
100	60、80、100	1 000	700、800、900、1 000

极限分断能力指熔断器所能断开的最大短路电流值,此值的大小取决于熔断器的灭弧能力。

②RC1A 系列插入式熔断器。RC1A 系列插入式熔断器的灭弧能力差,极限分断能力也低,且熔化特性不稳定。所以只用于负载不大的照明和容量在 7.5kW 以下的电动机短路保护。

③RM0 系列管式熔断器。RM0 系列无填料封闭管式熔断器采用弯截面锌片做熔体,用钢纸做封闭绝缘管。当电路因过载或短路而产生故障时,锌片的几处狭窄部分同时熔断,形成很大的灭弧间隙,有利于灭弧。同时,电弧热量能使钢纸管内壁局部分解,产生气体,也有利于灭弧。但经过几次动作后,熔管内壁变薄,使灭弧效率和机械强度降低。为了使用安

全,一般分断三次后必须换管。

④RT0 系列填料式熔断器。填料式熔断器的填料通常有 SiO_2 和 Al_2O_3 两种。填料式熔断器在熔体熔断产生电弧的过程中吸收电弧能量,使电弧迅速熄灭。

⑤RL1 系列螺旋式熔断器。RL1 系列螺旋式熔断器为有填料熔断器。熔体装在空心瓷体中央,周围填满石英砂用以冷却电弧,故灭弧能力较强,极限分断能力较强。由于体积小,更换熔体方便,故应用广泛。RL1 系列螺旋式熔断器常用于配电线路和电动机的过载、短路保护。当熔体熔断时,位于空心瓷体上端的红色指示片变色脱落。

(2)热继电器

热继电器常用于电动机的过载保护和缺相保护,又常和交流接触器组合成磁力起动器。热继电器的外形和符号如图 8-12 所示。

当电路中流过的电流逐渐增大,达到一定值时,动触点和静触点脱离(动触点和静触点组成热继电器的常闭触点),电动机控制回路断电,电动机电源被切断。

热继电器动作后,一般不能自动复位,必须等一段时间后,按动复位按钮,才能恢复原来的状态。

(3)时间继电器

时间继电器是在电路中起控制动作时间的继电器。它可以实现延时或周期性定时接通或分断控制电路。按动作原理,时间继电器可以分为机械式和电气式,每种又可分为多种形式,这里主要介绍目前在电动机交流电气控制系统中最常用的 JS7-A 空气阻尼式时间继电器,如图 8-13 所示。

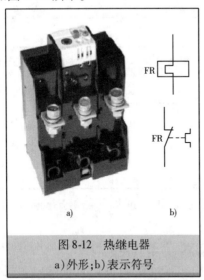

图 8-12 热继电器
a)外形;b)表示符号

图 8-13 JS7-A 空气阻尼式时间继电器

JS7-A 型时间继电器由电磁系统、延时机构和触点系统三部分组成。JS7-A 型时间继电器有通电延时与断电延时两种类型。

对于通电延时型,当通电时,经过一定时间后,才能使它的动断触点延时断开,动合触点延时闭合。通过调节螺钉头部锥形杆与锥形孔的配合间隙的大小,调节进气量的多少,从而可以调整延时时间的长短。其在电路中的表示方法如图 8-14 所示。

JS7 系列空气阻尼式时间继电器的优点是结构简单、寿命长、价格低廉、延时范围大，且不受电源电压和频率的影响；可以作成通电延时型及断电延时型两种类型。缺点是延时误差大（±10%～±20%）；延时值易受周围环境温度、尘埃、安装方向的影响。

电气式时间继电器中的晶体管时间继电器具有延时范围广、精度高、体积小、耐冲击振动、调节方便以及寿命长（可做成无触点式）等许多优点，所以发展很快，在延时要求较高的场合，使用日益广泛，如图 8-15 所示。

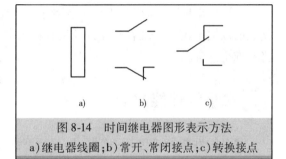

图 8-14　时间继电器图形表示方法
a)继电器线圈；b)常开、常闭接点；c)转换接点

3) 电度表

(1) 电度表的组成

电度表是用来计量用电量的仪表，其外形如图 8-16 所示。

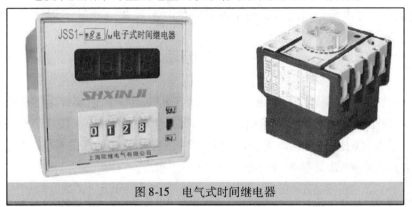

图 8-15　电气式时间继电器

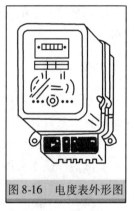

图 8-16　电度表外形图

(2) 电度表的接线

电度表的接线如图 8-17a)、b)所示。图 8-17a)是用两只单相电度表测量三相三线制负载的接线，两只电度表读数之和即是三相负载的用电量。三相四线制电度表的接线方法如图 8-17b)所示。

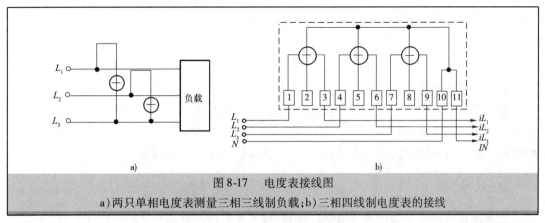

图 8-17　电度表接线图
a)两只单相电度表测量三相三线制负载；b)三相四线制电度表的接线

在选用电度表时,应使工作电压等于或小于电度表的额定电压,其负载电流应略小于电度表的额定电流。电度表不允许长期在额定电流的5%～10%下运行,因为此时测量的结果将不准确。

三 水泵的性能参数

水泵的性能参数包括:流量、扬程、功率、效率、转速、允许吸上真空高度或必需气蚀余量。

1 流量

流量指水泵在单位时间内从水泵的出口输送出来并进入管路的水的体积或质量。目前,常采用体积流量,用 Q 表示,单位为 m^3/s、m^3/h 或 L/s;各个单位相互换算关系为 $1m^3/s = 1\ 000L/s = 3\ 600m^3/h$。

水泵铭牌上的流量是该台水泵设计流量,又称额定流量。水泵在该流量下运行效率最高。

2 扬程

水泵的扬程指水泵能够扬水的高度,用 H 表示,单位用米(m)表示。水泵铭牌上的扬程是该台水泵设计扬程,相应于水泵通过设计流量时的扬程,即额定扬程。由于水在管道和泵内受到阻力摩擦而减少了水泵的应有扬程高度,在选用水泵时,必须考虑扬程的损失,否则按实际需要扬水高度去订购水泵,水泵扬程就可能偏低,打不上水来。

3 功率

水泵的功率可分为有效功率、轴功率和配用功率三种。有效功率($N_{效}$)是水泵水流得到的净功率,可以由水泵的扬程和流量计算出来,即

$$N_{效} = \frac{\rho g Q H}{1\ 000}(\text{kW}) \tag{8-1}$$

式中:ρ——水的密度(kg/m^3);

g——重力加速度(m/s^2);

Q——水泵流量(m^3/s);

H——水泵扬程(m)。

轴功率($N_{轴}$)指在一定流量和扬程下,动力传给水泵轴的功率,有效功率与损失功率之和即为轴功率。水泵铭牌上的轴功率指对应于通过设计流量时的轴功率,又称额定功率。配用功率指一台水泵应选配动力机的功率数,其为轴功率与因传动而损失的功率之和。

4 效率

效率指有效功率与轴功率比值的百分数,标志水泵对能量的有效利用程度。即

$$\eta = \frac{N_{效}}{N_{轴}} \times 100\% \tag{8-2}$$

一般常用的中小型水泵的效率为 60%~80%。水泵铭牌上的效率是对应于通过设计流量时的效率,为水泵的最高效率。

⑤ 转速

转速指泵轴每分钟旋转的周数,用 m 表示,单位是 r/min。铭牌上的转速是该台泵的设计转速,又称额定转速。常用的转速有 2 900、1 450、970、730、485r/min 等,水泵的转速一般随进水口径的增加而降低,例如单级单吸离心泵在进水口径 4in 以下的额定转速均为 2 900r/min,而口径在 6in 以上的转速均为 1 450r/min。转速是影响水泵性能的一个重要参数,当转速变化时,水泵的其他五个性能参数都相应的发生变化。在使用时不能随便提高或降低。由于实际需要,水泵转速的提高一般应限制在 10% 以内,否则会引起动力机超载或使水泵零部件损坏;降低转速也不能低于定额转速的 50%,否则会使泵的效率大大降低。

⑥ 允许吸上真空度

允许吸上真空度指水泵的额定吸水扬程,单位为米(m)。允许吸上的真空度表征叶片泵汽蚀性能的参数,用来确定泵的安装高程,单位是米(m)。

四 水泵的选型与配套

水泵的选型与配套,关键在于合理地选择水泵。水泵选型的基本依据是泵站特征扬程和设计流量。水泵是水泵站的主要设备,合理选择水泵是水泵站设计的一项重要工作。现将水泵选型原则、步骤和选型中的几个问题分别介绍如下。

① 水泵选型原则

(1)在设计扬程下,泵站的提水流量应满足排水设计流量的要求。

(2)水泵在长期运行中,多年平均的泵站效率高、运行费用低。水泵在最高、最低扬程下运行,应保证运行稳定。在平均扬程时,水泵应在高效区;在最高与最低扬程时,水泵能安全、稳定运行。

(3)多种泵可供选择时,应考虑机组运行调度灵活、可靠,设备投资和土建投资省、运行费用低等。条件相同时,应优先选用卧式离心泵。

(4)便于运行和管理。

(5)选用系列化、标准化以及更新换代的产品。

② 水泵选型方法和步骤

(1)根据平均扬程,在水泵产品样本或有关手册上,利用"水泵性能表"初步选出扬程符合要求而流量不等的几种水泵,并依据施工排水流量及每种泵型的设计流量,算出每种泵型所需要的台数。

(2)据初步选出的水泵确定管径及管路的具体布置,作出管路系统特性曲线。由水泵性能曲线和管路系统特性曲线求出在设计、平均、最高和最低扬程时的工作点,校核所选水泵在设计扬程下水泵的流量是否满足要求。在平均扬程下水泵是否在高效区运行,在其他扬程下能否保持水泵运行的稳定性。如果不符合要求,可采用调节措施或另选泵型,使其尽可能在合理范围内运行。

(3)根据选型原则,对各种方案进行全面的技术经济比较,选出其中最优泵型和台数。

3 选型中的几个问题

(1)水泵类型的选择

水泵类型主要是依据扬程选择的。常用的水泵有离心泵、轴流泵和混流泵等。离心泵扬程较高,流量较小;轴流泵扬程较低,流量较大;混流泵介于离心泵和轴流泵之间。一般情况下,设计扬程小于10m,以选轴流泵为宜;设计扬程为5~20m时选用混流泵较好;设计扬程为20~100m时应首选单级离心泵;设计扬程为大于100m时,可选用多级离心泵。应注意的是,当离心泵、轴流泵、混流泵的扬程重叠时,在设计扬程混流泵和轴流泵都可选用时,应优选混流泵。因为混流泵的高效率区比轴流泵宽,流量变化时,轴功率变化小,动力机在额定功率附近运行,比较经济,适应流量范围广,空化性能好,泵站土建投资少,安装检修方便等。在设计扬程离心泵与混流泵都可选用时,如扬程变化较大,应优先选用离心泵。

(2)水泵结构形式的选择

常用水泵的结构形式主要有卧式、立式和斜式三种。卧式水泵与立式水泵相比,安装精度较低,检修方便,叶轮在水面以上,腐蚀较轻,机组造价便宜,泵房高度较小,地基应力分布较均匀。但在起动前要进行排气充水,泵房平面尺寸较中、小型水泵吸水管路长,水头损失大。主轴挠度大,轴承磨损不均,在最高防洪水位时,泵房需采取防洪措施。卧式水泵适用于地基承载力较小,水源水位变幅较小的泵站。立式水泵占地面积较小,要求泵房平面尺寸较小,水泵叶轮淹没于水下,起动方便;管路短,水头损失小,动力机安装在上层,便于通风,有利于防潮、防洪。但要求泵房高度较大,安装精度要求较高,检修麻烦,机组整体造价高,主要部件在水中,易腐蚀。

立式水泵适用于水源水位变幅较大的泵站。

斜式水泵安装、检修方便,且可安装在岸边斜坡上,叶轮浸没于水下,便于起动。与立式轴流泵相比,进、出水管路转弯角度小,流态较好。泵站运行效率较高。但需要专门的支撑结构,动力机类型较特殊。斜式水泵适用于低扬程的泵站。

一般情况下,灌溉泵站扬程较高,宜选用离心泵或混流泵;排水泵站扬程较低,多选用立式或卧式轴流泵或混流泵或流量较小的低扬程泵站。为便于安装和检修,可选用斜式轴流泵。

4 水泵台数的确定

水泵台数应满足泵站设计流量要求的工作机组水泵台数与备用机组水泵台数之和。确定时应考虑以下几个方面因素：

(1)建设费与运行费。建设费用包括机电设备与土建工程费。一般在同样流量情况下，机组台数越少，建设费和运行费越低。

(2)运行管理。一般来说，机组台数少，管理运行较方便，需要的运行管理人员少。

(3)流量调节能力。机组台数少，流量调节能力较差，一旦机组发生故障，对全站生产有较大影响。

(4)备用机组。备用机组主要是满足设备检修、用电避峰，以及突然发生事故时的提水要求。对于灌溉泵站，装机 3~9 台时，其中应有 1 台备用，多于 9 台时，应有 2 台备用。对于重要城市供水泵站，工作机组为 3 台及 3 台以下时，应增设 1 台备用机组；多于 3 台，应增设 2 台备用机组。对于年利用小时数较低的排水泵站，一般不设备用水泵。

综上所述，水泵台数不能过多，也不能过少，要考虑各方面的因素分析确定。一般情况下，中小型泵站以 3~9 台为宜。流量变化幅度大的泵站，台数宜多；流量比较稳定的泵站，台数宜少。

五 电动机与水泵的配套

(1)电动机类型选择

中小型泵站都选用异步电动机。目前，常用的有 Y 系列鼠笼型异步电动机。它具有效率高、起动转矩较大、噪声较小、防护性能良好等优点。

(2)配套功率的确定

与水泵配套的动力机的额定功率称水泵配套功率，用 $P_{配}$ 表示。可按下式计算：

$$P_{配} = K \frac{rQH}{1\,000\eta\eta_{传}} \tag{8-3}$$

式中：K——动力机功率备用系数，可按表 8-3 选用；

Q、H、η——水泵工作范围内对应于最大轴功率时的流量、扬程、效率，单位分别为 m^3/s、m、%；

$\eta_{传}$——传动效率(%)；

r——水的重度，为 $9.80 kN/m^3$。

动力机功率备用系数表　　　　　　　　　　表 8-3

水泵轴功率(kW)	<5	5~10	10~50	50~100	>100
电动机	2~1.3	1.3~1.15	1.15~1.10	1.10~1.05	1.05

(3)电动机转速的确定

电动机转速的确定与水泵的转速和传动方式有关。当直接传动时，两者的转速必须相等或接近。间接传动时，与水泵的转速有一定的传动比关系。

根据转速、配套功率、电源电压和电源容量，查电机产品样本，选用所需电动机的型号。

8.2 塔式起重机电气控制系统

在某山区修建一条高速公路,按施工方案修建一架跨越山谷的四个桥墩桥梁,桥墩横向中心距离为60m。

初步规划有两个可行性方案:使用吊车进行施工,优点是方便灵活,机动性强;缺点是需专门修出吊车作业台,且对吊车的参数有较高要求。使用塔式起重机进行施工,在山谷中选择合适地点,安放适合型号的塔式起重机,进行桥墩的施工,优点是施工速度高,操作简单,反应灵活;缺点是造价高,安装成本大,且有特殊安全要求。

综合以上两种方案,根据现场施工要求,当桥墩高度在35m以上时较宜选用塔式起重机进行施工,对于桥墩高度在35m以下时,宜使用吊车。

充分考虑塔式起重机的工作幅度、起升高度、起重量和起重力矩等工作参数,并综合考虑择优选用性能好、功效高和费用低的塔式起重机,最终选择 QTZ125B 型塔式起重机,图 8-18 为高速公路桥墩施工图。

图 8-18　高速公路桥墩施工图

一　塔式起重机的认识

塔式起重机是现代施工中不可缺少的重要起重吊装机械,如图 8-19 所示。土木工程建设的显著特点是材料用量特别大、质量特别大,对于山体或河流附近的施工运输更是问题。塔式起重机具有下述一些突出的优点:塔身高,起吊高度大,能满足垂直运输的全高度;塔机的起重臂比较长,其水平覆盖面(即有效作业面)广;塔式起重机能同时进行起升、回转、变幅及行走等同步工作,能满足建筑施工中的垂直与水平运输的要求,其生产效率高。另外,塔式起重机的驾驶室设于高处,司机的视野开阔,工作条件比较好;同时塔机的构造较为简单,有维修、保养容易等优点。所以，塔式起重机广泛用于建筑施工、水电建设、交通运输、矿场采掘等工程之中。

图 8-19 塔式起重机

① 塔式起重机的类型

塔式起重机按其有无行走机构，可分为移动式塔式起重机和固定式塔式起重机。其中移动式塔式起重机根据行走装置的不同又可分为轨道式、轮胎式、汽车式、履带式四种。轨道式塔式起重机塔身广泛应用于建筑施工工程。轮胎式、汽车式和履带式塔式起重机无轨道装置，移动方便，但不能带负荷行走，稳定性较差，目前已很少生产。

固定式塔式起重机根据装设位置的不同，又分为附着自升式和内爬式两种。

塔式起重机按起重臂的构造特点，可分为俯仰变幅起重臂（动臂）塔式起重机和小车变幅起重臂（平臂）塔式起重机。

塔式起重机按塔身结构回转方式，可分为下回转（塔身回转）塔式起重机和上回转（塔身不回转）塔式起重机。

塔式起重机按起重机安装方式不同，可分为能进行折叠运输、自行整体架设的快速安装塔式起重机和需借助辅机进行组拼和拆装的塔式起重机。需经辅机拆装的塔式起重机，主要用于中高层建筑及工作幅度大、起重量大的场所，是目前建筑工地上的主要机种。

② 塔式起重机的型号表示与主要性能指标

根据专业标准 ZBJ04008《建筑机械与设备产品型号编制方法》的规定，我国塔式起重机的型号表示是以起重机汉语拼音的第一个字母"Q"代表起重机，以塔式汉语拼音的第一个字母"T"代表塔式，故前两个字母为 QT；之后为特征代号，其决定于强调什么特征，如快装式用 K，自升式用 Z，固定式用 G，下回转用 X 等；字母之后数字用起重力矩标识主参数，单位为 kN·m。例如：QTK400——代表起重力矩 400kN·m 的快装式塔式起重机；QTZ800——代表起重力矩 800kN·m 的自升式塔机。

二 塔式起重机的结构

1 塔式起重机的总体结构

塔式起重机主要由金属结构部分、工作机构部分、电源装置与控制装置等部分组成,如图8-20所示。其中金属结构部分主要由塔身、司机室、起重臂、平衡臂、平衡重、塔顶组成。完成各种动作功能的工作机构包括:行走机构、回转机构、变幅机构和起升机构等部分,使起重机在轨道上进行移动行走。电源装置是起重机的动力源,一般为电动机,控制装置主要包括离合器、制动器、停止器等,主要作用为改变起重机的运动特性,实现各机构的起动、变速、换向、制动和停止。在自升式(内爬式或附着式)塔式起重机中,还配有液压顶升机构。

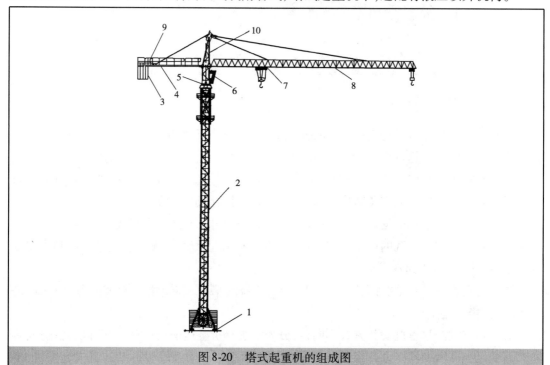

图8-20 塔式起重机的组成图
1-行走机构;2-塔身;3-平衡重;4-平衡臂;5-回转机构;6-驾驶室;7-变幅机构;8-起重臂;9-起升机构;10-塔顶

2 塔式起重机电源装置

轨道行走式塔式起重机的电源应尽量靠近轨道长度的中点,以尽量减少卷入电缆卷筒的电缆的长度。塔式起重机所需要的电源电压为380V。图8-21为塔式起重机电源装置图。

塔式起重机的行走机构、回转机构、变幅机构和起升机构等部分是通过相应的控制电路来实现其在轨道上起动、变速、换向、制动和停止,下面介绍几种常见异步电动机的控制电路。

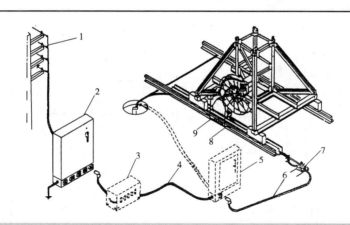

图 8-21　塔式起重机的电源装置图
1-供电网;2-工地总开关;3-配电箱;4-工地电缆;5-配电箱;6-塔机软电缆;7-电缆固定点;8-电缆卷筒;9-隔离开关

三 异步电动机常用控制电路

电气原理控制电路根据通过电流的大小,可分为主电路和控制电路。主电路,如电机等流过大电流的电路。控制电路,如接触器、继电器的吸引线圈,以及消耗能量较少的信号电路、保护电路、连锁电路等。下面介绍几种简单控制电路。

1 控制电路

(1)按钮点动控制的电动机电路

由于用途和使用条件的不同,异步电动机控制电路在组成上又存在一定的差异。下面以工地上较简单的单转向直接起动异步电动机控制电路为例。

生产机械设备频繁、间断地起动和停止,需要采用按钮点动操作的接线方式,接触器 KM 线圈工作电压为 ~380V 时的控制电路如图 8-22 所示。主电路包括:开关 QS、接触器 KM 主触头、热继电器 FR、电机 M_1;控制线路包括:熔断器 FU_1、FU_2,停止按钮 SB_1,起动按钮 SB_2,接触器 KM 线圈,热继电器 FR。

当按下起动按钮 SB_2 时,控制电路接通,KM 线圈通电,主电路中 KM 三个主触点同时闭合,主电路接通,电动机 M_1 起动运转。手离开按钮 SB_2 时,切断 KM 线圈电路,KM 断电释放,KM 三个主触点同时断开,电动机 M_1 停止转动。这样的控制方法称为点动控制电路。

(2)电动机自锁控制电路

点动操作的电动机控制电路中没有自锁回路,按下起动按钮 SB_2,电动机运转;松开起动按钮 SB_2 后,电动机 M_1 停止转动。在实际的施工电路中,如图 8-23 所示,当松开起动按钮 SB_2 时,KM 常开触点闭合后,KM 线圈的电路工作电流是这样的:工作电流不能通过起动按钮 SB_2 的常开触点,而是经过 KM 的常开触点,依靠 KM 自身的常开触点的闭合保持控制电路的接通,来维持 KM 的工作状态。这种控制电路称为"自锁",也是电动机的通用控制电路。

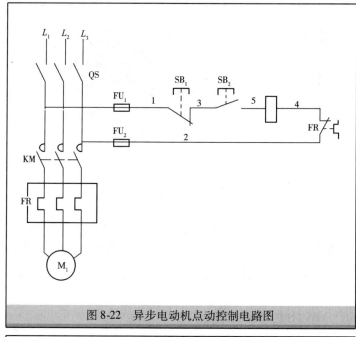

图 8-22　异步电动机点动控制电路图

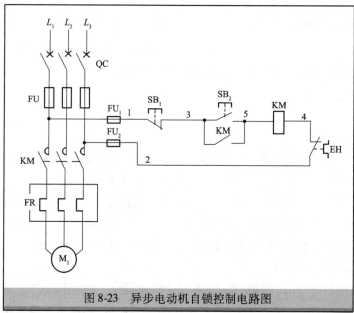

图 8-23　异步电动机自锁控制电路图

如果要使电动机停止运转,只需将停止按钮 SB_1 按下。停止按钮 SB_1 的常闭触点断开,切断 KM 线圈的控制线路,KM 线圈断电,KM 释放,KM 三个主触点同时断开,电动机 M 停止转动。

在这个电路中,熔断器 FU 起到短路保护作用,热继电器 FR 在电路中起过载保护作用,接触器 KM 中的电磁线圈在电路中起欠压、失压保护作用。

(3)电动机双向运行控制电路

由于电动机的旋转方向与旋转磁场的旋转方向一致,所以要使电动机反转,只要改变旋转磁场的旋转方向即可,通常是将通入电动机的三根电源线中的任意两根对调。电动机正转和反转运行,其电气原理如图 8-24 所示。

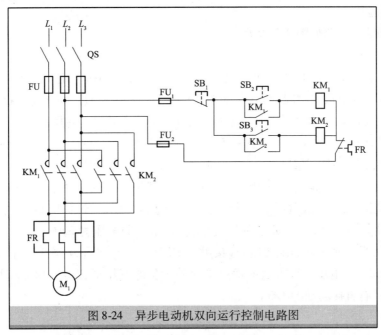

图 8-24 异步电动机双向运行控制电路图

图 8-24 左侧为主电路,KM_1 是正转接触器主触电,KM_2 为反转接触器主触电。KM_1 闭合时接入电机的电源相序为 L_1、L_2、L_3;KW 接通时接到电机的电源相序为 L_3、L_2、L_1。

图 8-24 右侧是无连锁的电动机正反转控制线路,它的控制线路是由两条单向转动控制支路组合而成。当需要电动机正转时,按动正转起动按钮 SB_2,电磁线圈 KM_1 有电流通过,接触器上的主触头 KM_1 闭合并接到电动机的电源相序 L_1、L_2、L_3,电动机正方向转动。若需要电动机反方向转动时,按动 SB_3 起动按钮,这时有电流通过电磁线圈 KM_2,接触器 KM_2 工作并接到电机的电源相序 L_3、L_2、L_1,电机反转。

实际中,异步电动机的控制电路主要包括起动电路、制动电路、正反转电路、调速电路、安全保护电路等,这些控制电路在施工工地其他电路中也有较多运用。

❷ 异步电动机的起动电路

异步电动机的起动电流较大,过大的起动电流会在供电线路上造成较大的电压损失,引起电网电压降低太大,使电动机及其他负载端电压在起动短时内明显下降,使电动机的起动转矩减少,甚至不能起动,同一线路上其他用电设备也难以正常工作。因此,需要根据电动机容量大小的不同,选择合适的起动方式。异步电动机的起动方式分为直接起动和降压起动两大类。

当电动机的容量较小时,在电动机三相定子绕组上直接施加额定电压的电源进行起动的方法,称为直接起动,又称全电压起动。直接起动的优点是设备简单、操作方便,起动过程短。只要不是频繁起动,电网的容量足够大(大于电动机容量的 25 倍),就可以采用直接起动的方法。下面分别介绍鼠笼式和绕组式电动机的起动电路。

1) 鼠笼式电动机的起动电路

（1）直接起动

直接起动控制电路如图8-5所示。

（2）降压起动

降压起动是利用一定的设备,将电压适当降低后加在电动机的定子绕组上,以限制电动机的起动电流。电动机一次起动完毕(即电动机达到一定转速)后,再将电压提高到额定值,使电动机作二次起动,达到额定转速,这种方法称之为降压起动。降压起动法有下面几种。

①电阻起动法。如图8-25所示为鼠笼式电动机的电阻起动的主电路,起动时接通QS,此时电阻R串接在主电路中,限制了电动机的起动电流。电动机转速升高后接通KM,R被短路。采用这种方法,电阻R要消耗大量的电能。所以大、中型电动机常采用串联电阻的起动方式。

②Y-△起动法。此法适用于正常运行时作△连接的电动机,如图8-26所示。起动时,接触器KM_Y主触电闭合,电动机作Y形连接,绕组承受的电压为220V,起动电流小。电动机转速升高后,当转速接近额定转速时,接触器$KM_△$主触电闭合,使电动机作△形连接,定子绕组承受380V的电压。该方法的优点是起动设备的费用低,起动过程中没有电能的损失,起动转矩只有直接起动的1/3。

③自耦变压器起动法。

对于正常运行为星形(Y)接法的较大容量鼠笼型电动机不能用Y-△起动方法,如果采用串电阻起动,则其体积庞大,能耗大,这时可以采用自耦变压器降压起动。自耦变压器降压起动是利用自耦变压器降低电动机起动时的电压,达到限制起动电流的目的,它适用于容量较大且正常工作时为星形接法的三相鼠笼式异步电动机,其工作过程如图8-27所示。起

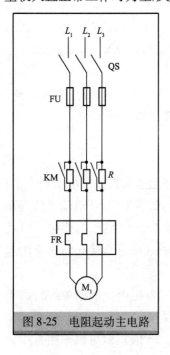

图8-25　电阻起动主电路

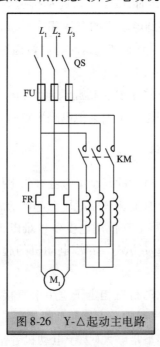

图8-26　Y-△起动主电路

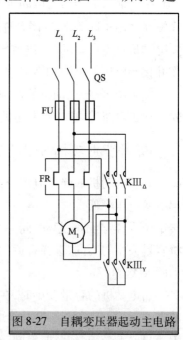

图8-27　自耦变压器起动主电路

动时,先合上电源开关 QS,三相电源经自耦变压器降压后,再接入电动机的定子绕组,实现了电动机的降压起动。待电动机转速不断上升,当转速接近额定转速时,接触器 KM 主触电闭合,电动机与自耦变压器脱离,并开始在额定电压下正常运行。

2)绕线式电动机的起动电路

(1)电阻器起动法

电阻器起动法适用于起动频繁、要求起动时间短和重载起动的机械,如卷扬机、起重机等。电阻器起动法如图 8-28 所示,通过在电动机的转子回路中串入电阻的方法来限制起动电流和增大起动转矩。采用三个时间继电器依次自动切除转子中的三级起动电阻。起动过程中逐级切除电阻,待全部切除后起动结束。开始起动电动机时,全部切换触头呈断开状态,这时电阻全部被串入转子电路。起动过程中,使 KM_1、KM_2、KM_3 触头依次闭合,电阻全部短路,电动机起动完毕。起动变阻器是按短时间运行设计的,长期通过电流会因过热而损坏。电阻起动电路还能用来调速,但要采用调速变阻器。

(2)频敏变阻器起动法

频敏变阻器起动法适合轻载起动和不要求调速的场合。频敏变阻器主要由三组线圈和铁芯组成。如图 8-29 所示,三组线圈以 Y 形连接接入转子电路中,铁芯由若干片较厚的方钢叠装而成,阻抗随线圈中通过的电流频率而变。

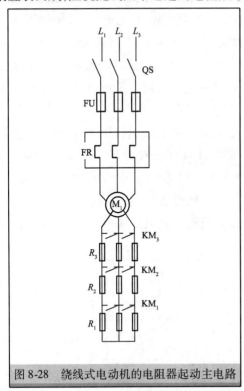

图 8-28 绕线式电动机的电阻器起动主电路

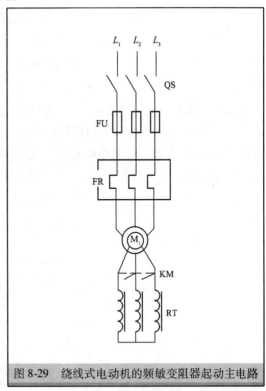

图 8-29 绕线式电动机的频敏变阻器起动主电路

当线圈中电流的频率较高时,一方面铁芯的涡流损耗增大,另一方面线圈的感抗增大,致使频敏变阻器的阻抗随电流频率的变化而显著改变。按下起动按钮,开始起动时,频敏变阻器串入转子电路,此时转子电流频率最高,等于电源频率,频敏变阻器阻抗最大,从而限制了起动电流。随着电动机转速的升高,转子电流频率逐渐降低,频敏变阻器的阻抗也逐渐降低,起动完毕时,使 KM 线圈通电,主触头闭合,把频敏变阻器 RT 从转子电路中切断,使转子绕组短接,使电动机起动结束,进入全压运行状态。

这种起动方法的优点是起动平滑,操作简便,运行可靠,成本低廉。不足的是起动转矩不大,一般只能达到最大转矩的 50% 左右。

3 异步电动机的正反转电路

在上面介绍过无连锁电动机正反转控制线路,但这个电路很不实用,每改变一次转动方向,先按停止钮 SB_1,如电动机正转时,没按停止钮,而是直接按反转起动按钮,这时两个接触器都工作,造成电源线短路,熔体熔断。

图 8-30 所示为互锁的正反转控制线路。为了改善上述控制线路性能,在正转控制线路中串入反转接触器 KM_2 的辅助常闭触点,而在反转控制线路中串入正转接触器 KM_1 的辅助常闭触点。

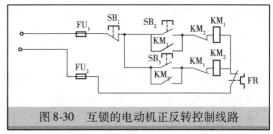

图 8-30　互锁的电动机正反转控制线路

对于互锁的正反转控制线路,两个接触器不能同时动作。如果电动机正转时,接触器上的电磁线圈 KM_1 有电流通过,接触器 KM_1 工作,而这时串入反转控制线路中的 KM_1 辅助常闭触头分断,电机正方向转动。若反转时没按停止按钮,而直接按了反转起动按钮 SB_3 时,因串入这个控制线路的 KM_1 常闭触头分断,电磁线圈 KM_2 无法有电流通过,这样就防止误按错按钮时造成电源短路,但这个电路还是每改变一次转动方向需要必须先按停止按钮,再按起动按钮。

为了缩短从正转到反转或从反转到正转的时间,可采用复合按钮控制,即可从正转直接过渡到反转,反转到正转的变换也可直接进行,如图 8-31 所示。在正转控制线路中串入反转起动按钮 SB_3 常闭触点,而在反转控制线路中串入正转起动按钮 SB_2 常闭触点。当按下正转起动按钮 SB_2 的同时串入反转控制线路的 SB_2 常闭触点断开,电磁线圈 KM_2 无法有电流通过,直接切断了反转控制电路,直接从正转过渡到反转。此电路实现了互锁功能,使线路的可靠性得到提高。

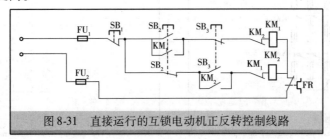

图 8-31　直接运行的互锁电动机正反转控制线路

4 异步电动机的制动

正在运行的电动机,断开电源后,电动机的转子由于本身惯性的作用还会继续转动一段时间才能切断。在某些生产机械上,为了提高生产效率,或从安全角度考虑,或从生产机械工作特点要求出发,需要电动机准确及时地停转,例如卷扬机、起重机等断电后即要求其停止运转,不然重物仍在运动将造成事故,为此就必须对电动机实行制动控制。

三相异步电动机的制动可分为机械制动和电气制动两大类。

（1）机械制动

最常用的机械制动方法是电磁抱闸制动。如图8-32所示,当电动机起动时,定子绕组和电磁抱闸的线圈同时接通电源,电动机就可以自由转动。当电动机断电时,电磁抱闸线圈也同时断电,在弹簧作用下,闸瓦将装在电动机轴上的同轮紧紧"抱住",使电动机立即停转。施工所用的小型卷扬机和起重机械等大多采用电磁抱闸进行制动。

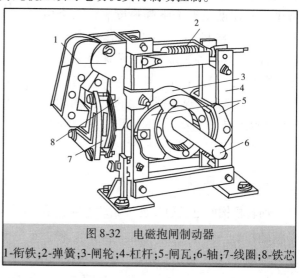

图 8-32　电磁抱闸制动器
1-衔铁;2-弹簧;3-闸轮;4-杠杆;5-闸瓦;6-轴;7-线圈;8-铁芯

（2）电气制动

电气制动列表如表8-4所示。

电　气　制　动　列　表　　　　　　　　　　表8-4

制动方法	制动原理	制动设备	用　途
反接制动	利用转换开关在电动机定子绕组断开时,立即对调任意两根电源线,重新接通电源,使旋转磁场反向旋转,起制动作用	手控倒顺开关及接触器、继电器等	制动方法简单可靠;振动冲击力较大,容易损坏机件;用于小于4kW以下,起动不太频繁的场合
能耗制动	电源断开后,立即在两相定子绕组中接入直流电源,使电机中产生一个恒定磁场。转子产生的电流切割这个磁场,产生与原转向相反的转矩,起制动作用	直流电源装置	制动准确可靠,将转动部分的动能转换为电动机转子中的电能而被消耗掉,对电网无冲击作用,应用较为广泛
发电制动	转子转速大于异步电动机磁场转速时,产生反向的电磁转矩进行制动		必须使转子转速大于磁场转速才能起制动作用。一般用于起重机械重物下降和电动机从高速调到低速时

四　塔式起重机工作机构

1 提升机构

提升机构由一台三相绕线型异步电动机驱动曳引轮、钢丝绳和吊钩的运动。操纵起升电气控制箱,可以控制提升电动机的起动、调速和制动,使吊钩上升或下降。图8-33为塔式起重机的起升机构图。起升机构有五个起升速度及五个下降速度。将一个电机作为驱动电机,另一个电机作为制动电机,可以获得三种速度,第四种速度是低速电机的额定速度,第五种速度为高速电机的额定速度,起升过程各挡位电机的控制如表8-5所示。提升制动采用电磁抱闸制动来实现。

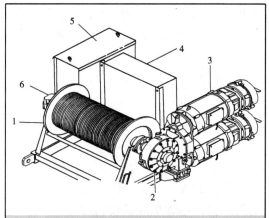

图8-33 塔式起重机的起升机构图
1-起升卷筒;2-减速器;3-电机;4-起升电气控制箱;5-电阻箱;6-起升限位器

❷ 回转机构

回转机构的电机通过皮带驱动电磁联轴节枢轴转动,其上的感应线圈一经供电,便产生磁场带动钟形壳体旋转,钟形壳体与减速机输入轴刚性连接,将运动传给予回转大齿圈啮合的主动小齿轮上。拨动操纵杆,电磁制动器

起升过程各挡位电机的控制　　　　　　　　　　　表8-5

挡位	低速电机		高速电机		注释
	功能	附注	功能	附注	
1	驱动电机	所有转子电阻投入使用	调速电机	电阻短路,制动电流最大	减速起动
2	驱动电机	所有转子电阻投入使用	调速电机	制动电流减小,速度增加	速度增加
3	驱动电机	一组电阻被短接	调速电机	制动电流最小	速度再增加
4	驱动电机 1. 2.	通过转子电阻组的延迟短接,使速度逐步增加,直至达到低速电机的额定电压		不再有制动电流	获得低速电机额定转速
5		切断电机的电源	驱动电机 1. 2. 3.	最后一组电阻延时短接后,电机得到高速	获得高速电机额定转速

的感应线圈通电,产生磁场,使钟形壳体减速。在离合器感应线圈和制动器感应线圈产生的两个磁场相互作用下,保证了钟形壳体处于一个稳定的速度。图 8-34 为塔式起重机的回转机构图。

当按下控制台上的回转制动按钮时,制动摩擦片紧压在钟形壳体上,实现制动。

3　小车变幅机构

图 8-35 为小车变幅机构图。变幅机构有三个挡位控制,第一挡用于起动、停止和控制,第二挡为过渡挡,第三挡为额定工作挡,电磁制动器和涡流制动器在停车后延时 2s 制动。通过自耦变压器实现电动机的降压起动,同样采用电磁抱闸制动来实现制动。

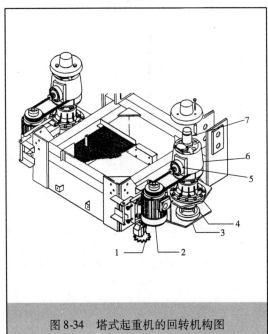

图 8-34　塔式起重机的回转机构图
1-回转限位器;2-鼠笼电机;3-主动齿轮;4-行星减速器;5-制动器;6-电磁联轴节;7-直流测速电机

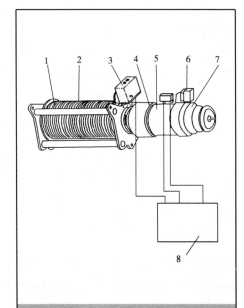

图 8-35　塔式起重机的小车变幅机构图
1-减速器;2-卷筒;3-限位开关;4-涡流制动器;5-电机;6-轴流风机;7-电磁制动器;8-电子板

4　行走机构

如图 8-36 所示为塔式起重机的行走机构图。行走机构使用鼠笼式电动机和电磁抱闸制动。操纵行走组合开关手柄的"向前行走",电机供电运转,制动器松开,塔式起重机向前运行;操纵行走组合开关手柄的"向后行走",电机反向供电运转,制动器松开,塔式起重机向后运行;当需要停车时,松开组合开关手柄,切断电机供电,并按下停止按钮,利用时间继电器自动延时断电;当行走中发生危险,可按下停止按钮,立即停车。

5 安全装置

安全装置专门用于防止操作失误,包括行程限位器、力矩限制器和最大载荷及高速限位器。行程限位器包括:起升限位器、回转限位器、幅度限位器和行走限位器,如图8-37所示。

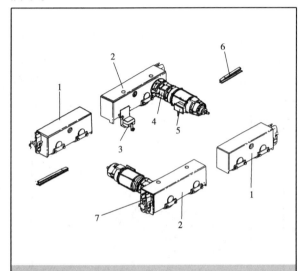

图8-36 塔式起重机的行走机构图
1-被动台车;2-主动台车;3-限位器;4-减速装置;5-鼠笼式电机;6-斜轨撞块;7-夹轨器

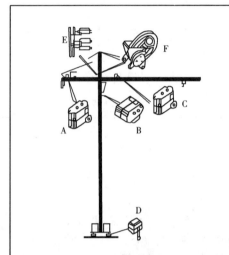

图8-37 塔式起重机的行程限位器图
A-起升限位器;B-回转限位器;C-幅度限位器;D-行走限位器;E-力矩限位器;F-最大载荷及高速限位器

起升限位器的作用为:当吊钩滑轮组一接近臂架小车时,即停止其上升运动;在下降时,防止钢丝绳完全放出及以相反的方向缠绕在卷筒上。

回转限位器的作用为:防止电缆线绞绕而损坏。

幅度限位器的作用为:限制小车在起重臂上的移动范围。

行走限位器的作用为:保证塔式起重机运行至轨道缓冲撞块之前停止运动。

塔式起重机在使用时不允许超过设计的最大载荷力矩,力矩限制器的用途就是检查起升和变幅的额定载荷,以防止超载。而最大载荷及高速限位器的功用为防止塔式起重机的工作载荷超过最大载荷。

五 塔式起重机生产率

1 根据吊次的数量进行评估

塔式起重机能否符合施工进度要求,可以根据吊次的数量进行评估,方法如下:

(1)较高的钢筋混凝土结构施工作业面平均每平方米需1.1~1.6吊次。根据施工作业

面积估算出总吊次 $N_{总估}$。

(2)塔式起重机平均每台班可完成 50~75 吊次。可根据计划配用塔式起重机数量和每天作业台班数,计算出塔式起重机可完成的总吊次 $N_{总计}$。

如 $N_{总计} > N_{总估}$,即可认为塔式起重机的生产功率能满足施工进度的要求。

② 根据吊运的重量表进行分析评估

塔式起重机能否符合施工进度要求,也可以根据吊运的重量表进行分析评估,而塔式起重机所能吊运的总重量与塔式起重机的起重量利用程度、台班作业时间利用情况以及吊次多少等因素有关,因此,塔式起重机台班生产率 $P_{台班}$[以吨(t)计]按下式计算:

$$P_{台班} = nQK_qK_t \tag{8-4}$$

式中:Q——塔式起重机的额定起重量(t);

n——1h 内的吊次,$n = \dfrac{60}{T_{吊}}$,$T_{吊}$ 为 1 吊次的延续时间(min);

K_q——塔式起重机额定起重量利用系数;

K_t——工作时间利用系数(考虑施工组织安排上、施工工艺和司机自然需要的停歇)。

分析时,首先应熟悉施工图,并按照施工组织设计规定的施工组织和施工方法进行分层、分段(即施工流水段)工程量的计算,得出需要垂直运输的重量,然后按照施工进度要求计算出每作业台班及每小时需要升运的重量,并取其中最大值与塔式起重机每小时生产率(P)作比较。

六 塔式起重机的选用

① 塔式起重机选用应考虑的因素

塔式起重机选用应考虑的因素包括以下几个方面:
(1)施工作业对象的体型和平面设计;
(2)施工作业对象总高度;
(3)施工作业对象实物量;
(4)施工作业对象构件、制品、材料和设备搬运量;
(5)施工工期、施工节奏、施工流水段的划分,以及施工进度的安排;
(6)施工基地及周围施工环境条件(如近旁有无已建或正在施工的较高施工物,是否面临繁华街道,场内交通条件如何,有无妨碍塔式起重机安装的障碍物等);
(7)当时塔式起重机供应条件以及对经济效益指标的要求等。

② 塔式起重机的型号选择

塔式起重机选型根据施工作业面的高度、占地面积、外形及最大构件的重量来选择塔式起重机的型号。高度较低的施工对象一般选用 40t·m 以下的固定式塔式起重机,高度较低、大跨度的施工对象一般选用移动式塔式起重机,高度较高的施工对象一般选用 40t·m 以上的塔式起重机,超高施工对象一般选用 80t·m 以上的塔式起重机或内爬式塔式起重机,内爬式塔式起重机作业面广,效率高,但是拆卸时困难,需要安装辅助拆卸装置。而垂直运输设备的数量则取决于流水段的大小、数量及施工进度的要求。

③ 塔式起重机的主参数

选择塔式起重机的首要原则是主参数必须符合要求。主参数包括幅度参数、起升高度、起重量和起重力矩。

(1) 幅度参数

在考虑主参数时,首先应考虑的就是最大幅度是否满足施工需要。起重幅度又称回转半径或工作半径,分为最大幅度、最大起重量时的幅度和最小幅度。符合施工要求的幅度参数应根据施工作业对象的体型尺寸并通过作图加以确定。

(2) 起重量

起重量指所起吊的重物、横担、吊索和容器重量的总和。起重参数又分为最大幅度时的额定起重量和最大起重量。对于较高的钢筋混凝土施工作业对象来说,最大幅度处的额定起重量极为关键;对于较高的钢结构施工作业对象,塔式起重机的最大起重量是极为关键的,应以最重构件的重量为准。

(3) 起重力矩

起重力矩是起重量与相应工作幅度的乘积。在进行塔式起重机选型时,初步确定起重幅度和起重量的参数后,还必须根据塔式起重机技术说明书中给出的数据,核查是否符合额定起重力矩。对于较高的钢筋混凝土施工作业对象,重要的是最大幅度时的起重力矩必须满足施工要求;对于较高的钢结构施工作业对象,重要的是最大起重量时的起重力矩必须符合要求。

(4) 起升高度

起升高度是自钢轨顶面或基础顶面至吊钩中心的垂直距离。起升高度是一项主参数,塔式起重机进行吊装施工所需要的起升高度同幅度参数一样,可通过作图和计算加以确定。

塔式起重机工作速度参数包括起升速度、回转速度、小车速度、大车速度和动臂俯仰变幅速度。速度参数不只是直接关系到塔式起重机的台班生产率,而且对安全生产极为重要。因此,在选用塔式起重机时,应对塔式起重机的工作速度参数进行全面了解和比较。工作速度快一些并有较好的调速性能乃是理想的选择。

8.3 工程机械电气系统

现代公路工程机械设备电气系统的组成,按其作用大致可分为以下几个部分:向全车提供稳定的低压直流电能的电源系统;起动发动机的起动系统;将电源提供的低压直流电变为足以击穿火花塞间隙的高压电,跳火点燃混合气的点火系统;对发动机、底盘、工作装置进行自动控制、自动报警、自动诊断的电子控制系统;为机械行驶及作业提供照明、指示信号的照明及信号系统;显示机械工作状况的仪表及报警装置。

工程机械电器系统具有以下主要特点。

(1) 低压电。工程机械上采用 24V 或 12V 低压电源系统,一般柴油机采用 24V 系统。个别工程机械上存在两种电压系统,以供不同的需求,如起动机采用 24V 系统,一般电器设备采用 12V 系统。

(2) 直流电流。在工程机械上的电气设备一般采用直流电源系统,这主要是考虑发电机要向蓄电池充电。

(3) 并联连接。在公路工程机械上的主要电气设备一般采用并联连接方式,这主要是防止各主要电器之间一旦出现故障,造成相互影响,避免大量电气设备无法使用。

(4) 负极搭铁、单线制。为简化电气设备的连接线路,通常用一根线连接电源正极和电气设备,而将电气设备的另一端接到整车的公共端,如,发动机缸体、车架等部位,俗称"搭铁"。此时,电源与电气设备之间只有一根线相连,即为"单线制"。根据国家标准规定,必须采用负极"搭铁",而国外一般也采用此制式。

下面将主要对电源系统、起动系统和辅助电器系统进行介绍。

一 电源系统

1 电源系统的组成及工作过程

工程机械电源系统的作用就是向各用电设备或控制装置供电,满足工程机械用电需要,并向铅蓄电池充电。电源系统主要由发电机以及与发电机匹配的调节器、蓄电池、电流表、保险丝、导线等组成。图 8-38、图 8-39 为日立 EX300-5 系列挖掘机的电源系统电气原理图和位置图。

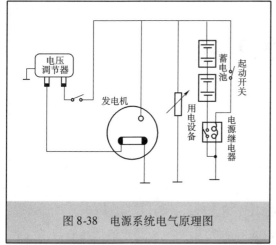

图 8-38 电源系统电气原理图

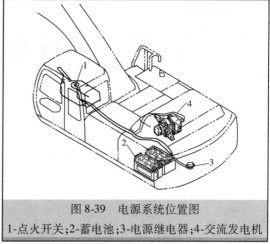

图 8-39 电源系统位置图
1-点火开关;2-蓄电池;3-电源继电器;4-交流发电机

电源系统电路的工作过程为:当起动开关闭合时,起动开关和电源继电器线圈组成的支路接通,此时,电源继电器的常开开关在电磁线圈的吸引下闭合,蓄电池电路接通。蓄电池与发电机及工程机械用电设备都是并联的。在发动机正常工作时,发电机应向用电设备供电和向蓄电池充电;当接入的用电设备过多使发电机超载时,蓄电池可协助发电机供电;调节器的作用是使发电机在转速变化时,能保持其输出电压恒定。

② 蓄电池

蓄电池是一种化学电源,它既能把电能转变成化学能储存起来,也能把化学能转变成电能提供给用电设备。前一过程称为蓄电池的充电,后一过程称为蓄电池的放电。蓄电池是一种低压可逆的直流电源。图 8-40 为蓄电池图。

（1）蓄电池的功用

工程机械上用电设备所需的电能,一般是由发电机和蓄电池提供的,二者并联连接。交流发电机和蓄电池不一定同时供电。一般情况下,在发动机正常工作时,主要由发电机向用电设备供电,而蓄电池在工程机械上的主要作用如下:

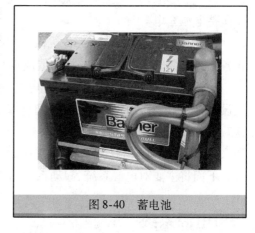

图 8-40 蓄电池

①发动机起动时,给起动机和点火系统供电。要求在 5～10s 内供给起动机 200～600A（有的柴油机的起动可达 1 000A）的强大电流。

②发电机不工作或输出电压太低时,向用电设备供电。

③在发电机短时间超负荷时,可协助发电机向用电设备供电。

④蓄电池存电不足时,可将发电机的电能转变为化学能储存起来,进行充电。

⑤铅蓄电池还相当于一个较大的电容器,能吸收电路中出现的瞬间过电压,以保护晶体管元件不被击穿,延长其使用寿命。

由于起动用铅蓄电池具有结构简单、内阻小、短时间内可迅速提供较大的电流、电压稳定、价格便宜等特点,因此,起动用铅蓄电池在工程机械上得到广泛的应用。

(2)铅蓄电池的规格型号

蓄电池的型号按《铅蓄电池产品型号编制方法》(JB 2599—85)规定,铅蓄电池型号的编制和含义如下:

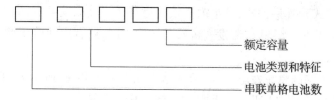

①串联单格电池数。用阿拉伯数字表示。

②铅蓄电池类型是根据其主要用途来划分的。如起动型铅蓄电池用"Q",代号 Q 是汉字"起"的第一个拼音字母。

电池特征为附加部分,仅在同类用途的产品具有某种特征,在型号中又必须加以区别时才采用。当产品同时具有两种特征时,应按表8-6顺序将两个代号并列标志。

常见电池产品特征代号 表8-6

序号	1	2	3	4	5
产品特征	干荷电	湿荷电	免维护	少维护	密封式
代号	A	H	W	S	M

③额定容量用阿拉伯数字表示。20h 放电率的一片正极板设计容量为15A·h。

④在产品具有某些特殊性能时,可在型号的末尾加注相应的代号。如:G 表示高起动率;S 表示塑料外壳;D 表示低温起动性能。

例:6-QAW-100 为由 6 个单格电池组成,额定电压12V,额定容量100A·h 的起动用干荷电免维护蓄电池。

(3)蓄电池的更换

机器上为两个12V 蓄电池串联构成24V 电源的系统中,若一个蓄电池失去作用而另一个仍良好,应用同类型的蓄电池来更换失去作用的蓄电池。因为不同形式的蓄电池的充电速度可能不同,这一差别可能会使蓄电池中的某一个因过载而失去作用。

3 硅整流发电机

(1)硅整流发电机作用

工程机械上的蓄电池不具备长期给电气设备供电的能力。因此,每台工程机械设备一般都配备交流发电机。由于硅整流发电机具有结构简单、体积小、质量小、维修方便、低速充电性能好、配用调节器结构简单、使用寿命长、对无线电干扰小等一系列优点，因此被广泛用于施工机械上。起重、挖掘机上一般采用并激式直流发电机。

硅整流发电机是一种将机械能转变成电能的装置，它是施工机械的主要电源，由发动机驱动，在正常工作时，对除起动机以外的所有用电设备供电，并向蓄电池充电。

（2）硅整流发电机分类

硅整流发电机的结构形式多种多样，按有无电刷，分为有刷式和无刷式，有刷式目前在工程机械上应用最多，无刷式转子结构复杂，制造成本较高，目前应用较少；按磁场绕组的搭铁方式，分为内搭铁式和外搭铁式，其中内搭铁式为普通式交流发电机，应用较广；按通风冷却方式分为开启型和封闭型；硅整流发电机按其结构不同，还有内装电子调节器的整体式发电机和带泵式发电机。

目前国内外生产的硅整流发电机，其结构基本相同。图8-41所示为国产JFl522A型硅整流发电机的组件图；图8-42所示为无刷式硅整流发电机图。

图8-41　JF1522A型硅整流发电机

图8-42　无刷式硅整流发电机

4 调节器

由于工程机械上的用电设备要求硅整流发电机提供的电压一定要稳定，经交流发电机而得到的直流电，往往还需要经过调节以得到稳定的直流电压。调节器就是通过调节流过发电机的激磁电流，在转速不断变化的情况下，保证电压不变的装置。图8-43所示为电子式电压调节器。

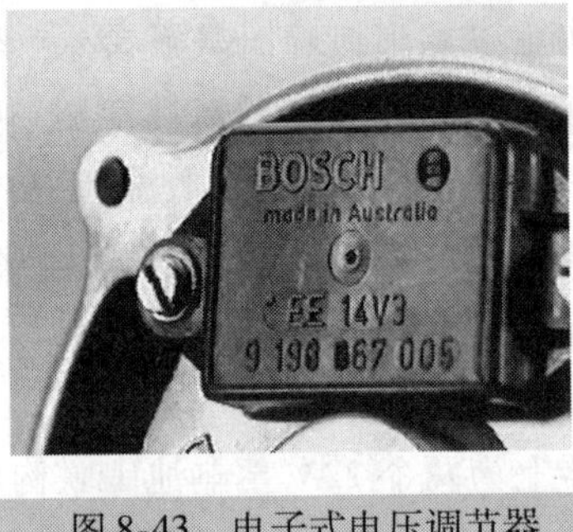

图8-43　电子式电压调节器

二、起动系统

1 起动系统的电路组成及工作过程

起动系统的作用是产生起动转矩，带动发动机曲轴由静止转变为自行运转状态；当发动机进入自行运转状态后,便立即停止工作。其由蓄电池、起动机、起动开关、起动继电器等组成,图8-44所示为电气原理图,图8-45所示为起动系位置图。

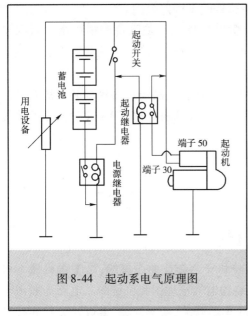

图8-44 起动系电气原理图

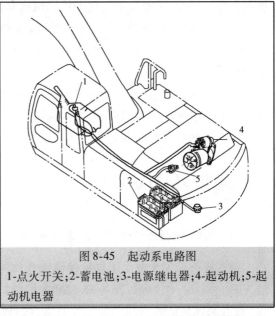

图8-45 起动系电路图
1-点火开关;2-蓄电池;3-电源继电器;4-起动机;5-起动机电器

继电器的作用是保护起动开关,减少通过起动开关的电流,防止点火起动开关烧损。当点火开关或起动按钮接通时,继电器的电磁线圈通电,使触点闭合,电源的电流便经继电器的触点通往起动机,将蓄电池的电能转化为机械能,通过飞轮齿圈带动发动机曲轴转动。

2 起动机

（1）起动机的作用

起动机将蓄电池的电能转换为机械能,再通过传动机构将发动机拖转起动;发动机起动之后,起动机立即停止工作。发动机常用的起动方式有人力起动、辅助汽油机起动和电力起动三种。其中电力起动是由直流电动机通过传动机构将发动机起动的,它具有操纵轻便、起动迅速可靠、重复起动能力强等优点,被工程机械发动机所广泛采用。

常规起动机一般由直流串励式电动机、传动机构和操纵机构三大部分组成,如图8-46所示。直流串励式电动机的作用是将蓄电池输入的电能转换为机械能,产生电磁转矩。传动机构的作用是在发动机起动时使起动机的驱动齿轮啮入飞轮齿圈,将起动机的电磁转矩传递给发动机曲轴,在发动机起动后又能使起动机的驱动小齿轮与飞轮齿圈自动脱开。操纵机构（又称电磁开关）的作用是接通或切断起动机与蓄电池之间的主电路。

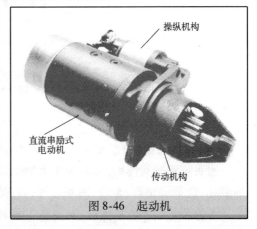

图8-46 起动机

(2)起动机的分类

起动机尽管种类繁多,但其电动机部分一般没有本质的差别,差异较大的是传动机构和控制装置。因此,起动机多是根据传动机构和控制装置的不同分类的。

起动机按传动机构的啮合方式不同,可分为:借助惯性力自动啮合的惯性啮合式起动机;靠人力或电磁力啮合的强制啮合式起动机;靠起动机磁极磁通的吸力啮合的移动电枢式起动机。

起动机按操纵机构的不同,可分为:由脚踏或手拉杠杆联动机构直接控制起动机的机械开关式的直接操纵式起动机;由起动按钮或点火开关控制起动机电磁开关,通过电磁开关接通或切断控制起动机的电磁操纵式起动机。

三 照明与信号装置

1 照明和信号系统的电路组成及工作过程

照明设备是为了便于工程建设机械在夜间行驶和安全作业而设置的,是工程机械不可缺少的一部分。图 8-47、图 8-48 分别为照明信号装置电气原理图和位置图。电路一般由电源(蓄电池和发电机)、照明和信号装置、控制开关(车灯开关、变光开关、雾灯开关)、连接导线、保险器、继电器等组成,照明和信号装置间为并联连接,并由开关和保险器控制,较大负荷的支路增加了继电器控制。

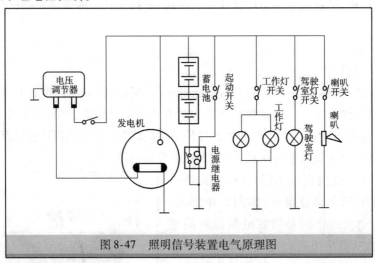

图 8-47 照明信号装置电气原理图

2 照明系统

(1)照明装置

照明装置按其作用,可分为外部照明装置、内部照明装置两大类。外部照明装置(简称外照灯)包括前照灯、雾灯、牌照灯等;内部照明装置包括顶灯、仪表灯、工作灯等。

①前照灯(俗称大灯)。安装在工程建设机械的前部两侧,为工程建设机械夜间行车

或作业提供照明,能提供远光和近光两种光束。有两灯制和四灯制两种,其光色多为白光。

②前侧照灯。在四灯制工程建设机械中,前照灯的外侧装用了两只前侧照灯,作为前照灯的辅助照明,特别是在工程建设机械行驶道路条件比较复杂的情况下,使工程建设机械左右两侧的道路、场地也能得到较好的照明。

③雾灯。在有雾、下雪、暴雨或其他能见度较差的情况下,可用雾灯为工程建设机械提供照明,雾灯一般安装在工程建设机械前部左右各一只,比前照灯稍低或并列,光色为黄色(光波较长、透雾性好)。

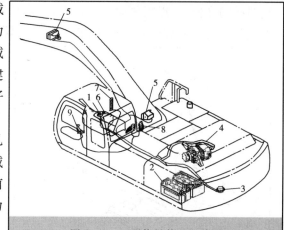

图8-48　照明信号装置电路图
1-起动开关;2-蓄电池;3-电源继电器;4-发电机;5-工作灯;6-工作灯开关;7-驾驶室灯;8-喇叭;9-喇叭开关

④牌照灯。用来照亮工程建设机械牌照,天气好的夜间,在距离20m处能看清牌照号码,光色为白色。

⑤顶灯。安装在工程建设机械的驾驶室或车厢内,用于车内照明。

⑥仪表灯。装在驾驶室内的仪表板上,用来照明仪表,使驾驶员能看清各个仪表的指示情况。

⑦工作灯。供夜间车辆检修时照明用。一般只装设工作灯插座,配备带有一定长度导线的移动式灯具。为了发动机检修的方便,有的车辆在发动机罩下增设一固定的工作灯,开关通常位于灯座上。

上述的各种照明灯中,除了前照灯和防雾灯应用光学原理特制外,其他的均属普通照明灯具,仅因用途的不同,在照明的亮度和光的颜色上有不同的要求和规定。

(2)工作灯

如图8-49所示为工作灯的组成。灯泡是光源部分,包括框架、密封垫、灯玻璃原件、灯泡、灯座几部分。

(3)驾驶室灯

移动开关可打开或关掉驾驶室内的灯,如图8-50所示。

3 信号系统

信号系统电路的基本组成主要有信号装置、电源、控制开关、连接导线等。信号装置可分为灯光信号装置、声音信号装置两大类。

(1)灯光信号装置

灯光信号装置分为车外和车内两种,用以提醒行驶道路或作业场地周围的人员注意工程建设机械行驶或作业状态及驾驶员的意图,减少和避免事故发生。主要包括如下

几类:

①转向信号灯。在工程建设机械转弯、变更车道或路边停车时,转向信号灯发出明暗交错的闪光信号,以提醒周围的行人和驾驶员注意,光色多为橙色,后转向灯也可为红色。当四只转向信号灯同时闪烁时,作为危险报警闪光灯使用。

图 8-49　工作灯组成
1-框架;2-密封垫;3-灯玻璃原件;4-灯泡;5-灯座

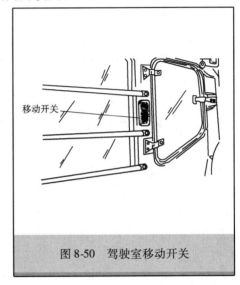

图 8-50　驾驶室移动开关

②示宽灯(又称前位灯)。安装在工程建设机械前部的两侧边缘,在夜间或雨天时使用,以示工程建设机械的宽度。

③尾灯(又称后位灯)。与前位灯同时使用,安装在工程建设机械尾部两侧,在夜间用以警示后面车辆,光色为红色。

④制动灯(俗称刹车灯)。常与尾灯共用一个双丝灯泡,工程建设机械制动时发出明显强于后位灯的红光,以示工程建设机械处于减速状态,提醒后面车辆的驾驶员注意。

⑤停车灯。夜间停车时用来标志工程建设机械的位置。

⑥示廓灯。安装在空载高 3m 以上的工程建设机械上部,在夜间用来标示工程建设机械的高度与宽度,前示廓灯光色为橙色,后示廓灯光色为红色。

(2)声音信号装置

声音信号装置是用声音作为信号警告行人及其他车辆的装置,它是保障行车安全的重要部件。在必要时,经驾驶员操作,发出功能性声音信号,以警示行人和其他车辆。主要包括如下几类:

①电喇叭。如图 8-51 所示,为了保证行驶安全及作业需要,一般工程机械上都装有喇叭,以警示路人及其他车辆避让。

②倒车报警器。当汽车倒车时,通过声音提醒过往行人或车辆避开车辆而确保车辆安全倒车。

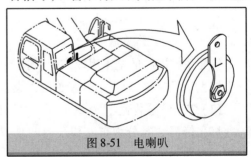

图 8-51　电喇叭

④ 灯光与信号装置电路

根据《机动车运行安全技术条件》(GB 7258—1997)的规定,对照明与信号装置的一般要求包括以下内容:

(1)灯具应安装可靠、完好有效,不得因机械振动而松脱、损坏、失去作用或改变光照方向。

(2)所有灯光的开关应安装牢固并开、关自如,不得因机械振动而自行开、关。

(3)灯光开关的位置应便于驾驶员操纵。

(4)除前照灯的远光外,所有灯光均不得炫目,左、右两边布置的灯具光色、规格必须一致,安装位置对称。

(5)前位灯、后位灯、示廓灯、牌照灯和仪表灯等应能同时启闭,当前照灯关闭或发动机熄火时仍能明亮。

(6)危险报警指示灯的操纵装置应不受电源总开关的控制。

(7)转向信号灯在侧面可见时视为满足要求,否则应安装侧转向信号灯。

(8)照明和信号装置的任一条线路出现故障,不得干扰其他线路的工作。

(9)前、后转向信号灯,危险报警闪光灯及制动灯白天距100m处可见;侧转向信号灯白天距30m处可见;前、后位置灯和示廓灯夜间好天气距300m处可见。

四 仪表、报警装置及其他设备

为了正确使用工程机械并了解其主要部分的工作情况,及时发现和排除可能出现的故障,工程机械上装有各种检查、测量仪表,如,电流表、机油压力表、水温表、燃油表、车速里程表和转速表等。这些仪表除应结构简单、工作可靠、耐振、抗冲击性好外,仪表的示数还必须准确,在电源电压波动时所引起的变化应尽可能小,且不随周围温度的变化而改变。

同时现代工程机械为保证安全和可靠性,安装了报警装置。如机油压力过低、制动系统低压、空气滤清器堵塞等便发出报警信号。报警装置一般由传感器和红色警告灯组成。

下面以日立EX300系列挖掘机为例进行介绍,如图8-52所示。

① 仪表

(1)冷却水温度表

水温表用来指示发动机水套中冷却水的工作温度,如图8-53a)所示。当指针处于绿色范围,表示冷却水温度正常。

(2)燃油表

燃油表用来指示燃油箱内储存燃油量的多少,提示驾驶员在指针到达E(空)之前加进燃油,如图8-53b)所示。

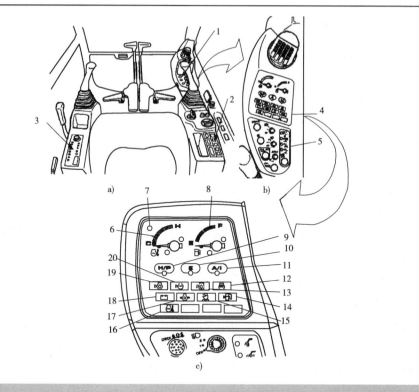

图8-52 仪表盘图

a)日立EX300系列挖掘机驾驶室图;b) 右前方仪表盘与开关盘图;c) 仪表盘图
1-右前方仪表盘与开关盘;2-空调仪表盘;3-收音机与时钟控制;4-仪表盘;5-开关盘;6-冷却水温度表;7-暖机完成指示灯;8-燃油表;9-H/P(强力)方式指示灯;10-E(经济)方式指示灯;11-自动空转指示灯;12-预热指示灯;13-液压油油位指示灯;14-燃油油位指示灯;15-空气滤清器堵塞指示灯;16-过热指示灯;17-发动机油油压指示灯;18-交流发电机指示灯;19-发动机油油位指示灯;20-冷却水水位指示灯

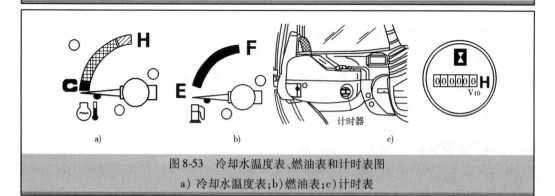

图8-53 冷却水温度表、燃油表和计时表图
a) 冷却水温度表;b)燃油表;c)计时表

(3)计时表

右手边的号码代表十分之一小时(6min),如图8-53c)所示。

② 报警指示灯

(1) 暖机完成指示灯

当发动机冷却水温度达到约30℃(86°F)时,该黄色指示灯将熄灭,如图8-54所示。

(2) H/P(强力)方式指示灯

工程机械在工作中,当需要大功率时,例如在进行挖掘作业中收入小臂等时,使用H/P方式开关,此时发动机速度将根据所加载荷而变化。当打开H/P方式开关时,该绿色指示灯将亮起。

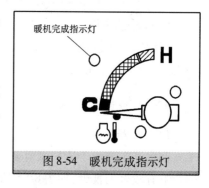

图8-54 暖机完成指示灯

(3) E(经济)方式指示灯

当打开E方式开关时,该绿色指示灯将亮起。当要优先考虑燃油消耗指标而不是作业性能时,使用E方式。在此方式上,虽然发动机速度减小,性能将会下降,但是燃油消耗和噪声水平也会减小。

(4) 自动空转指示灯

当打开自动空转开关时,该绿色指示灯将亮起。

(5) 发动机油油位指示灯

当油位检查开关被按下时,如果发动机油油位适合于操作,指示灯将点亮。

(6) 冷却水水位指示灯

当水位检查开关被按下时,如果冷却水水位适合于操作,指示灯将点亮。

(7) 液压油油位指示灯

当油位检查开关被按下时,如果液压油油位适合于操作,指示灯将点亮。

(8) 燃油油位指示灯

当该红色燃油指示灯亮起时,大约还剩有60 L(16 US gal)的燃油。

(9) 发动机油油压指示灯

在作业时,当发动机油压降低到允许限度时,该红色指示灯点亮,并且蜂鸣器将鸣响。此时,应立即停下发动机,检查发动机、液压系统和各油位有无异常,防止可能出现的发动机损坏。但冷油、低油位,或在斜坡上操作时,都可能使指示灯亮起。

(10) 空气滤清器堵塞指示灯

当空气滤清器滤芯被堵塞时,该红色指示灯将点亮。此时,应对空气滤清器进行清洗维护或更换外部滤芯,否则发动机工作无力,油耗增大。

(11) 过热指示灯

当发动机冷却水过热时,该红色指示灯将亮起,并且蜂鸣器将鸣响。此时不要停下发动机,应立即减去负载,并以低速空转运转发动机。如果过热指示灯仍然持续亮着,再停下发动机,防止可能的发动机损坏。分别检查散热器上有无脏物和水箱的冷却水水位是否过低。

(12) 交流发电机指示灯

随着交流发电机输出的下降,该红色指示灯将点亮,此时,应检查电源系统。

(13) 预热指示灯

当钥匙开关按逆时针方向转到预热位置时,该红色指示灯将点亮。指示灯大约在20s后熄灭,表示预热完成。

3 其他辅助装置

1) 刮水器

刮水器主要用于清扫风窗玻璃上的雨、雪和灰尘,保证操作手在各种环境下能不受风窗的影响有较好的视野,如图8-55所示。

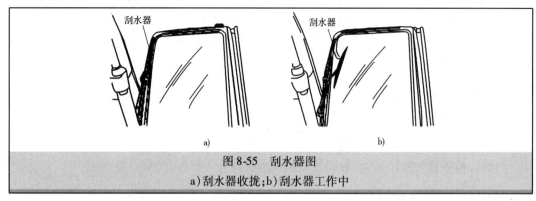

图8-55 刮水器图
a)刮水器收拢;b)刮水器工作中

2) 空调系统

为了实现车内温度的控制,保证车内空气对流,一些工程机械上装有空调系统。如图8-56所示,其组成为控制盘、前通风孔、后通风孔、脚通风孔、除霜孔、方式开关、温度控制开

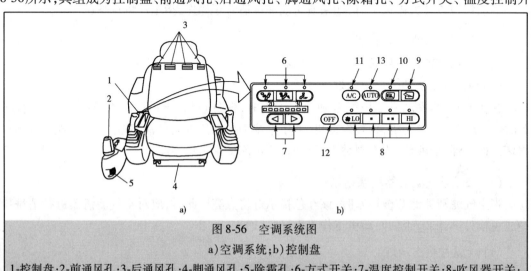

图8-56 空调系统图
a)空调系统;b)控制盘
1-控制盘;2-前通风孔;3-后通风孔;4-脚通风孔;5-除霜孔;6-方式开关;7-温度控制开关;8-吹风器开关;
9-新鲜空气方式开关;10-循环方式开关;11-空调开关;12-吹风器OFF(关)开关;13-AUTO(自动)开关

关、吹风器开关、新鲜空气方式开关、循环方式开关、空调开关、吹风器OFF(关)开关和AU-TO(自动)开关等。

控制盘上开关的名称和功能如下：

(1) 方式开关

能选择不同的通风组合。

① ▧，表示气流从前通风孔和除霜孔中流出。

② ▧，表示气流从前、后通风孔和除霜孔中流出。

③ ▧，表示气流只从脚通风孔流出。

(2) AUTO 开关

按动 AUTO 开关，AUTO 指示灯将点亮。此时，空气温度和吹风速度将被自动调节。

(3) ▧ 可选择空气温度控制开关

在温度控制开关的正上方设置有 8 个指示灯，指示灯将指示空气温度，可通过调节温度控制开关，实现对指示灯的控制。如果指示灯指示到最左侧，表示空气温度最低；如果指示灯指示到最右侧，表示空气温度最高。（在使用中，通常是从左侧的第 4 和第 5 个指示灯亮着。）

(4) 吹风器开关

吹风器开关可选择 4 个不同的吹风速度。▧，表示低速吹风；▧，表示中 1 速吹风；▧，表示中 2 速吹风；▧，表示高速吹风。

(5) 空调开关

在吹风器开关开着（吹风器的任一指示灯亮着）时按动空调开关 10，空调机将运转，并且空调指示灯将亮起。

(6) 吹风器 OFF(关)开关

按动吹风器 OFF(关)开关，吹风器和空调机将停下。

(7) 新鲜空气方式开关

按动新鲜空气方式开关（其指示灯亮起），新鲜空气通风孔将被打开，外界空气将被导入驾驶室。

(8) 循环方式开关

按动循环方式开关（其指示灯亮起），新鲜空气通风孔将被关闭。

 单元小结

1. 水泵的类型、型号、结构特点及离心泵抽水装置管路系统的组成。
2. 各种控制电器、保护器件和电度表的特点及工作条件。
3. 水泵的各性能参数。
4. 水泵控制电路、选型及台数的确定方法与配套电机的选用。

5.塔式起重机的类型、型号表示、主要性能指标及其结构。

6.异步电动机的起动电路、正反转电路和制动控制电路的工作过程。

7.塔式起重机的各工作机构工作过程和安全装置的组成。

8.塔式起重机生产率、选用方法。

9.电源系统的组成与工作过程,蓄电池的功用,铅蓄电池的规格型号和更换条件,硅整流发电机和调节器的作用。

10.起动系的电路组成及工作过程。

11.照明和信号系统的电路组成及工作过程。

12.仪表、报警装置及其他设备的组成与各组成的作用。

自我检测

一、填空题

1.水泵装置是由_____、_____、_____、_____及其附件所组成的组合体。

2.常用的离心水泵有以下形式:_____、_____、_____等。

3.离心水泵主要零部件由_____、_____、_____、_____、_____等组成。

4、异步电动机的起动方式分为_____和_____两大类。

5.塔式起重机按有无行走机构可分为_____和_____。

6.塔式起重机工作机构包括:_____、_____、_____和_____等部分。

7.行程限位器包括:_____、_____、_____和_____。

8.工程机械上采用_____或_____低压电源系统,一般柴油机采用_____系统。

9.起动系统由_____、_____、_____、_____等组成。

二、选择题

1.在路桥施工工地上普遍使用的是_____。

  A.单级单吸离心水泵   B.双级单吸离心水泵

  C.单级多吸离心水泵   D.双级多吸离心水泵

2.离心式水泵属于_____。

  A.容积式泵   B.叶片式泵

  C.轴流水泵   D.其他类型泵

3.下述电器中,属于保护器件的是_____。

  A.电动机   B.闸刀开关

  C.电度表   D.熔断器

4.下面能保证塔式起重机运行至轨道缓冲撞块之前停止运动的是_____。

  A.起升限位器   B.回转限位器

  C.幅度限位器   D.行走限位器

5.在考虑主参数时,首先应考虑的就是是否满足施工需要_____。

A. 最大幅度　　　　　　　　　　B. 最大起重量时的幅度
C. 最大起重量　　　　　　　　　D. 最大起重量时的起重力矩

6. 在进行塔式起重机选型时，初步确定_____和_____的参数后，还必须根据塔式起重机技术说明书中给出的数据，核查是否符合_____。

A. 起重幅度、起升高度、起重量　　　B. 额定起重量、起重幅度、起重力矩
C. 起重幅度、起重量、额定起重力矩　D. 起升高度、起重量、额定起重力矩

7. 向全车提供稳定的低压直流电能的是_____。

A. 电源系统　　　　　　　　　　B. 起动系统
C. 点火系统　　　　　　　　　　D. 电子控制系统

三、判断题

1. 闸阀一般装在出水管上。　　　　　　　　　　　　　　　　　　　　（　　）
2. 单级单吸离心水泵的特点是扬程较高、流量较大、结构简单、使用方便。（　　）
3. 水泵铭牌上的扬程是该水泵设计扬程，相应于水泵通过设计流量时的扬程，即额定扬程。　　　　　　　　　　　　　　　　　　　　　　　　　　　　　　（　　）
4. 回转限位器的作用为限值小车在起重臂上的移动范围。　　　　　　　（　　）
5. 塔式起重机具有司机的视野开阔，塔机的构造较为简单，维修、保养容易等优点。
　　　　　　　　　　　　　　　　　　　　　　　　　　　　　　　　（　　）
6. QTK500 代表起重力矩为 500kN·m 的快装式塔式起重机。　　　　　（　　）
7. 工程机械上的电气设备一般采用交流电源系统。　　　　　　　　　　（　　）
8. 普通刀开关的主要优点是使用安全、可靠、寿命较长。　　　　　　　（　　）
9. 电动机的主电路电流较大，主电路的通断，一般通过交流接触器来完成。（　　）

四、问答题

1. 型号为 IS65-40-315 的离心水泵的型号含义是什么？
2. 塔式起重机的主参数有哪些？对其进行解释说明。
3. 简述单线制和负极"搭铁"的含义。
4. 描述电源系统电路的工作过程。
5. 简述点动控制电路的工作原理。

单元 9

机械化施工管理

 学习目标

1. 能制订工程机械的使用计划及一般规定。
2. 了解工程机械技术保养的分类及定期保养制度。
3. 能进行工程机械设备的例行保养。
4. 能进行安全管理及事故原因分析。
5. 能正确、安全地用电。

 学习指南

本单元将重点讲述机械化施工管理的主要内容和特点。学习流程如下：

工程机械设备使用原则 → 工程机械使用计划及规定 → 工程机械技术保修分类及制度 → 工程机械设备保养规定 → 安全管理的内容及事故原因分析 → 工程机械设备安全运行 → 安全用电措施

 教学建议

本单元的学习重点是机械化施工管理的内容与要求。其中，工程机械使用管理和施工安全管理应结合工程实际进行学习和理解。

9.1 工程机械设备使用管理

一 工程机械设备合理使用的意义和原则

1 合理使用的意义

机械设备在人工操作下运转并发挥规定功能的过程称为使用过程。机械使用是产生有形磨损的主要过程。机械使用不当,不仅直接缩短机械寿命,增加机械运行成本、修理次数和费用,还会造成修理工作和配件供应的紧张,并常常影响施工任务的完成。特别是进口的关键机械设备,如果使用管理工作做得不细致,一旦发生事故,不仅难以修复,还会严重影响施工生产,造成巨大损失。

2 合理使用的原则

衡量机械设备使用合理的主要标志是,首先应按照施工特点的实际需要配备适量的机械设备,形成配套设备,互相协调和合理调度;其次是使机械设备的性能和生产能力与工程的性质和任务一致,以便取得较好的经济效果;最后应制订并切实贯彻执行一整套操作、安全、保养、维修等规章制度,建立能充分发挥机械效能的环境条件等。

为了达到上述要求,在实际使用机械时,应贯彻下列原则。

(1) 合理组合。工程施工通常多是由多台机械联合作业,要把合乎使用的机种,在数量、性能和容量上按比例合理配套,组成高效的组合机群。

(2) 强化调度。施工现场情况多变,要使施工机械的配套完全合理是极困难的,也是暂时的。只有采用科学的方法和先进手段,加强现场调度,才能使机械设备经常调整到合理的使用状态。

(3) 科学合理地使用。应根据机械性能使用机械,既要防止大马拉小车,也要防止未经核算的超负荷使用;应按规章操作、保养和维修机械;应配备合格的司机操作机械,特别是一些进口机械设备,应选择业务素质高的人员操作,并进行业务培训。

(4) 正确使用能源。按照机械使用说明书的规定使用能源,电动机械要在规定的电压和负荷下工作,内燃机要用规定牌号的燃油,润滑系统要加足规定使用级和黏度级的润滑油料,并保证油质。

二 工程机械的使用计划及一般规定

为合理使用机械进行机械化作业,降低机械的使用成本,应对机械的使用进行科学的计划并作严格的经济分析。

1 选择工程机械的经济分析

选择工程机械经济分析的依据是机械施工总费用,应尽可能选择机械施工总费用低的机械,以降低施工成本。根据机械施工总费用的不同,分以下两种情况讨论。

(1)简单经济分析

若机械施工总费用中不含与机械承担的工程量大小无关的(固定的)费用时,仅比较机械施工总费用或机械完成单位施工量所需的费用,选择费用低的机械经济性好。

(2)盈亏分界点经济分析

机械施工总费用中包含与机械承担的工程量大小无关的(固定的)费用,例如:

①机械消耗费的固定部分;

②平整工作面、整平施工便道等辅助性费用,它是主体机械在投入施工前,为使主体机械顺利施工而消耗的费用。

这时可采用盈亏分界点经济分析方法。

设:F 为机械施工总费用,则

$$F = A + BX \tag{9-1}$$

式中:F——机械施工费用,单位为元;

A——与工程量大小无关的固定费(元),与所选择的机械有关;

X——施工工程量;

B——单位工程量所需机械费用(元/单位施工量),可由式(9-2)计算。

$$B = \frac{C}{D} + G \tag{9-2}$$

式中:C——机械台班费(元);

D——机械台班定额施工量;

G——单位工程量的工人附加工资费(元/单位施工量)。

通过上面的讲解,对于机械 a 有:$F_a = A_a + B_a X$,对于机械 b 有:$F_b = A_b + B_b X$。

如图 9-1 所示,假设 $B_a > B_b$,$A_a < A_b$,则两条直线有一交点,其横坐标为:

$$X_0 = \frac{A_b - A_a}{B_b - B_a}$$

由图 9-1 可知:

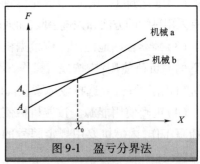

图9-1 盈亏分界法

当 $X < X_0$ 时,选用机械 a 比较经济;

当 $X > X_0$ 时,选用机械 b 比较经济;

当 $A_a = A_b$ 时,选用 B 值小的机械经济;

当 $B_a = B_b$ 时,选用 A 值小的机械经济。

② 机械使用计划的编制

(1)机械作业计划

施工组织设计与机械化施工计划都是在施工以前开始编制的,编制时是不可能预测出施工过程中所发生的各种变化,也不可能计划或考虑每个执行人及其劳动生产率。因此,这些年度、季度计划,需要定期修改并加以具体化,使其更切实际,并使施工人员有充分的资料来直接组织施工。

为了使施工人员清楚在每季度、每月、每旬甚至每日应该如何开展施工,并因地制宜地贯彻计划,就必须编制作业计划(作业计划是按月、按旬或按日编制的)。这一计划能够起到具体指导施工工作和检查督促施工任务完成情况的作用。

(2)作业计划中机械需要量的核算

编制季度计划,计算机械需要量时,可按式(9-3)计算。

$$N = \frac{Q}{A \cdot B} \tag{9-3}$$

式中:N——机械数量;

Q——季度工程量;

A——机械台班工作量定额;

B——工作天数(或台班数)。

(3)月度作业计划

月度作业计划,一般由基层施工队伍根据季度机械使用计划并结合本月实际情况,在本月度为每个具体执行机械(队、班)编制月度作业计划,并在计划中说明在计划月度内应完成的各种工程的数量。编制前还应考虑上月工程完成情况,如果上月有未完成的遗留工程,在编制本月计划时应把这部分遗留工程编入计划内,并考虑和指出如何来完成整个计划的办法和措施。

(4)旬或日作业计划

为了使计划更具体化,在编制月度作业计划的基础上还应进一步为各班、组制订旬(或周)、日作业计划。此后,旬、日作业计划还要落实到具体执行人——班长和施工组长等,即把每个施工队每昼夜工程量分配给该施工班组。这种计划是从单位工程的每旬(周)、日计划中摘录出来的。为了保证日计划的完成,必须不断地检查。

综上所述,正确和严格地执行机械作业计划,不但能使每个执行人明了每一旬(周)、每一日内应担负的任务,而且还能使每个施工队都有随时可供检查任务完成的依据,因而大大提高了每个人完成任务的责任感。在领导监督方面,有了作业计划,对监督检查工程完成情况也有了依据,若发现施工过程中断或出现停工待料等特殊情况时,可及时提出建议和采取措施加以解决。

9.2 工程机械技术保养管理

一 保养的意义

工程机械在作业中,不仅负荷变化频繁,而且常在无路或路况很差的场合工作,还要停放野外,这便使机械各部件经常受到摩擦、冲击、扭转、振动及剪切等力的作用,并遭受自然条件较严重的侵蚀。随着使用时间的增加,会产生活动部件磨损、连接部件松动、零部件疲劳破坏、表面锈蚀和非金属材料老化、润滑油质变差、滤网或油道堵塞导致润滑条件变差等不良现象。若继续使用,将发生更严重的磨损,生产效率下降,甚至出现严重机械或人身事故。因此,必须对工程机械进行有计划的保养,包括清洁、润滑、紧固、调整、防腐以及更换一些不能再用的磨损零件等工作,使工程机械经常在完好的技术状态下运转,保证使用的顺利进行,这对于提高工程机械使用的经济效益、降低成本、保障安全和延长使用寿命都具有重要意义。

二 工程机械技术保养的分类及定期保养制度

1 技术保养的分类

工程机械技术保养可分为:走合保养、例行保养(每班保养)、定期保养、换季及特殊气候条件下的保养、转移前保养、停用和封存保养六类。

2 定期保养制度

作业机械使用到规定的台班、工作小时或里程后所要求进行的保养,称为定期保养。定期保养按间隔时间的长短,可分为一级保养、二级保养、三级保养。

从我国公路施工与养护单位开展保养工作的实际条件与可能出发,交通运输部颁发的公路筑养路机械保修规程中规定:对大中型机械一般应采用三级保养制度,即一级保养(国产机械间隔200h,进口机械间隔250h)、二级保养(国产机械间隔600h,进口机械间隔1 000h)、三级保养(国产机械间隔1 800h,进口机械间隔2 000h);至于一些小型机械,如振动机、夯实机等可采用二级保养制(一级保养间隔600h,二级保养间隔1 200h);对关键、技术密集、稀有的进口设备，应参照厂家保修手册要求进行保养。

一级保养的重点是润滑、紧固，突出解决各滤清器的清洁。二级保养的重点是检查、调整，除要进行一级保养的全部内容外，还要从外部检查发动机、离合器、变速器、传动轴、驱动桥转向和制动机构、液压和工作装置以及各类电器元件等的工作情况，必要时进行调整，并排除所发现的故障。三级保养的重点是检查、调整、消除隐患，平衡各部件的磨损程度。

三、工程机械设备的例行保养

每班的例行保养是实现安全运转和满负荷工作的保障条件。一般，每种机械的使用说明中对每班的例行保养都有详细的规定和要求。下面介绍一种制度以供参考。

1. 每班三检查一保养

(1) 起动前检查。
(2) 起动后和作业中的检查。
(3) 作业后的检查和保养。

1. 每班工作三、三制

(1) 上班三提前。提前检查水、油、气、电，提前做好每班例行保养工作，提前做好发动机械的准备工作。
(2) 工作中三保养。保持正常油压，保持正常温度，保持制动性能良好。
(3) 下班三不走。保养、注油没做完不走，清洁不做好不走，工作附件不清理不走。

施工单位的施工机械种类繁多，结构性能差别很大，机器保养项目和技术要求往往大不相同，因此，具体保养机械时，依据交通运输部颁发的《公路筑养路机械保修规程》中相应要求进行。

9.3 机械化施工安全管理

一、安全管理的内容及事故原因分析

机械设备逐渐取代手工工具而成为主要劳动手段的同时，大量的不安全因素也随之进

入生产过程,如高压、高速、高温、噪声、粉尘、振动、辐射、有毒排放物、电击电灼等因素均使事故发生的频率增加,范围扩大。在工程机械施工的过程中,由于安全装备的等级、防护条件、生产部署的稳定程度等均要差一些,并且大多数是露天作业,劳动条件差,作业分散、交叉施工、现场机械组合复杂,所以安全管理问题也就更加突出。

1 工程机械安全管理的目的及工作范围

安全管理的目的就是要在工程机械寿命的全过程中,采取各种形式的技术措施及组织措施,消除一切使工程机械设备遭到破坏、使人身健康与安全受到威胁、使环境遭到污染的因素或现象,避免事故发生,保护工人的人身安全及身体健康,提高工程机械运用的经济效益。工程机械的管理不仅单纯管机械,而且要管人、管环境。工程机械安全管理是一个综合系统的管理,即人—机—环境系统的管理。

工程机械安全管理的工作范围应包括如下内容:

(1)工程机械设备本身遭到不正常破坏的单纯的设备事故。

(2)由于工程机械设备发生事故而引起的人身伤亡事故。

(3)由于工程机械设备发生事故而引起的其他性质的灾害,例如火灾、停电、停产等。

(4)由于设备的原因(机械设备本身不一定发生事故)而引起的人身伤亡或职业病,以及对环境的污染等。

2 工程机械安全事故原因分析

工程机械事故的发生,虽然带有随机的性质,但事后往往可以找到确切的原因,因此,工程机械安全事故的绝大部分都是可以预防的。有关统计表明:由于机械设备本身在设计、制造、材质等方面存在的问题而造成的事故所占比例是很小的,绝大多数的事故是由于使用不当而引起的,而其中违反操作规程则是最主要的原因。也就是说,工程机械安全事故的原因应该从"人"、"物"、"环境"三个方面进行分析。

(1)"人"的因素。凡是由于操作者、使用者以及组织、指挥、管理人员等方面的原因而造成的事故均属于"人"的因素。

(2)"物"的因素。所谓"物",主要是指工程机械本身,还包括机械设备以外的安全装置、安全设施以及所使用的材质等。

(3)"环境"因素。环境的因素也是造成事故的一个原因,工程机械行业的机械设备大都不是固定安装的,因此往往不太可能始终为这些机械设备创立或保持一个比较良好的工作环境,在不合适的照明、温度、过度的嘈杂噪声、松软的地面、危险的道路坡度等的环境条件下,很容易发生安全事故。

二 工程机械设备的安全运行

工程机械设备的安全运行不仅直接影响工程机械寿命,而且影响国家和人民的生命财产安全,因此,必须贯彻"安全为了生产,生产必须安全"和"合理使用,安全第一"的原则。从统计资料来看,97%的事故是可以预防的,而且在大多数情况下,机械设备安全事故的预防并不是一件在技术上特别复杂、困难的工作,只有极少数的事故预防技术涉及某些较为专门的领域。

既然引发事故的原因是多种多样的,因此,对事故的预防也应采取多方面的措施。

(1)明确机务管理部门的职责,使机务管理部门结合管理权限负责好日常安全管理工作。

(2)定期对工程机械进行安全检查,对机械操作人员进行安全教育。

(3)制定并贯彻机械操作人员和电工操作人员的安全守则。

(4)通过制定、修订安全操作规程,采用安全装置,通过对车辆进行安全检查等手段,完善机械安全管理的技术措施。

三 安全用电

1 人体触电

施工工地用电通常为220V、380V,这远远超过了最高安全电压(36V)的规定,故用电安全问题必须予以充分重视。电对人体的危害,是由于人体接触带电物体时,电流通过人体时会造成各种生理机能的紊乱或破坏,如烧伤、肌肉抽搐、呼吸困难、昏迷、心脏麻痹以至死亡,这就是常说的触电。触电对人体的危害程度与通过人体的电流强度、频率、触电时间及流过人体的途径等因素直接相关。

2 触电事故发生的原因

筑路工程施工作业过程中触电事故发生的原因可大致归纳如下:

(1)缺乏电气安全知识,随意触摸导线、电气设备、乱拉线、乱接线、乱接用电设备、超负荷用电等。

(2)违反操作规程,带电拉隔离开关或跌落式熔断器,用电设备不按规定接地(或接零),工地上不按要求架线等。

(3)电气设备的绝缘损坏,致使金属外壳及与之相连的金属构件成为带电物体。

(4)高压电网接地或防雷接地及某相导线断线触地并有电流流入地下时(电流向大地流散,以接地点为圆心,在半径为20m的圆面积内形成分布电位),当有人走近接地点时,会造成触电事故。

3 安全用电措施

为防止触电和雷击事故的发生,应以积极预防为主。其预防措施应使思想教育和技术防止措施两方面同时进行。

1)安全用电注意事项

在施工现场,为保证用电安全,工程技术人员应特别注意以下事项:

(1)经常检查电气设备有无漏电、绝缘老化程度、有无裸露的带电部位和断线情况。特别是雨季、节假日和特殊天气前后更要仔细检查。

(2)沿地面铺设的临时导线在行人多的地方应穿入钢管内;高压设备和接地点周围应设护栏,并挂上警告牌。

(3)经常移动的照明灯以及地下沟道照明灯,应使用36V以下的安全电压。

(4)应按要求选用熔断器,露天使用的开关应有防水装置。

(5)电气设备在运行过程中如温度、气味和声音等有异常,应立即停电检查。

(6)电气设备的保护接地和保护接零应合理、可靠。

(7)电气设备工作时,如遇停电,应立即拉闸。

(8)设备拆除后,不应留有可能带电的电线,如必须保留,应将电源切断,并将线头包上绝缘胶布。

(9)告诫人们远离高压设备接地点,禁止在高压设备的接地点附近避雨。

2)电气设备的接地与接零保护

在正常的情况下,电气设备的外壳是不会带电的,但当电气设备的绝缘损伤时,其金属外壳就会带电,为防止因此而造成的触电事故,通常对电气设备的金属外壳采取接地与接零的保护措施。

(1)保护接零

路桥施工工地的配电变压器均采用三相四线制供电。将变压器三相星形连接的中性点直接用接地装置与大地可靠地连接的方法称为工作接地,如图9-2a)所示。在中性点接地的三相四线制系统中,将电气设备的金属外壳、框架等与接地中性线可靠连接的方法称为保护接零,如图9-2b)所示。

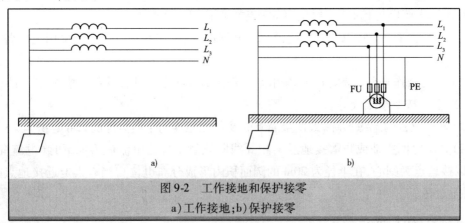

图9-2 工作接地和保护接零
a)工作接地;b)保护接零

若一旦有一相线与外壳相碰时,由于电路中电阻很小、短路电流很大而使保护装置迅速动作,切断电源。这时即使有人触接外壳,由于人体电阻和人体与地之间的接触电阻较大,此时,不会有电流流经人体。

为了确保保护接零的可靠性,应注意以下几个问题:

①零线上不准装开关和熔断器,否则会造成零线断路,失去保护接零的作用。

②图 9-3a)中假设 B 点不接地,若零线在 E 点断开,而 E 点以后的接零设备中有一台(如 M_3)外壳带电,这就会使 E 点以后的设备 M_3、M_4 的外壳都带电,这非常危险。而采用图 9-3a)的重复接地,在 M_3 外壳带电时,故障电流通过零线,接地体 R_3、R_1 回到零点,人体电阻比(R_1+R_3)大得多,故通过人体的电流极微小,从而保证了人的安全。

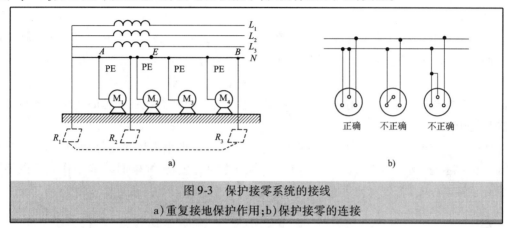

图 9-3 保护接零系统的接线
a)重复接地保护作用;b)保护接零的连接

③保护接零的接线如图 9-3b)所示,注意保护接零的正确接线。

(2)保护接地

保护接地只能用于电源中性点不接地的配电系统中,如图 9-4 所示,即电器设备的外壳、框架等有接地装置与大地可靠连接。这样,即使电气设备外壳带电被人触及,因人体电阻远远大于设备的接地电阻(变压器为 4Ω,电动机为 10Ω),通过人体的电流极微小,由此保证安全。

要特别注意的是,在同一台变压器供电系统中,绝不允许有的电气设备接零,而有的电气设备接地,否则容易出事故,如图 9-5 所示。

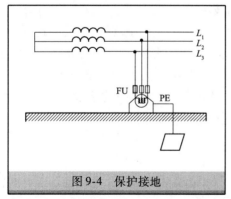

图 9-4 保护接地

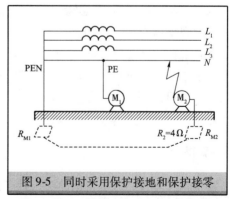

图 9-5 同时采用保护接地和保护接零

设 M_2 的外壳带电 220V,则故障电流通过 R_{M1}、R_{M2} 回到零点,设 $R_{M1}=R_{M2}$,则此时零线和所有接零设备的外壳对地电压是 110V,如果有人触接到图中 M_1 的外壳,就会造成触电。

④ 触电保安器

触电保安器是在人体触电时,能立即自动切断电源电路的装置。在经常被人触及的金属壳固定电器、临时配电线路、经常移动的电动机、手提电动工具及应采用安全电压而未能采用的场合,都应考虑安装触电保安器,以防止人体触电伤亡。

触电保安器分为电压型和电流型。电压型只能用于中性点不接地的系统,应用面较窄,工作也很不可靠,故不予介绍。

电流型触电保安器的主要技术指标有:输入电压(分 220V、380V),动作电流(越小越好),断电时间(从触电开始到电源切断的时间越短越好,目前国产保安器为 0.1s),灵敏度(动作电流与断电时间的乘积要求小于 30mA·s),额定负载电流(分阻性负载电流、感性负载电流从几安到几百安),使用环境温度和保护性能等。选用触电保安器时应使上述技术指标满足使用要求。

使用保安器时应注意,触电保安器也有它的局限性。如果人体对地绝缘,只触及两根相线或一相一零时,保安器不动作,只有当相线和地之间有短路,漏电时才能动作。所以不要以为装了触电保安器,就麻痹大意。另外,还需随时注意保安器是否工作正常。

⑤ 触电急救

触电急救工作应做到镇静、快速、方法得当,切不可惊惶失措。具体急救方法叙述如下。

(1)快速脱离电源

当自己触电而又清醒时,首先是保持冷静,设法脱离电源,向安全地方转移。若他人触电时应迅速拉开电源开关。电源开关较远时,可用绝缘工具剪断、切断、砸断电源线。电源未切断前,决不能用手去接触带电体。同时还要防止摔伤、撞伤等第二次伤亡。

(2)急救处理

触电人脱离电源后,神志清醒,但心慌无力,四肢麻木,应将其抬到通风处静躺2h,并派专人守护观察病变,防止触电人惊阙狂奔,力竭而亡。如果触电者呈现昏迷,已停止呼吸,但心脏微有跳动时,应采用口对口人工呼吸法抢救;若呼吸和心脏跳动都已停止,则应采用人工胸外挤压法和口对口人工呼吸法交替进行抢救,人工呼吸和人工胸外挤压法示意及步骤如图 9-6 和图 9-7 所示。触电急救有时需经相当长时间的持续救治才能见效,因此,决不可轻率停止抢救,只有医生才有权做出确已"死亡"、停止抢救的决定。

⑥ 防雷

雷是大气中自然放电现象,它具有放电电压高(1~100kV)、电流强(20~200kA)和放电时间短(0.0001~0.00015s)的特点。所以受雷击时会引起热、电磁、机械、化学和静电作用,造成对人畜、建筑物、树木、电气设备的直接或间接破坏。为了避免或尽量减轻雷击的伤害,常采用避雷针、避雷线和避雷器进行防护。

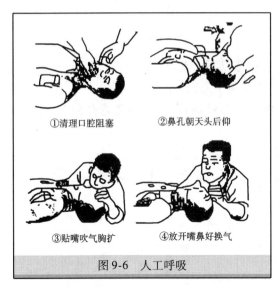

图 9-6 人工呼吸

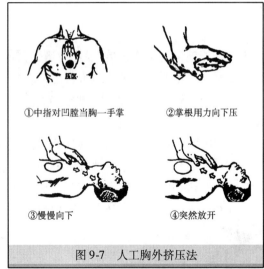

图 9-7 人工胸外挤压法

(1) 避雷针

避雷针是架设于建筑物高处防止雷击的一种避雷装置。它主要是将雷击时的电流迅速流散到大地中,从而避免雷电直接击中被保护的建筑物。其保护作用具有一定的范围,因此,应根据建筑物的大小和高度,来决定安装避雷针的高度和个数。

如图 9-8 所示,单支避雷针的地面保护半径 r_0 为:

$$r_0 = 1.5h \text{(m)} \tag{9-4}$$

式中:h——避雷针距地面的高度(m)。

对于高度为 h_x 水平面上的保护范围,其保护半径为 r_x,如图 4-8 所示。

当 $h_x \geq h/2$ 时　$r_x = (h - h_x)P = h_a P \text{(m)}$

当 $h_x < h/2$ 时　$r_x = (1.5h - 2h_x)P \text{(m)}$

式中:h_x——保护平面的高度(m);

h_a——避雷针的有效高度(m);

P——高度影响系数,当 $h \leq 30$m 时,$P = 1$;$30 < h \leq 120$m 时,$P = 5.5/\sqrt{h}$。

(2) 避雷线和避雷器

避雷线是架设于高压输电线上方的一种接地线。它是避免雷电落在输电线上传入变电站,使变电站设备损坏的一种避雷装置。

避雷器是用来防止雷电产生的高压沿线路侵入变电所、配电房或其他建筑物内,以免高电位损坏被保护设备的绝缘。避雷器有阀式避雷针器、管式避雷针器和保护间隙避雷针器三种。

避雷器一端接高压线路,另一端接地。在出现雷击时,避雷器导通,电流流入大地,使设

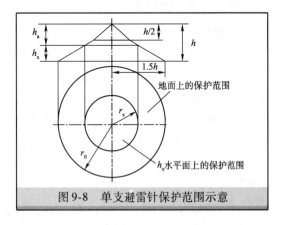

图 9-8 单支避雷针保护范围示意

备得到保护。

(3) 避雷须知

在野外施工的工作人员,为避免遭受雷击,应注意以下几点:

①雷雨时不要在空旷的地方行走或站立,不要在树下避雨。

②雷雨时远离电杆、铁塔、架空电线、避雷器或避雷针的接地点,以免遭受跨步电压的袭击。

③雷电时不要站在有烟囱的灶前,特别是在冒烟的烟囱旁边。

④对上述易遭受雷击的地方,均应避免逗留,万一无法离开,应下蹲,双脚并拢。

⑤收音机和电视机的天线应该直接接地。

⑥对遭受雷击的人应马上进行抢救。

单元小结

1. 工程机械设备合理使用的意义和原则。
2. 工程机械的使用计划及一般规定。
3. 工程机械技术保养的分类及定期保养制度。
4. 工程机械设备的例行保养。
5. 安全管理的内容及事故原因分析。
6. 工程机械设备的安全运行。
7. 安全用电措施。

自我检测

一、填空题

1. 机械设备在人工操作下_____并发挥规定_____的过程称为使用过程。

2. 机械使用不当,不仅直接缩短机械_____,还增加机械运行_____、修理次数和费用。

3. 机械设备使用应制定并贯彻执行_____、_____、保养、维修等规章制度。

4. 工程机械技术保养分为_____保养、例行保养、_____保养、换季及特殊气候条件下的保养、转移前保养、停用和封存保养六类。

5. 作业机械定期保养按间隔时间的长短分为_____级保养、_____级保养、_____级保养。

6. 触电对人体的危害程度与通过人体的_____强度、频率、触电_____及流过人体的途径等因素直接相关。

7. 为避免或尽量减轻雷击的伤害,常采用_____、_____和_____进行防护。

二、选择题

1. 工程机械安全事故的原因重点从_____方面进行分析。

A. 人   B. 物   C. 环境   D. 人、物、环境
2. 施工工地用电通常为_____。
A. 24V   B. 220V   C. 380V   D. 220V、380V
3. 对施工设备进行一级保养应在设备使用_____小时的时候。
A. 100   B. 200   C. 500   D. 1 000
4. 为防止造成触电事故,通常对电气设备的金属外壳采取_____的保护措施。
A. 接地   B. 接零   C. 接地、接零

三、判断题

1. 由于操作者、使用者以及组织、指挥、管理人员等方面的原因而造成的事故均属于"人"的因素。 （ ）
2. 经常移动的照明灯,以及地下沟道照明灯,应使用220V以下的安全电压。 （ ）
3. 电气设备的零线上可以安装开关和熔断器,以增加安全性。 （ ）
4. 野外施工人员为避免遭受雷击,不能在空旷地方行走或站立,可以在树下避雨。 （ ）
5. 从统计资料来看,97%的安全事故是可以预防的。 （ ）
6. 在同一台变压器供电系统中,允许有的电气设备接零,而有的电气设备接地。（ ）
8. 野外施工的工作人员为避免遭受雷击,不要在空旷的地方行走或站立,要在树下避雨。 （ ）

四、问答题

1. 工程机械合理使用的原则是什么？
2. 选择工程机械时如何做到经济合理？
3. 请说明安全管理的重要性。
4. 什么是保护接零？它是怎样起保护作用的？
5. 什么是保护接地？它适用于怎样的供电系统？

参考文献

[1] 郭远辉. 施工机电基础[M]. 北京:人民交通出版社,2003.
[2] 张宏春. 公路机械化施工与管理[M]. 北京:人民交通出版社,2005.
[3] 王定祥. 工程机械施工[M]. 北京:人民交通出版社,2008.
[4] 张青,等. 工程机械概论[M]. 北京:化学工业出版社,2009.
[5] 刘良臣. 装载机维修图解手册[M]. 南京:江苏科学技术出版社,2007.
[6] 杜海若. 工程机械概论[M]. 成都:西南交通大学出版社,2006.
[7] 张凤山,等. 大宇挖掘机构造与维修[M]. 北京:人民邮电出版社,2007.
[8] 钟汉华. 施工机械[M]. 北京:水利水电出版社,2007.